SD選書 | 261

パタン・ランゲージによる住宅の生産

クリストファー・アレグザンダー 他著
中埜 博監訳

鹿島出版会

パタン・ランゲージによる住宅の生産

クリストファー・アレグザンダー
ハワード・デイビス
フリオ・マルチネス
ドナルド・コーナー

協力：メキシコでの私たちの実習生たち
ラミオ・オルターノ
ドナート・レッキー
フリオ・クラベス
ジョージ・トーレス
エンマ・リベラ
エンリコ・ラミレス
グロリア・ヘルナンデス
ハビエル・トスカノ

THE PRODUCTION OF HOUSES
by
Christopher Alexander
with Howard Davis, Julio Martinez, Donald Corner

First Edition was originally published in English in 1985.
This translation is published 2013 in Japan
by Kajima Institute Publishing Co. Ltd.,
by arrangement with Oxford University Press.
本書は、1991 年に小社 SD ライブラリーとして刊行した
『パタンランゲージによる住宅の建設』の書名を改めて新装版としたものです。

環境構造センターシリーズ

1964年より、環境構造センターのもと、クリストファー・アレグザンダーとその同僚たちは、私たちの既成の環境創造として「生命を与える方法」を実現する様々なプロジェクトを実践してきた。この先見性あるシリーズ書は、現在の建築、計画、施工についての現行の考え方とは全く違ったもうひとつの実用的な道を、世に問うために出版された。このシリーズは、アレグザンダー教授の指導のもと、47年間にわたり継続的に出版され、以下のような16のタイトルがついている。

Notes on the Synthesis of Form（形の合成に関するノート）
A Pattern Language which Generates Multi-Service Centers
（多目的センターを生成するパタン・ランゲージ）
House Generated by Patterns（パタンによって生成された住宅）
The Oregon Experiment『オレゴン大学の実験』（宮本雅明訳、SD選書、鹿島出版会）
A Pattern Language『パタン・ランゲージ 環境設計の手引』（平田翰那訳、鹿島出版会）
The Timeless Way of Building『時を超えた建設の道』（平田翰那訳、鹿島出版会）
The Linz Cafe（リンツ・カフェ）

The Production of Houses『パタン・ランゲージによる住宅の生産』（本書）
A New Theory oh Urban Design『まちづくりの新しい理論』（難波和彦監訳、鹿島出版会）
A Foreshadowing of 21st-Century Art（21世紀芸術の予兆）
The Mary Rose Museum（メアリー・ローズ博物館）

The Nature of Order Book One: The Phenomenon of Life
『ザ・ネイチャー・オブ・オーダー 建築の美学と世界の本質 生命の現象』
（中埜博監訳、鹿島出版会）
Book Two: The Process of Creating Life（生命創造プロセス）
Book Three: A Vision of a Living World（生きた世界のヴィジョン）
Book Four: The Luminous Ground（輝ける大地）
The Battle for the Life and Beauty of the Earth（地球の生命と美を守る闘争）

パタン・ランゲージによる住宅の生産

本文定形……道吉　剛

日本語版への序

このたび、『パタンランゲージによる住宅の建設』＊が日本で出版されることを、私は大変嬉しく思っています。また、翻訳に当たって多くの苦労をされた訳者の方々、中埜博、来馬輝順、大崎元、武山智子、遠藤政樹、西岡浩是、岡松利彦、御船杏里、樋口千恵の各氏に心から感謝いたします。

ここで、この本の内容について少し説明を加えさせていただきたいと思います。この本は、アメリカで出版された当初、全く理解されませんでした。一部の評論家は、あたかもこの本が「ヒッピー」の住宅、あるいは極端に低価格《ローコスト》の住宅について重要な理論的根拠を与えているかのように書き立てました。［しかし、この本が社会的な生産プロセスについて具体的に言及し、近代社会での住宅の生産に役立ち、その体制を変えようとするものであるという事実には全く触れていませんでした。］

アメリカの評論家たちが誤解した理由ははっきりしています。不幸なことに、今日の「ポストモダン」社会での住宅の生産が機械的でテクノロジー一辺倒なために、現在の生産体制に挑戦しかつ変えていく新しいプロセスの可能性に気付かずにいるためなのです。

そこで、この本を評論したアメリカの建築家たちは、私の述べている生産プロセスが第三世界の国々を対象にしたものであると決め付けてしまったのです。このお陰で、彼らはこの本に少しも脅かされることなく、受け入れることができるようになりました。対象となっているのが「第三世界」だけであれば、彼ら自身の住宅生産に関する考えはそのまま維持し続けることができるし、今まで通りの形式をそのまま続けて良いのだと考えたわけです。

しかし、それは全く狭い見方でした。重要なのは、彼らがこの本の実際の主張を報告することができなかったということなのです。

この本で述べている住宅の直接の表面的なみかけが、アメリカや日本というよりは、むしろメキシコやインドと似ていることは確かです。この住宅の価格は、一件当りわずか三、五〇〇ドル（一九七

本文中［　］付きの文章は、原文のイタリック体を表わしている。また注釈の＊表示はすべて訳者によるものである。

＊　一九九一年刊行、日本語版初版（小社SDライブラリー所蔵）時のタイトル

六年当時）です。（今日では七、〇〇〇ドル、または一〇〇万円相当）もちろん、発展途上国では住宅は廉価であり、その国の文化によく適応しています。私たちは、そのような住宅をアメリカや日本で目にしたいとは思いません。しかし、この本で取り上げた「第三世界」的な面は、表面的なものなのです。この本で述べているプロセスの深い構造は、メキシコやインドと同じように日本やカリフォルニアでも可能なことであり、そのすべての社会に等しく存在し得るものなのです。

この深い構造は生産プロセスの次のような基本条件によって定義づけられています。

1　建築家と施工は分離されていてはならない。（アーキテクトビルダー）

2　生産システムは、地域の高度に分散化された職人群（拠点）を利用する。（ビルダーズヤード）

3　共有地はユーザーにとって最も大切な場所であり、彼らの管理下にあるべきである。（共有地の共同設計）

4　ユーザーは、自分自身の住まいの間取りについて、現代建築のような受け身の姿勢ではなく、各家族によってそれぞれ異なる間取りができるような積極的な姿勢で参加しなければならない。（個々の住宅のレイアウト）

5　施工のシステムや技術やディテールは、プロセスそのものが必要とする、連続的な巧妙かつ微妙な修正の利くものを選ばなくてはならない。（一歩一歩の建設）

6　コストコントロールは、柔軟な設計施工のプロセスに適応しなければならない。（コストコントロール）

7　建物の細工は、手づくりの楽しいものでなくてはならない。（プロセスの人間的リズム）

この本で述べているのは、どのような住宅生産のシステムにおいてもこれらの七つの特徴を持つべきだということです。たとえこれらが、今の私たちの方法と違っているとしてもです。技術的に高度に進化した日本でも、発展途上国であるメキシコと同じようにあてはまるのです。

これは、日本のきっちりと組織された住宅生産プロセスが、メキシコ風の住宅を生産するということではありません。どのような場合でも、メキシコの住宅を近代日本に建てても適合しないでしょう。［しかし日本の社会のニーズは、他の社会同様に、生産プロセスがこれら七つの特徴を正確に持ちさえすれば納得できるような状況をつくり出すことができると主張しているのです。］

『パタンランゲージによる住宅の建設』を書いている当時は、まだ、アメリカや日本のように技術の進歩した社会に対してこのプロセスを示すための、はっきりした方法を見出せずにいました。しかし、何年か経つうちに、進歩した様々な社会に対しても、さらに人口密度や物価の異なる状況においても、同じような解決方法を示すことができるようになってきました。

特に、私は最近、日本の高密度で一極集中的な都市の住宅に適応させたプロセスを発表しました。そして、様々な出版物を通して、この近代日本にふさわしい住宅を生産するプロセスを広めようとしています。これは、「白鳥計画」*として知られるようになりました。もちろん、白鳥計画の住宅の外形はメキシコの住宅とは全く異なったものです。また、イギリスやカリフォルニアにある住宅とも全く違います。日本独特のものなのです。

「白鳥計画」における超高密度低層住宅という形は、一見、超近代的な技術を駆使して建てられた江戸時代の「下町」住宅に見えなくもありません。細長い住宅が小道に沿って並んでおり、そのため間口は長く独特の正面となっています。二階および三階の部屋にはそれぞれに、通りから直接扉へアクセスできるような階段がついています。すべての部屋に、高層住宅よりも多くの日照や太陽の光が得られます。（これは、太陽に対して長い軒があるためです。）全家族が駐車場をもっています。庭は、今日の標準から比べれば小さいかもしれませんが、日本の伝統的な坪庭と同じくらいの大きさであり、木や花や野菜を育てる機会を家族に与えてくれます。小道は緩やかに曲がっているので、微妙な人間性が通りにあり、静かな散歩をすることができます。コミュニティの中心としても素晴らしい場所であるし、子供の遊び場にもなります。重要なことは、この住宅が、家族たちに自分自身でレイアウトする機会をつくり出していることと、それぞれの住宅の個性を確立していること、そして、各々が四角い箱ではない本当の家を持てるようにしているということです。環境もまた、典型的な日本の高層住宅開発業者によってつくられたものより、はるかに良くなっています。

「白鳥計画」の外形的な構造は、この本に述べられているメキシコの低価格住宅とは、全く違ってい

* 一九九〇年名古屋市において低層高密集合住宅群を発表。メキシカリ・プロジェクトと全く同じ設計原理とプロセスに基づいている。メキシカリというローカル度の高い五戸の集合住宅から引き出した住宅生産ルールを、五〇〇戸の集合住宅に適応させた提案に成功したのである。

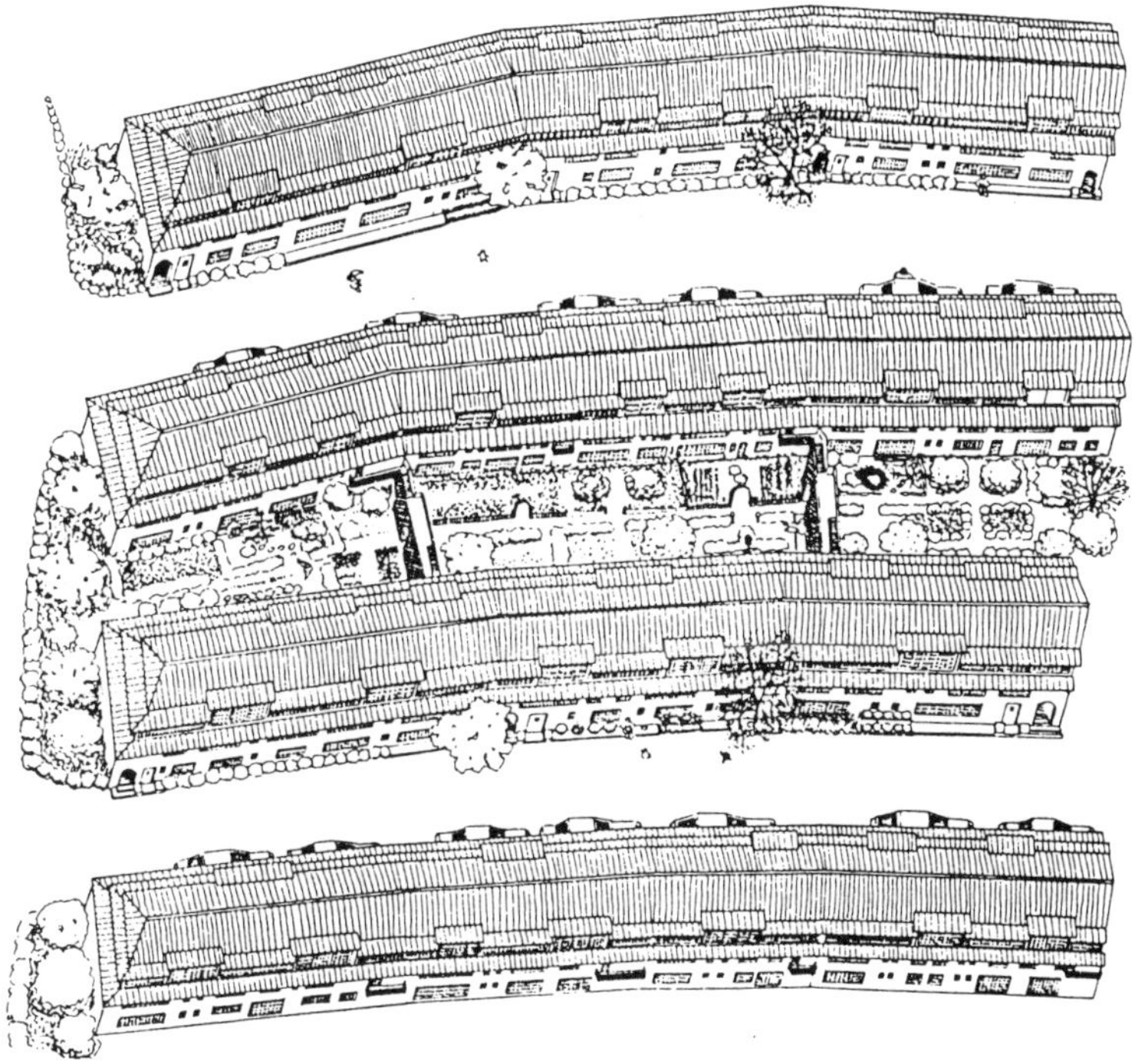

「白鳥計画」鳥瞰図、一九九〇年
（作図 武田実代子）

ます。価格も違います。白鳥住宅は各戸約二、四〇〇万円で、現在の日本の標準的価格ですが、実際にはメキシコの住宅の二四倍もの高値なのです。［しかし、このような大きな違いがあるにもかかわらず、「白鳥計画」における住宅生産プロセスの基本的な七つの原則は、私がこの本で述べたこととほぼ同じです。］

1　［設計者と施工者はもっと統合されるべきである。］これは、ユーザー参加の設計と施工を密着させるには、全く新しい施工方法を取り入れる必要があるためです。このような新しい施工方法を最近、東京郊外にある盈進学園東野高校キャンパスのプロジェクト（約二〇億円）で実践しました。さらに加えて、現在日本には、アーキテクトビルダーという機能が確立していませんからCM方式（コンストラクションマネージャーを雇い入れる方式）や、直営の方法をゼネコンの一部として組み入れる方式等が大変有効でありました。

2　［プロジェクトは地域の職人集団を最大限に活用し、建設を進める上での決定も地域で行なうべきである。］このプロジェクトでは、人間的な味わいを得るために、窓や壁や庭や階段は、それぞれが個々に形づくられています。それは現場決定には自由に適応しますが、超技術的なゼネコン方式では良い結果が生まれないからです。それに、こうした、「白鳥計画」のような低層グループの建物であれば地域の中小工務店が力を十分発揮でき、その地域の職人のネットワークですらうまく利用できるでしょう。

3　［共有地は基本的に重要なものである。］「白鳥計画」での共有地は、小さくて親しみやすい小道という形をとっていますが、これは現代の社会で今実施されているのとは違った形での車と歩行者の関わり方を提案しています。細くて魅力的な小道は、この住宅の形と価値を確立するという大切な役割を演じています。こうした小さな「露地」は昔の日本のコミュニティにとっては、欠かすことのできない重要なスペースであったことを思いおこして下さい。

4　［住民たちは自分たちで間取りを決める権利があり、その機会を与えられている。］これは、シンプルで標準的な構造の枠の中で行なったので、住戸の大きさや外構計画がそれぞれ違っていたメキシコのプロジェクトとは異なっています。「白鳥計画」の住宅では外形が決まっていて、その中で間取りを決めるのですが、住民の家族構成にぴったりと適応させることができます。これを実現するには、両側から光が差すような低層で細長い建物にしておくことが肝要です。そうすれば、環境を損なわずに間取りを自由に変えることができるからです。コーポレイティヴ住宅方式と考えてもよいでしょう。

5 ［最適の施工システムを選択しなくてはならない。］つまり現在日本の典型的な高層ビル建設のようなプレハブのパネル工法ではいけないということです。なぜなら、エントランスや部屋や窓、通りといったものの微調整は途方もなく複雑であり、そのような工法で納めることはできないのです。代わりに、比較的廉価な伝統的コンクリート造と、三階と屋根裏部屋は木造にした混構造ではどうかと思います。設計上でのこういう発見は、ステップごとの微調整を行なう可能性を損なうことなしに、伝統的な技術を有効に生かし、性能を高めるのです。そして、住戸は全体としての構造の中で設計することができ、窓は思いのままにかえることができ、屋根によって建物の複雑な結びつきを可能にすることができるのです。

6 ［コストコントロールは自由で適応の利く施工システムに必要な柔軟性をもつ。］日本の「請負い」方式というのは見方を変えてみれば、一定の施工水準を満たすならば、その範囲内で、自由に施工できるという伝統でもあると思われます。その点では、日本の伝統は、CMを中心として新しいコストコントロール方式を受けいれる許容力が十分にあるといってよいでしょう。

7 ［職人の気質がプロジェクトを成功させる鍵である。］日本の若い職人の人たちには、今伝統的技術を学び、かつそれを実践したいと思っている人がまだたくさんいます。「白鳥計画」は、日本の伝統技術である木造や左官業の技術を最大に利用工夫したものになるはずですから、そういう若い職人たちの技術や知恵を最大に集結するものとなるでしょう。

ここに挙げた七つの条件は、第三世界の貧しい国で低所得者用住宅を建設する場合にも有効ですが、工業国日本で、高度な技術と何百億もの費用を掛けた五〇〇戸の住宅生産のプロジェクトを行なう場合にもあてはまるのです。住まいに求められる条件と、人々との関わりは、右の七つの条件に帰依することによってのみ得られるのです。近代の洗練された生産・施工システムがこの条件を満たすことによって、通常の建設業は転換するのです。そして、この転換は近代の施工システムに大きな利益をもたらすでしょう。

*

一九八〇年代半ばのアメリカのように、一九九〇年の日本の評論家たちは、今日あるような狭い建築の見方に固執してしまい、[新しい生産プロセスが今こそ生み出されるべきでありその可能性があるということも理解せずにいるのかもしれません。] しかし、この場合には、そのようなあやまちは、この本の目的を直視することを意図的に避けようとする状態となって現われます。それは、今日の建築の限界を知ることへの躊躇と怠慢の表われなのです。そこで、私は、誤解から保守的な評論が生じるのを避けるために、この序文の中で概要をはっきりさせたのです。

現在を越え、将来を見つめる勇気と洞察力を持った評論家もいることでしょう。将来すべての住宅が再び、人々が抱いている基本的な感情や物理的・社会的な要求を満たすものとなるときには、私がここで述べた七つの条件が通常の社会の一部となっていることでしょう。

その将来には、私たちは今日のようなテクノロジー一辺倒の社会とは異なった社会にいることでしょう。それは、美しく高尚な生活を願う日本人の熱烈な要望が、ごく普通に受け入れられるような社会です。

その社会では、人間中心の環境をつくり出すような生産プロセスへの基本条件がいかに重要か、はっきりすることでしょう。

一九九一年八月

クリストファー・アレグザンダー

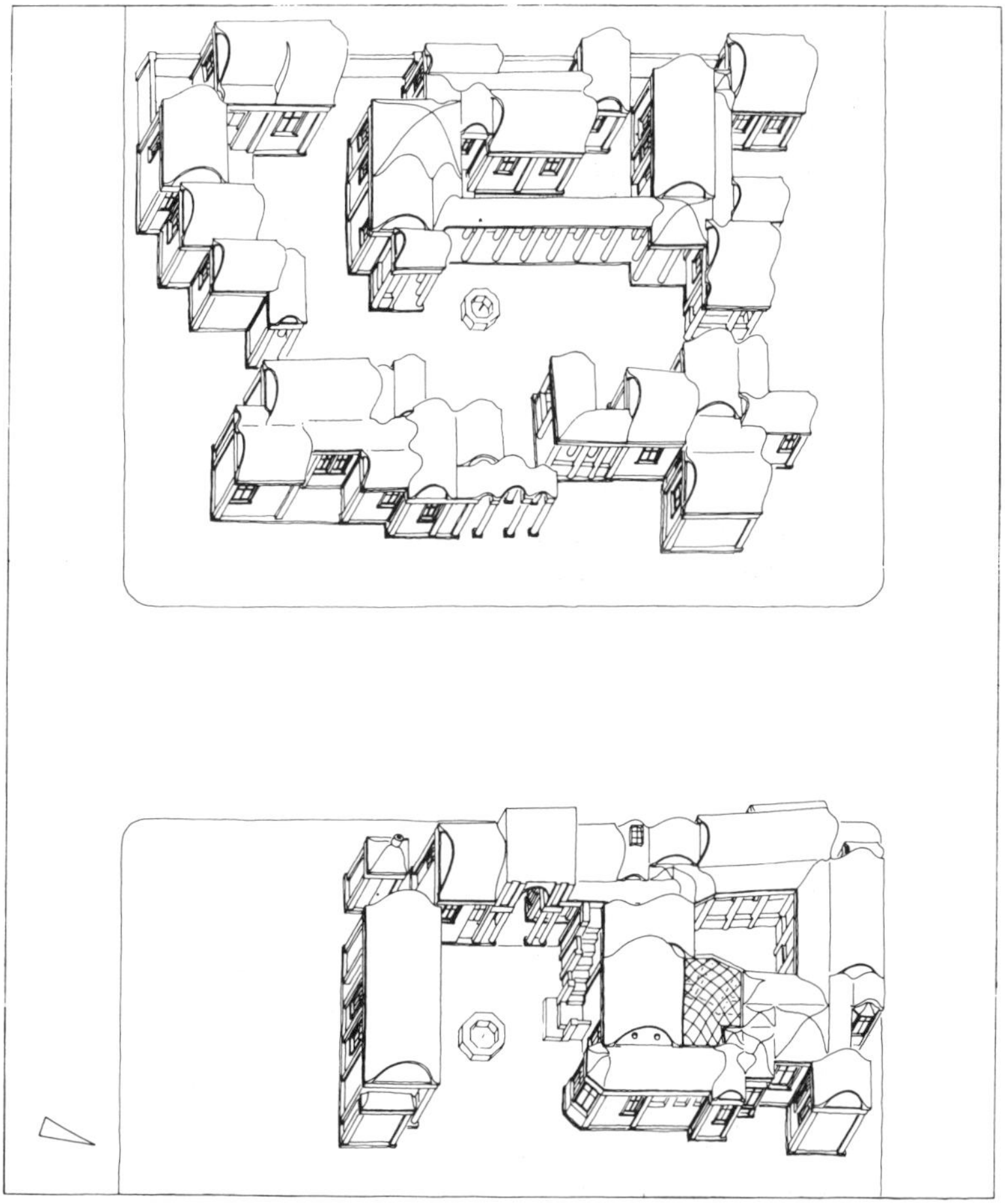

序　論

今後三五年の間に、さらに三五億の人々が生活のための場所を必要とします。ちょうど、百万人都市が三、五〇〇個分です。現在、この大きさの都市は三百もありません。

今後の三五年間に新たに必要となる住宅は六億戸に達します。今現在、世界中に存在する以上の住宅が必要なのです。

（国連人間居住会議　一九七六年[*1]）

＊1　Habitat, U.N. Conference 1976; 一九七六年にカナダのバンクーバーで開催された。

*

現代社会では、家が美しいものであり、かつ愛されるべきものであるという考えがほとんど忘れ去られています。世界中のどこでも、住宅を建てるという仕事は物と数字に支配された厳格なビジネスになっており、人間性を失った技術や官僚に対するむなしい闘いでしかありません。そこでは人間的な情感[*2]などほとんど忘れ去られています。外観を積極的に考えている住宅にも、やはり美はありません。そこにあるのは、人間的な情感とは程遠い豪華さや市場の好み、流行へのうんざりするような追従でしかありません。ここにも、人の心に対する純粋な価値観など存在しません。

美しさの本当の意味、人生を直接かつ簡潔に表わす場として住宅を考えること、人の活動と住宅の形との関係、社会を動かす力学と住む場所の美しさや活力との関係、こうしたことはすべて忘れられ、単に理想の黄金時代にあったこととして漠然と思い起こされるだけです。

さらに不思議なことに、いわゆる「住まいづくり」[*3]についての著作や今日おこなわれている様々な努力のほとんどにも、こうしたことをもう一度呼び戻そうとするものはありません。現在、住宅の価格に対しては大きな関心が払われています。地球上の何百万人ものホームレスピープル[*4]も多大な関心を集めています。また、産業や技術、それらによるいわゆる住宅問題の解決についても幅広い関心があります。加えて自力建設[*5]の重要性や、近隣住区全体への政策的なコントロールにも関心が持たれています。しかし、これらはどれも妙に抽象的で、情感がありません。問題点は捉えていても、上っ面をなぞるだけです。それ自体が全く情感に関わっていないのです。解決方法も問題の捉え方と同じように機械的で情感のないものになっています。そうなるような精神構造がつくり出されているのです。

＊2　feeling: アレグザンダーの思想の中でも重要な概念で、「deep feeling」とすることもある。無意識の領域にまで立ち返って共感し得る質があるとき、論理的な言葉では表わせないが、誰にでもその質を共有できる構造的感覚があるとしている。訳を情感とした。

＊3　housing

＊4　homeless people: 政策的な理由で住宅不足に苦しむ人の他にも、政治的理由による難民や経済的理由によるスラム、さらにニューヨークのホームレスのように都市社会が生み出した新しい形態などがあって、社会の構造的な問題となっている。

＊5　self-help: 社会学的な用語として「自助的」としたが、ここではユーザー参加の住まいづくりから自力建設までを含めて考えている。

私たちは「住宅問題」を解決しようとする多くの努力の価値は認めます。しかし、この本が主に扱うのは、その根源にある情感についてです。私たちは人間的な情感やその尊厳を最も大切にする住まいづくりのプロセス[*6]をつくり上げようと思っています。このプロセスは、人が自らの価値観と自分自身とを統合していく、人間的で根源的なものとして再構築されます。そうして、人々は社会的な絆を形成し、大地とのつながりを持つようになります。こうしてつくられた住宅には、何にもまして人間的な価値があります。そこに住むことに誇りと幸福を感じ、そこが何ものにも代え難いという、素朴で古風な感覚の中にその価値はあるのです。なぜなら、それは［彼らの］住宅であって、［彼らの］生活から生み出されたものであり、住宅は彼らにとって最も大切な、世界における［彼らの］場所の具体的な表現、彼ら自身の具体的表現だからです。

このプロセスを明確にするために、私たちは先頃北メキシコで実施した一つのプロジェクトを例に選びました。この例では住宅一戸当り六〇～七〇㎡の住宅が、家族たちの共有する広場を囲むように配置されています。住宅のそれぞれがそこに住む家族によってデザインされており、そのため、どの住宅も他とは違ったものになっています。どの住宅も私たちの作業場でつくられたソイルセメント製の嚙み合わせブロックで出来ていて、木で編んだ軽量なかごの上に超軽量のコンクリートを打って出来たヴォールトを乗せています。各住宅とも約四万ペソ、建設当時で三、五〇〇米ドル程度の費用がかかりました。

もっとも、メキシコのプロジェクトにまつわる細かな内容は重要ではありません。大切なのは七つの普遍的な原則[*7]によるシステムであり、以下の章で一つずつ紹介していきます。この原則は人とデザインとの関係に基づいており、住宅が家族自身によって計画されること、新しい種類の建築家がプロセスを指導し管理すること、全く新しい方法で施工を請負い、お金をコン

＊6　process; ある存在をプロセスから捉える見方は現代の科学思想の主流にもなっている。A・N・ホワイトヘッドの思想など。

＊7　seven general principles; 『まちづくりの新しい理論』にも七つのルールがある（訳者あとがき参照）。アレグザンダーの論には3や4、7、12などの数字が意識的に使われており、西洋的思考の伝統的な態度を見ることができる。

トロールすることといった生産プロセスの全体的な組織化に関わっています。

私たちはこの原則が世界中のどこでも、いかなる種類の住宅にも対応できると信じています。この原則は、それぞれがかかえる施工上の細かな問題には影響されません。高価な住宅にも、今回のように非常に低価格の住宅にも、同じように適応します。メキシコのプロジェクトのように人々が自力で建設する住宅にも、自分でデザインしてプロの大工に建ててもらう住宅にも、同じように適応します。一エーカー（約四、〇〇〇㎡）当り二〜四戸の低密度で建つ住宅にも、メキシコのプロジェクトのように一エーカー当り一五戸程度の中密度住宅にも、四階建ての集合住宅で一エーカー当り六〇戸にもなる高密度住宅にも、同じように適応します。

つまり、私たちがこの本で問題としていることは、住宅生産のプロセスにおける七つの基本原則であり、これは、状況や細かな違いがどのようなものであっても、人々が適切な価格で、人間的なきちんとした住宅に住めるようになるために従うべき原則であると確信しています。

第一部

生産のシステム

＊

私たちの環境を形づくる最も大きな要素は、住宅であり、それは「住宅建設[*1]」によって生み出されます。そして、今日ではほとんどの「住宅建設」が大量生産[*2]という手段によっています。そこでは何百もの住宅が、一つか二つの型から機械的に生産されています。それは同じような家の建ち並ぶ郊外団地だけでなく、同じ部屋が繰り返すアパートにおいても言えることです。

多くの人々の感じている疎外感や絶望は、少なくともそのかなりの部分が、「大量生産住宅[*3]」の気の滅入るような重圧感によって生み出されていることに疑う余地はありません。人々はその中での生活を強いられているのです。

この種の大量生産住宅は現代では欠くことができないものだと、一般的に思われています。「住宅の大量生産」以外に十分な戸数の住宅を生産する手段はなく、また、十分安く生産する方法もないと思われているからです。そうだとすると、世界中の多くの国が直面している住宅不足の問題を解決するには、住宅の大量生産という方向に進んでいくしかありません。

私たちは本書で、この仮説が間違いであることを示すつもりです。住宅の生産には全く違ったプロセスが存在し、同じように多くの住宅を生産できるのです。しかも、そこから生まれた住宅ははるかに良質で、環境の心理的、社会的な本質に深く根ざし、そこに住む様々な人々や家族の固有な性格にも深くつながっています。さらに、この新しいプロセスによって生産される住宅の価格は大量生産による住宅より高くなることはありません。実際には安くなるはずです。

それでは、もう少し詳しく見てみましょう。今日世界中にある住宅生産のシステムを考察し

＊1 housing
＊2 mass means
＊3 mass housing

てみると、そのほとんどに、人間社会に必要な二つの基本的な認識が欠落していることに気づきます。

［ひとつは、すべての家族、すべての人間は唯一無二であるという認識であり、人間の尊厳を表し守っていくにはこの独自性が表現されなくてはならないということです。もうひとつは、すべての家族、すべての人々は社会の一部分であり、他の人々と協力するという結びつき、つまり社会の中での他の人との信頼関係を保てる場所が必要だという認識です。］

この二つの相補的な認識は、今日の住宅からはすっかり失われています。住宅は機械のように[*4]均質で判で押したようになり、様々な家族の個性を全く表現できていません。それは個性を抑圧し、家族にとっての素晴らしいもの、特別なものをすべて抑え込もうとしています。さらに、住宅は身近な地域コミュニティ[*5]の基盤を人々に与えることにも失敗しています。匿名で

＊4 machinelike; ル・コルビュジエの有名なテーゼ「住宅は住むための機械である」から始まる近代建築に対して、アレグザンダーは『都市はツリーではない』の中で最も近代的な数学的概念を使って批判を展開している。その中で彼は、機械は一つの論理から導かれたツリー構造だが、現実の都市は相互が複雑に関係し合ったセミラチスの構造をもつ、としている。

＊5 small local congregation

配置され建てられた住宅は信頼の欠如と孤立を象徴しており、自分が仲間とのつながりの中にいると感じられるような人間的な絆をつくり上げることもできません。

＊

以下で論じるように、このような問題はそれを生み出している生産システムの転換がなければ解決できません。

まず最初に、社会の中にある住宅は、常にそれを生み出す生産システムによってその性格が決められるということを確認することが必要です。[*6] もしも住宅の性格が、例えば今日のように適切でない場合でも、その生産システムを修正することによって改良は可能だからです。

今日では、住宅の生産システムは一貫したシステムになっています。けれども、それは誰か一人の人間や特定のグループによって考案されたものではありません。いつの間にかそれは、一つのシステム、つまり規則や慣習、法律、手続きなどからなるシステムになり、社会全体に容認され、ほとんどの住宅生産を担うようになりました。

このシステムは特定の制度に基づいてつくられたわけでもないのに、具体的な形になって現われたとたんに、そのプロセスすべてが形式化されてしまったのです。それは高度に組織化されています。実際には、あまりにも高度に組織化が進みすぎてしまって、万が一にもこのシステムから逸脱すれば、ほとんど限りない困難や遅れ、障害が待ち受けているのです。事実、最近では、このシステムから逸脱して建てられた住宅は数えるほどしかありません。

どんなシステムにも言えることですが、住宅生産のシステムも常にその姿を、それが生みだした物のうちに認めることができます。つまり、それがつくり出す住宅の［形］[*7] によって認識できるのです。例えば、現代のアメリカで一般的に広く知られている住宅生産のシステムに

＊6　上位のシステム（ここでは生産）が下位のシステム（住宅）の性格を決め、下位のシステムが上位のシステムの有り様を決めるという相互作用的関係は彼の思想に一貫している。そして、この相互作用には「順序」のような一定の秩序があり、それがプロセスを形づくる。

＊7　form：「形は機能に従う」というテーゼは、現代では「形は生産（つまり資本が支配する制度）に従う」に曲解されてしまっている。

「宅地開発」[*8]と呼ばれるものがあります。これについては、それが生み出した宅地を見れば正確に把握できます。このシステムでは開発業者が土地を買い、道路を敷いて住宅を建てます。ほとんど同じような住宅を一度に何百戸も建てます。住宅は土地付きで家族が所有します。このプロセスは、金融公庫[*9]の住宅向け融資の有無、こうした買物を促す税制面での優遇、密度や土地利用を規定する用途地域規制[*10]などによって決まります。住宅は前もって「モデル住宅」として製図板の上でデザインされ、請負業者が下請け職人を使ってそれを繰り返し建てていきます。建設技術はスピードを第一とし、建設労働者の多くは未熟なままで、仕事は本質的にお金のためで、建てるものへの愛情からではありません。こういうことすべてが社会全般に、数えきれないほどの細かな物事の中に浸透しています。金物屋で売られている建材にも、下請け会社の法的に許された仕事にも、施工者や建築家に与えられる国家免許が正式に認める管理方式の中にも広がっていて、これらすべてが合わさって、アメリカだけで年間四〇万戸もの住宅を生産するシステムを形づくっています。

さらに、住宅生産のもう一つの共通したシステムとして、フランスやスウェーデン、ソビエト連邦その他世界中の多くの国々でおこなわれている、公営の住宅団地[*11]の建設があります。このシステムでは、(民間あるいは国営の)開発業者が政府に対して共同住宅を建てます。住戸一つ一つはアパートの各階ごとに全く同じ形で配列された「細胞」[*12]です。この細胞は一般的な住宅よりも小さく、当然、この建設プロセスに何一つ関わっていない家族が借りるわけです。こうした住宅形式に対応したローンのシステムもあります。契約手続き、権利譲渡、ローンの履行、告示、賃貸の法的形式は世界中どこでも多かれ少なかれ同じような形式で、すべてが制度化されています。この生産プロセスは「宅地開発」と呼ばれるプロセスよりも広く行き渡っています。家族には住居に手を加える権利がありません。いかなる改修もできません。彼らに

＊8　tract development

＊9　federal insured bank

＊10　zoning laws

＊11　日本では公団住宅や公営住宅に当たる。

＊12　cells

は所有の権利[*13]もありません。どんな変更にも管理者の許可を得なければなりません。どのアパートも一組の標準設計図からつくられていて、どれも同じです。

［私たちが断言できることは、宅地開発型住宅であれ、このような共同住宅であれ、根底にある住宅生産のシステムが変わらない限り、単に「デザインの改良」だけではそれを人間的[*14]なものにすることはできない、ということです。］

もちろん、どちらのシステムにおいても建物のデザインを［いくらか］知的にしたり、［少しは］人間的なものにし、［わずかに］個性的な感覚を持たせることぐらいはできるでしょう。［しかしながら、出来上がった建物の人を疎んじるような特質は、結局、その生産プロセスの奥に潜む深層構造[*15]が直接の原因になっているので、システム自体が根底から変わらなければ、実質的に改善されることはありません。］

この結論に至るまでの議論は、この数年間に一連のシリーズの中で表明してきました。本書はその第四巻です。

第一巻『タイムレスウエイ・オブ・ビルディング[*16]』では、人間と建物の適応関係について基礎的な分析をおこない、人間的な環境は伝統的な社会と同様に、人々が直接自らの環境を形成する責任を持ち、一貫性のある構造[*17]を共につくっていくのに必要な共有の「パタンランゲージ」を持っているという場合にのみ秩序が生まれる、ということを示唆しています。

第二巻『パタン・ランゲージ[*18]』では、『タイムレスウエイ・オブ・ビルディング』の中で求められた詳細なランゲージの例を取り上げています。ここでは、都市の大きなパタンと土地や建物の配置を決定するパタン、また、部屋の形を決定するパタンと施工の詳細を決定するパタン、といった様々な大きさのパタンを詳しく掲げています。後に述べるように、今回の家族たちも住宅や共有地のレイアウトにこのパタンランゲージをずいぶん使っています。彼らの使っ

＊13　security of tenure

＊14　human; アレグザンダーのよく使う表現。あらゆる物は人との相互作用があって初めて意味をもつ。

＊15　deep structure; 彼の理論には構造主義からの影響が顕著だが、その中でもソシュール的な静的な構造とチョムスキー的な動的な構造とを時に応じて使い分け、また、総合しているところは注目される。

＊16　以下、『時を超えた建設の道』(平田翰那訳、鹿島出版会)を指す。ほかシリーズについては三ページを参照。

＊17　a coherent structure

＊18　『A Pattern Language』

たパタンは第二部の三、四、五章にまとめてあります。

第三巻『オレゴン大学の実験』[*19]では、一万五、〇〇〇人のコミュニティ（オレゴン大学）の中で、パタンランゲージを用いて大学の土地と建物を計画し、実現までの運営作業がどのようであったのかを描いています。この実験は五年以上にわたって続いており、プロセスの成熟と共に常に改善されています。

第五巻『リンツ・カフェ』[*20]は、私たちが最近オーストリアに建てた公共の建築です。『タイムレスウエイ・オブ・ビルディング』の多くのアイデアを具体化すると同時に、限られた時間と適切なコストを使って、こうした建物が現実にどのようなものになるのかということの簡単な事例報告になっています。

この四冊の本はすべて、環境をつくり出すプロセスの性格はその内部における様々なコントロールの配分[*21]によって決まるという点を、（明言はしていないが）暗黙のうちに示しています。つまり、何かを決定する時に、一つ一つの生産プロセスがある方法に従ってコントロールを配分するようになっていて、それが人間的なシステムを形づくっているのです。

あるコントロールの配分は誰もが満足を感じ、とても美しく組織され秩序立てられた、愛すべき環境を生み出すでしょう。しかし、そうでないコントロールの配分は悪い方向に働くかもしれません。そこでは、止めどない誤り、対応の失敗、不適切な人々による誤った時間と場所へのお金の浪費によって環境が生み出されます。

しかし、どの場合でもシステムの成否の鍵はコントロールを配分する「方法[*22]」にあります。何よりも、それが環境の質を決定するのです。

「この結果の本質的な部分は、生物学的な論点から導かれたものです。」そこで、今日の人工的世界の大きな部分を担う住宅プロジェクトと、森、惑星、有機体、海といった典型的な生物

*19 『The Oregon Experiment』

*20 『The Linz Café』

*21 distribution of control

*22 way

学的世界とを比較してみましょう。生物学的な世界には常に驚くべき複雑さ[*23]があります。そして、この複雑さは小さな適応[*24]プロセスの結果です。着実にゆっくりと、あらゆる部分がまわりの状況に確実に、正しく適応してゆくプロセスです。

もちろん生物学的システムは決して完全ではありません。しかし、それにもかかわらず、それぞれの部分それぞれの形はどれも「適切[*25]」であり、部分ごとの適応が生んだ形や特性は、どれも「正解[*26]」であると言えるだけの驚くべき幅の広さがあるのです。このシステムは膨大な量の変数を有し、膨大な数の構成要素から成り立っています。それらを生み出すプロセス、すべての生物学的システムに典型的な生きた適応のプロセスは、それぞれの部分がそれ自身の範囲だけでなく、より大きな部分にも適応し「まさにぴったり[*26]」となるようにできています。その結果、各部分はそれ自身よりも大きなシステムの部分としても機能するようになります。

他方、現代の「住宅プロジェクト」はこのような生物学的世界とは全く違っています。生物

＊23　complexity; 生物学の認識では単純さが秩序を規定しているのではなく、複雑さこそが秩序をつくり、秩序を維持するための絶対条件である。アレグザンダーの生物学的な複雑さとR・ヴェンチューリの多様性（complexity）を比較すると、「秩序」に対する関係が正反対で面白い。『建築の多様性と対立性』R・ヴェンチューリ著、伊藤公文訳、鹿島出版会、一九八二年参照。

＊24　adaptation; 進化論の基本概念。あらゆる進化は適応のプロセスを経て初めて定着する。ただし、必ずしも最も合理的な答えが出るとは限らない。また、適応の単位も個体

学的システムはあらゆる点、あらゆるレベルで繊細で素晴らしい適応を示します。典型的な住宅プロジェクトが示すのは適応の失敗した全く悲惨な例です。住宅に関するほとんどすべての方法は、時にそれが広く一般化して納得すべきものであると言われていても、「間違って」います。

生物学的システムでは、各構成要素の形態に対するコントロールが有機体全体にわたって幾段階ものレベルに広く配分されているために、繊細で複雑な適応が達成できます。例えば、動物の手足の主だった配列は遺伝的なコントロールのレベルにあり、器官の配置はもう少し下位レベルの中枢によってコントロールされています。器官の詳細な形態、例えば肺壁の正確な形はその組織自体のレベルにあるホルモンによってコントロールされています。細胞群はまた別のレベルでコントロールされています。個々の細胞の素晴らしい調節や配列は、少なくとも部分的には、細胞自体のレベルにある恒常プロセス*27によってコントロールされています。「すなわち、あらゆるレベルで適切な結果が生み出されるように、有機体の細部に至るまできめ細なコントロールが働いているのです。」とりわけ、このことが全体を構成している部分部分の美しく精妙な適応をもたらしているのです。

反対に、現代社会の住宅生産システムはあまりにも中央集権化*28されています。細かなレベルでは十分なコントロールが働いているとは言えません。もし、世界中の現代住宅がなぜいつも不適切で「悪い」ものになるのかと問えば、返ってくる答は次のようになるでしょう。適応の失敗が起きるのはたいてい、住宅の形をコントロールする決定のほとんどすべてがそれに直接関わる人や敷地からあまりにもかけ離れたレベルでなされていて、そこに住む人固有の細々とした日常生活へのきめ細かな適応ができなくなっているからです。住宅やその部材の形を決めているプロセスは、そのほとんどが政府のレベル、産業のレベル、ビジネスのレベルでコント

だけでなく種や遺伝子とするなど、未解決なところも多い。

*25 correct

*26 just right

*27 homeostatic; ホメオスタティック。身体内部の体温、化学的成分などが外界にかかわらず、恒常性を保つように調整されていることを示す生物学用語。クロード・ベルナール、ウォルター・B・キャノン等の研究。

*28 be centralized

ロールされています。それは住宅や家族が持っている微妙な特質からはかけ離れています。結果は必然的に、家庭のメンバーが経験する実際の必要や現実の要求、日々の細々としたものに対してごく一般的な対応しかできず、抽象的でよそよそしい形態をつくり出してしまいます。

もちろん、住宅生産プロセスのこの抽象的で疎外的なコントロールはいつも、低価格で大量生産する場合に必要だからということで正当化されています。工業機械や建設機械には生物学的全体性に必要な細やかな特殊性に対応する能力がないけれども、莫大な量の住宅を生産できるという理由から、こういった機械はやはり必要で、役に立ち効果的だと論じられています。

しかし、これは実に浅はかな議論です。非人間的でよそよそしい住宅が効率やコストや量産の名のもとに百万単位で生産されねばならないとする議論は、結局、二〇世紀という輝かしい産業化社会の申し子である私たちが、人間的でかつ能率的な生産システムを工夫する知恵や能力をまだもっていないということを端的に示しているにすぎません。私たちはまだ途上の段階であって、地球上の住宅のない何百万もの人々のために、そうと知りつつも耐えられないような住宅を生産しています。いつの場合も人間的で満足のいく住宅をつくれるより良いプロセス、つまり人がすべての面で自らの生活に適応したと感じるようなプロセス、しかもずっと低価格で大量の住宅を生産できるようなプロセスがあるに違いないと感じながら。

もう少し具体的に言うと、現在の生産システムではほとんどの決定が全く「人間性を無視して[*29]」なされていて、決定を下すのは結果とは無関係な人々だということです。建築家は全く面識のない人々に関する決定を下します。開発業者は草の匂いを嗅いだこともない土地について決定を下します。技術者は触ることも色を塗ることも寄り掛かってみることもない柱に決定を下します。政府当局は自らが決定を下す場所に何一つ人間的結びつきをもつこともなく、道路や下水道を決定します。釘を打ち、煉瓦を積む労働者は自分たちのつくるどんな細部にも決定権を持っていません。広場で遊ぶ子供たちも自分たちの砂場を決める権利すらありません。自分たちの「ために」つくられた住宅に引っ越す家族も暮らしに最も基本的で大切なことを設計の時に自分でコントロールできたわけではありません。

要するに、現在私たちが使っている生産システムでは、物事をじっくりと適正なものにすることがむずかしいようなコントロール形式が出来上がっているのです。というのは、「ほとんど例外なく」決定は誤ったところ、つまりそれが影響を与える直接具体的な場所とは離れたレベルでなされるからです。決定やコントロールの機構を組織化することと、住宅建設システムの生物学的なリアリティ[*30]が真に求めている適切さや正しい適応を得るために必要なこととの間には、驚くほどのずれがあります。

「この状況を正し、生産システムに秩序を与えるには、このコントロール配分を人間的にする

*29 at arm's length

*30 realtiy

という問題に集中しなければなりません。住宅がそれ自体としてのレベルやそのスケールにおいて「まさにこれで良い」と言えるためには、それに必要な特質すべてに対して細やかで注意深い配慮を払うことができて、しかも、十分効率的で反復可能かつ簡単で、大きな規模でも低価格で実行できるような生産システムを見出すことが必要です。」

この生産プロセスには、特に決定的な役割を演じる七つのコントロールがあります。私たちはこの七つのコントロールをわかりやすく示すために、次のような七つの質問にしてみました。

一　どういう人が建設作業全体の責任を持つのか。
二　建設を受け持つ建設会社はコミュニティにどのくらい密着しているか。
三　住宅間の共有地や区画、住宅の配置などは誰がレイアウトし、コントロールするのか。
四　個々の住宅は誰が設計するのか。
五　施工システムは標準的な「部材」[*31]の組合せを基本にするのか、あるいは標準的な「プロセス」による生産活動が基本になるのか。
六　コストはどのようにコントロールするのか。
七　建設作業期間中の現場での日常生活はどんなものになるのか。

これらの質問にはそれぞれに客観的で適切な解答があるはずです。

一　どういう人が建設作業全体の責任を持つのか

今日の生産システムでは誰一人として責任を担うべき人がいません。役人や建築家、技術者や請負業者は各自の義務は果たしていても、全体への総合的な視野を持った人がいないので

＊31　components; コンポーネント。ある規格に従ってつくられた部品、部材。

す。結果は当然のように、情感のない、官僚的で非人間的な状況に陥ります。人間的な情感は官僚的プロセスによって覆い隠されてしまいます。

けれども、正しい適応とコントロールは、計画や設計、建設というすべての局面を直接的な[32]方法でコントロールする力を持つ、全く新しいタイプのマスタービルダー[33]を想定することで可能になります。彼は一度に多くても二〇〜三〇戸までの住宅を直接管理して、その住宅に住もうとする家族に対する直接の責任と、彼らの希望に直接応じていけるだけの権限を持ちます。

二　建設を受け持つ建設会社はコミュニティにどのくらい密着しているか

今日の生産システムでは、多くの場合、その近隣から遠く離れた場所にしか事務所を持たず、監督を常駐させることもない大きな法人企業が実際の請負をおこなっています。当然、この人たちやこの組織は近隣の希望や、まして個々の家族の希望に応じることなどできません。

そこで、正しい対応ができるようにするために、小さな近隣住区[34]ごとや二〜三の街区ごとにそれぞれ一つないしそれ以上のビルダーズヤードを分散して置くというシステムが考えられます。各ヤードはその近隣地域の実際の開発にも責任を負っています。これは、直接影響を受ける人々の手の届く範囲内にコントロールを置いた人間的な解決法です。

三　住宅間の共有地や区画、住宅の配置などは誰がレイアウトし、コントロールするのか

今日の生産システムでは、このプロセスは全く抽象的な方法でおこなわれています。自治体が住宅間の共有地を管理し、建設プロジェクトを担当する監督官が図面屋に指示して共有地をレイアウトしています。区画や住棟への土地の割り振りは現場から遠く離れた事務所に座ったままの役人の手で計画されています。当然、このプロセスが生み出すものは非人間的で抽象的

＊32　direct
＊33　master builder：棟梁。ヨーロッパ中世ではギルドに認定された職人の長（親方）のことを指した。

＊34　neighborhood：都市計画学では、主に既成市街地の中で幹線道路などによって分けられた居住地の単位。ブキャナン等の研究。

です。

しかし、人々とコミュニティの間に自然な社会的結びつきを生むために、家族あるいは互いに話し合って合意ができる程度の小さなグループが、自らをクラスター[*35]の中にとけ込ませながら、自分たちで共有地を管理し、自分たちのデザインや希望に応じてレイアウトしていけるような建設プロセスが考えられます。これは、本質的な決定の権限を、その結果に直接関連していてそのことを最もよく理解している人々の手に置くことで、問題を人間的に解決しようとするものです。

四　個々の住宅は誰が設計するのか

今日の生産システムでは、個々の住宅をデザインする建築家がその家族とは何のつながりもなかったり、顔を合わせることさえないということがよくあります。それは、多くの場合に住む家族がまだ決まっていないからです。だから、住宅は標準的[*36]なデザインになります。もちろん、できる限り良いデザインにしようとはするけれど、本質的には標準設計の小屋にすぎません。これが非人間性に結びつきます。家族はそれぞれに必要とするものが大いに異なっているのに、すべてが同じ壁、同じ窓、同じ形の寝室、同じ形の台所という、平均的な家族のためにデザインされた箱の中に住むことになります。

しかし、決められた予算内で、本当に必要な基本的ルールに基づいて家族が自らの住宅や集合住宅をデザインする、より自由度の高いプロセスを考えることも可能です。そして、その住宅は心を豊かにし、家族とその独自のストーリーを大地に印していくのです。この住宅はそれをデザインした家族が住んでいる間だけ大切にされるわけではありません。それが特定の人間的な条件からつくられたものであり、かつ、そこに生活の手触りがあれば、その住宅は人間的

*35　cluster; 共有地を中心にした小規模な住宅の集合。

*36　standard

な感触を持っています。ですから、将来そこで生活する他の家族にとっても、それはより人間的でずっと生命感に満ちたものになるはずです。

五　施工システムは標準的な部材の組合せを基本にするのか、あるいは標準的なプロセスによる生産活動が基本になるのか

今日の生産システムでは、一般的に住宅は大量生産の部材から組み立てられる[*37]ものだと思われています。部材は小さいものもあれば、大きいものもあります。しかし、部材を組み合わせることから生まれる多様性は、いつまでたっても「システム内部での」多様性であって、デザインを損なうものです。一種類しかない箱の代わりに二〇種類の箱になったところで、それは依然として箱であり、本質的には同じです。

けれども、全体が部分に制圧されないように、技法的にかなり進んだある一つの施工システムを考えてみることは可能です。そこで標準化されるのは「作業の手順[*38]」（タイル貼り、ブロック積み、塗装、吹き付け、切断など）であって、それによって出来た物の実際の大きさや形は、個々の建物に対する感覚や要求に応じて様々です。このシステムはより人間的です。というのは、施工者にも情感や精神を捕らえて離さない芸術品をつくることが許されているからです。決まり切った部材を集めてつくられた建物がいつも機械のような箱だと言われ、実際にもそう見えてしまうのとは対照的です。

六　コストはどのようにコントロールするのか

今日の生産システムでは、コストコントロールの大変さが多くの作業、例えば設計や施工、材料の購入にあらん限りの中央集中を促し、逆に、建築に組み入れるべき土地の固有性や場所

*37　be assembled
*38　operations; 作業そのものと作業の過程全体との両方の意味を含んでいるが、文脈に応じて「作業」と「作業の手順」として使い分けた。

の精神[*39]といったものは徹底的に排除されています。

しかし、個々の建物の合理的で配慮のゆき届いたデザインを妨げず、その土地の固有性をも汲み上げるような、もっと自由なコストコントロールのシステムを考えることも可能です。そこでは、住宅は決められた予算の中で、着実に一歩一歩つくられていきます。しかし、この予算の使途は厳格な方法で管理されるのではなく、それぞれの住宅ごとに、家族の必要に応じた方法で管理されます。

*39　代表的な概念にゲニウス・ロキ（Genius Loci）がある。土地の精霊という意味のラテン語で、特に決まった姿形はもっていない。また、N・フォスターの香港上海銀行でも使われた「風水」も、単なる占いではなく、土地の固有性を読み取る手法である。

七　建設作業期間中の現場での日常生活はどんなものになるのか

今日の生産システムでは、実際に建設作業がおこなわれている間は、敷地[*40]は単に「作業を実行する」場所でしかありません。そこには住宅を建てるという行為から生まれる幸福感を引き出すものなど存在しません。住宅と直接に関わりを持って何か特別な喜びを得ようとする労働者など一人もいません。彼らにとっては「仕事でしかない」のです。

けれども、こうした「住宅プロジェクト」にみられる漠たる疎外感を克服するには、現場[*41]でのより人間的な状況を設定することが有効です。そこでは、住宅をつくるということが精神的な重要性を持ち、日々、現実的で有意義な生活の一端を形成するようになります。家族自身が自らの希望に合わせて、多いか少ないかはあっても、現場に関係しているのです。施工プロセスとはいわゆる「棟上げ[*42]」であり、家族にとってもとりわけ大切な時間です。ですから、家族とビルダーはその重みと幸福感を分かち合いながら、力を合わせていきます。

*40　site

*41　on the site

*42　house raising; 上棟のこと。日本でも建物の竣工と同じかそれ以上に大切な儀式にあたり、社会的な意味をもつ。

＊

私たちは、この七つの原則が合わさって、合理的な生産システムの核が形成されると考えています。このことは、他に大きな問題、生産プロセスにさらに大きな影響を与える程の問題はもう無いということではありません。例えば、社会的な資本配分、住宅資金の経済的流通、建設資材の製造、地域の政治構造などのすべてが、住宅生産にずっしりと重い影響を及ぼします。

この意味からも、もちろん私たちは「住宅生産システム」の全体像を明確にできたなどと主張するつもりはありません。

しかし、私たちが示した七つの特質はどれも、他のどんなに大きな変数が働いて、どんな生産体制になったとしても、なくてはならない核を形成します。たとえ、どんなに大きな社会的変化が起こり、そこでの金銭の流れや政治権力のバランス、産業の性格などのすべてが変わったとしても、それでもなお、こうした変化だけでは、「私たちの示した七つの面での変化を伴わない限りは」、住宅生産への適切なアプローチを引き出すまでには至らないでしょう。

つまり、今ここで詳しく述べた七つの原則は、あらゆる状況のもとでも住宅生産にとって必須であり、他にどれほどの社会的変化が起きようとも、この原則には従わねばならないということです。「この意味において私たちは、単に住宅生産の「一面」ではなく、「これこそが」住宅生産であると言えるような核心部分を何とか提出できたと考えています。というのも、たとえ他にどんな条件があったとしても、目標を人間的なものに定めた正当なプロセスには必ず存在するであろう普遍的な核心部分を、私たちの提出したものが表わしていると信じるからです。」

第二部　メキシカリ・プロジェクト

では、以下の七つの章で、コントロールの七つの原則を一つずつ説明していきます。ここには、私たちがメキシカリ[*1]でこの原則を実践した時の方法が、具体例や写真を用いて示されています。

＊1　メキシカリ（メヒカーリ）市はメキシコ合衆国北西部のバハ・カリフォルニア州の州都で、アメリカ合衆国の国境近くにある。

第一章　アーキテクトビルダー

アーキテクトビルダーの原則

「私たちの思い描く生産プロセスには、新しい種類の職能人が不可欠です。それは、現代の建築家の職能と、請負業者[*2]の職能の両面を兼ね備えた人間です。

彼は建物の細かな設計に責任を持つとともに、家族が実際の設計に密接に係わることを可能にします。また、施工[*3]のシステムは彼の仕事の良否を決める鍵であり、彼によってコントロールされ、絶えず変更、改良されていきます。彼は施工プロセス全体にも責任を持っています。

彼は、伝統的なマスタービルダー（棟梁）の現代版とも言えるでしょう。」

＊2　contractor; 日本では建設工事を工務店や建設会社が一括して請け負う形式で行なわれるが、それは非常に慣習的な性格をもつ。そのため、微妙に欧米のコントラクターとは違う組織体制をもつが、ここでは一般的に「請負業者」とする。

＊3　construction

＊

今日の社会では、全く異なった二種類の人によって建物がつくられています。彼らは建設プロセスの中で全く別の役割を担当しています。一方は建物を設計する人、もう一方は施工する人、つまり建築家と請負業者です。

私たちはこの分業、職能分離は全く間違ったものであり、この分業体制の中では健全な環境など創造できないと考えています。こうした分断が建物と社会の織りなす機構に組織的な面からダメージを与えているからです。

まずこの章の初めでは、建築家と請負業者の分業が社会に根本的なダメージを与えていると確信するようになった理由、このダメージを修復するには二つの機能をひとりの人間に結合することがどうしても必要である理由について述べていきましょう。

次に、このアーキテクトビルダーという統合された存在が、健全な環境をつくるという問題解決の場面で必ず必要になることを示します。なお、このシリーズの姉妹本『タイムレスウェイ・オブ・ビルディング』『パタン・ランゲージ』『オレゴン大学の実験』そして『リンツ・カフェ』のそれぞれのプログラムでも、一人の人間に二つの機能を統合することが必要条件だと書かれています。

最後に、住宅供給の大きな部分を占める新築の住宅生産には、この二つの機能の統合がより強く求められることを示し、住宅生産のプロセスの中で明確な役割を担うアーキテクトビルダーの職能と責任を、メキシカリでの仕事を例に説明します。

アーキテクトビルダーを必要とする最も根本的な理由は、人間的な建設プロセスから出来た建物は大変複雑なものになるというところにあります。

＊

今日の建設プロセスでは、建物は図面化が可能なように十分に標準化されています。そのため、設計の職能と施工の職能は分離可能になり、徐々にそれぞれが建築家、請負業者へと発展してきました。しかし、現代の住宅のこの標準化された質こそ、その非人間的な性質の根本原因なのです。

この本に描いていくプロセスの最も基本的な前提は、住宅は一人一人のものであって、その人らしい親しみに満ちたものだということです。また、家族ごとに、基本プランだけでなく細部の出来栄えさえ異なるのです。ドアや窓に愛着を持つ人もいれば庭に愛情をかける人もいて、その度合いはみな違っているのです。

要するに、住宅とは工業的に生産される「物」[*4]ではなく、愛情をかけて育むものであり、つくられていくうちに成長し、独自性を持ち合わせていくものなのです。こうしてみると、どの設計事務所にもあるT定規のような道具や実施図面、標準設計図などは全く用をなしません。むしろ、本当に私たちに必要なのは、建物を人間的な方法で形にするプロセスであり、つくること自体が人間的行為となり、かつ、家族や建設に携わる人々に直接つながったプロセスなのです。

では、現在の分業体制がいかに施工プロセスの正常な働きを損なうばかげた方法なのかということを説明するために、住宅をつくる上での簡単な機能的問題、つまり快適な住まいをつくるためにやらなければならない仕事をいくつか取り上げ、その問題解決の過程を通して、設計

＊4 object

と施工の作業がいかに密接につながっていなければならないかを見てみましょう。ここでまず、「良い」住まいをつくる条件を挙げてみます。(1)各部屋は冬暖かく、夏涼しいこと。(2)台所はその主婦にぴったり合ったものであること。(3)各部屋には適切な眺望があること。(4)家屋は丈夫で、雨漏れ、がたつき、ゆるんだ枠などないこと。(5)庭には気持ちの良い座れる場所があること。(6)各部屋には十分な陽光が入ること。(7)広さが必要な部屋はゆったりと大きく、小さくても良い部屋はコンパクトにまとまっていること。(8)材料は十分に吟味されたもので、感触が良く、しかもしっかりしていること。(9)家族みんながそれぞれ自分にとっての快適な場所を見出せること。

[こういう良好な質は、建設全体を通して、「設計」と「施工」が絶えず結びついていなければ生み出せないはずです。]

(1)の[冬暖かく、夏涼しい]という条件を実現するには、各部屋に冬の陽射しが入るように正確にレイアウトすると共に、夏にはちょうど日陰になってしかも涼しい風の吹き抜ける窓があり、西日の厳しい所には大きな厚い壁があって、冬の厳しい風からも守られていなければなりません。

こうした条件を満足する住宅を建てるには、直接その敷地の上に立って、注意深く建物をレイアウトしなければなりません。たとえそれが五〇軒の住宅群だとしても、一軒一軒のプランは景観全体の中での位置づけや隣接する住宅との兼ね合いから、少しずつ違ったものになるでしょう。壁の厚さや窓の大きさも、すべてを十把ひとからげで決定するのではなく、一軒一軒決めていくことが大切です。場合によっては、部分的に出来上がった住宅の中で実際に気候を体験し、工事中に窓の大きさや壁の厚みを変更することもあるでしょう。なぜなら、建物内の空気の流れは実際の建物の形によって決まり、事前に予測できないからです。

つまり、デザインの決定は一つ一つ、建物ごとになされるべきであり、工事の進行中でも決定できるようにすべきです。五〇軒もの住宅が同時に、しかも図面の上で抽象的に決定されるなど全く論外です。それぞれの住宅に対応したそこだけの知恵、実際に建設に携わった人だけが持っている知識が必要です。もちろん、構造や材料に対する施工者としての管理能力や、建築家の持っている知識、デザインを決定する建築家の「権限」[*5]は、基本的には必要です。

今日の仕事のやり方では、請負業者は別の人の用意した図面に従うだけで、ここに述べたような決定権を持っていません。建築家は現場にわずかな時間しか割かず、こういう日常の様々な決定を下すだけの時間と知識を持ち合わせていません。だからこそ、建物を図面によって事前に固定してしまうのではなく、ラフなプランを直接にしかも着実に実際の建物に移し替えていくような伝達のシステムが必要です。そのためには、「建築家と施工者の持っている制度的な力、つまり、設計が発揮する力と施工が発揮する力を一つのプロセスに統合することが必要です。」

では、(2)の項目に進みましょう。「台所はその主婦の希望にぴったり合わせて設計されること。」

これには、今日の大量生産方式の流れに乗らない二つのレベルの行為が必要です。まず第一に、主婦が台所のレイアウトを決定できるように、設計段階の始めから彼女が参加することです。これは、すでに完成した部屋の中でカウンターやガス台の位置を決めるという程度の問題ではありません。どんな人でも、光はどこから入ってくるのか、出来た食事をどう出すのか、料理中でも子供の世話ができるようにしたい、といったことにその人独自の考えを持っています。つまり、大きさ、方位、居室との関係といった部屋全体に関わるすべてが問題なのです。

これは、「標準」[*6]型住宅を改良したり、キッチンをいくつかの「既製品」[*7]から選ぶことでは

*5 right

*6 standard
*7 alternatives

解決されません。住宅全体に対して様々な対応ができ、しかも施工管理上の問題を起こさずに単純かつ容易にこのことを実現できるようなプロセスがあってこそ、解決可能です。前にも言ったように、住宅はそれぞれが唯一で独立したものとして扱われるべきであり、それぞれがそれ独自の性格に応じて建てられなければなりません。このことはまた、今日の大量生産方式では考えられないような多くの時間が建築家に必要だということです。けれども、建築家が実際に施工もするならば、こういったことも可能でしょう。彼らには施工期間中にも継続的かつ日常的に住宅と関わる時間があるからです。しかし、建築家が自分のデザインを図面という形式に押し込んでいる間は、とてもできるものではありません。一つ一つの住宅にこんなことをやっていけば、お金はいくらあっても足りません。

同じことから、建築家と施工者との間にも単純でコストのかからない、直接的なコミュニケーションの方法が必要です。そうすれば、五〇の異なった住宅をデザインするのに五〇冊の図面をつくるようなばかげた出費も省けます。しかし、建築家と施工者が分断されているうちは、直接的なコミュニケーションはどうしても不可能です。コミュニケーションは厳格で形式的になり、こうした段取りをするだけでもたいへんな費用が掛かってしまいます。けれども、もし建築家と施工者が一体化され、ひとりの人間になったならば、コミュニケーションは迅速かつ直接的になります。それは「私用」[*8]の覚え書き程度で事足ります。そうなれば、コストも実行可能なほどに低くなるでしょう。

第三に、主婦が台所のレイアウトを最後まできちんとまとめていくには、彼女自身が施工期間の様々な段階でそのプロセスに参加できなければなりません。一般的に言って、建物の立ち上がる前に、カウンターの大きさや幅、ガス台や棚、物入れの位置などの微妙で的確な決定を抽象的に下すことなど不可能に近いはずです。しかし、一旦建物の輪郭が見えて台所がそこだ

＊8 in-house

とわかれば、その場所に立って想像しながら、細々としたことまで正確に決めていくことができます。

そのためには、施工期間のかなり後の時点でも、カウンターや棚の大きさや位置の決定を十分可能にすることが必要です。

さらに、軀体《くたい》が[*9]出来上がった後でもデザインの決定はまだ十分に可能であること、日々建物に関わっている施工者が主婦と共に決定を下す権限を持つことも大切です。もし、建築家が施工者とは別人で図面だけでコミュニケーションしようとすれば、こんなふうに台所を直接かつ一対一で決めていくプロセスはとんでもなく複雑で高価になるでしょう。逆に、建築家が施工者と同じ一人の人間で、お金の使いみちも管理するようになれば、話は全く単純です。これは、良い住宅に必要な他の質についても当てはまります。

つまり、私たちが探っているのは、建物を人間的で、個性的で、その人のものだと感じ取れるようにするプロセスです。しかしこれは、建築家が当初のデザインにのみ責任を持ち、紙の上で設計して施工者に遠く離れて指示するだけでは、絶対に手に入れることはできません。こうしたやり方から出来るものは、必然的に模型のような外観でよそよそしく、生命感のない機械的なものになるでしょう。プロセスの抽象的な性格がそうさせるのです。

暖かみや人間らしさ、家族ごとの微妙な差異といった私たちの求める独自性を生み出せるのは、唯一、建物の設計に責任を持つ建築家が建物に手を触れ、建設に加わり、実際に作ることに積極的かつ人間的に参加していく場合だけです。

家族ごとのデザインの様々な違い、つまり装飾や継手の見せ方や玄関道、庭、ロッジア、玄関などの微妙な質、これらすべてを建築家から請負業者へ渡される一枚の図面で伝達できるはずはありません。そうした点一つ一つを現場で家族と建築家が一緒になって決定するような直

*9 shell; 建築を構造的に支える本体。

接的なプロセスがあり、さらに、そこで決定された形が複雑であっても、そのまま建物に移されてこそ[*10]、それは可能になるのです。もしも中間段階に図面が入ったら、こうした微妙な差異は必ず消えてしまうでしょう。人が住む時に生じる多大な複雑さは、図面を通じて伝えることはできません。だからこそ、建築家と施工者の職能分離など論外です。この複雑さは建築家と施工者が一つになってこそ守られます。［これらすべてのことが、建築家と施工者を統合しなければならないということを明確に示しています。］

施工者から見ても同じことが言えます。現代では、請負業者とその職人たちは自分たちの建てている建物から悲しいくらいに切り離されています。建物は一つの「製品[*11]」であって、それ以外の何物でもないからです。それこそ釘の一本まで建築家から指定され、建設プロセスそのものがよそよそしく味気のない、愛情や情感、暖かみや人間性を失った組立作業になっています。

やはり、この状況を本当に変革しようとするならば、次のことを念頭に置くべきです。住宅の建設に従事している人たちは、その期間、心の底から積極的にならなければならないし、もしそうなら、当然デザインの決定をする力を持っているにちがいありません。受け身ではなく、積極的に建物の構想に関わっていくべきです。［つまり、施工者も建築家でなければならない、ということです。］

最後に、とりわけこの統合を必要とするのが、［生産[*12]の問題に目を向けた時］です。ある特定の家族がどれほど素晴らしい住宅をつくれたかだけを問題にするのではなく、一年に何百何千という住宅が世界中のどこにでも建設可能で、地球上の住宅問題を解決していけるプロセスとはどんなものか、を問わなければなりません。

この住宅問題は箱のような建物をつくって並べることではうまく解決できません。多様性[*13]を

＊10　現場での決定こそが最もリアリティをもつ。

＊11　products

＊12　production; 建設ではなく生産としたのは、一つの物の作り方が問題なのではなくて、それを取り巻くシステム全体を彼が問題にしているからである。

＊13　variety

可能にする生産が基本になっていなければなりません。しかも、その多様性を許す生産は大きなスケールで可能でなければなりません。ですから、少なくともプロセスの上では何らかの統一が必要です。私たちの結論としては、プロセスに家族の多様性や独自性を入れ込みながら、実際にこの素晴らしい多様性を大規模な生産に不可欠である施工や工法の一貫性[*14]と何とか「なじませる」には、大規模に住宅を生産する力と個々の住宅を個性的で人間的に生み出す力とを結び合わせることのできる全く新しい種類の人間がいなければ不可能だということです。

それは全く新しい人間新しい管理組織体であり、このような建設プロセスを支える新しい専門家です。「これこそ、アーキテクトビルダーという概念の具体的な姿です。」アーキテクトビルダーとは、単に小さなスケールで小じんまりと美しいものを手作りするような職人ではありません。そういう面とともに、何よりも彼は大規模なスケールでこのことを実現させるプロセ

*14 uniformity

スの中心的存在なのです。彼は新しい役割を持った人です。彼は非常に多くの住宅を生産する方法を扱うことができると同時に、小さな物の中に人間性を与えていく敏感さと繊細さを失わずに持っている人です。

このアーキテクトビルダーの力の根本は、彼の仕事が集約化[*15]を前提としていないところにあります。彼は今までの建築家や施工者以上に多くの細かな問題に気を配らなければなりません。そのため、普通に管理できる数よりもずっと少ない建物に視線と関心とを集中することになります。そうでないと、建物に本当に必要な配慮を十分に払うことができないからです。

例えば、五〇〇戸の住宅を建てる場合を想定してみましょう。今日の一般的な大規模住宅プロジェクトの場合、建築家や請負業者はかなりの数の住宅や大きな集合住宅を一人で扱います。通常の宅地開発や政府の住宅供給プロジェクトでは、建築家一人が五〇〇軒の住宅や五〇〇戸の集合住宅を担当することもよくあります。その工事を担当した請負業者もまた、同じように一度に五〇〇軒もの住宅を遠くに居ながら[*16]建てていくでしょう。

ここで述べるアーキテクトビルダーは、活動範囲がずっと限定されていて、しかしより大きな権限を持っています。どのアーキテクトビルダーも一度に二〇軒以上の住宅を扱うことはありません。けれども、彼は設計と施工の両方に全面的に責任を持ち、各住宅に固有のディテール[*17]まで立ち入って個々の家族と密接に関わりながら働きます。このように、この施工モデルでは設計と施工の両方が一つになると同時に、地域に分散、密着していきます。今日の生産方式では一人の建築家、一人の請負業者が五〇〇軒もの住宅や五〇〇戸の集合住宅を一年で設計し、建てます。それが、この新しい方式では二五人のアーキテクトビルダーが必要になり、それぞれが二〇軒以下の住宅を担当します。

このことはつまり、アーキテクトビルダーは社会の中で今までとは違った役割を演じるとい

＊15　be decentralized; 例えば『パタン・ランゲージ』の（2）「町の分布（the Distribution of Towns）」には、様々な権力や文化などを分散して配置することが具体的に提案されている。

＊16　long-distance

＊17　details; 建築を構成している具体的な部分を総称して言う。

うことです。中央集権化したシステムを機能させることにその能力を提供してきた建設労働者やドラフトマンの疎外された姿も、アーキテクトビルダーの進出によって変わっていくでしょう。専門性の枠組も変わるに違いありません。この点は第三部でさらに詳しく論じます。

大切なことは、私たちが新しい種類の職能人を提案しているという点です。彼は自分の建てる建物を、一つずつ愛情の産物や、手を掛けた作品として見ることのできる人です。彼は家族たちが間取りを描いたりコミュニティ形成の役割を自然に演じていけるように手を貸し、勇気づけて、プロセス全体をつくり上げていく人なのです。

*

メキシカリのプロジェクトで私たちは、アーキテクトビルダーの概念をほぼ完全に検討する機会を得ました。一九七五年七月に私（クリストファー・アレグザンダー）は、メキシコのメキシカリ市にあるバハ・カリフォルニア州[*18]公共事業省[*19]に勤務するフリオ・マルチーネと出会いました。彼はバハ・カリフォルニアの様々なグループを代表して、環境構造センター[*20]の仕事についての連続講義ないしセミナーを開きに当地に来てほしいと依頼してきました。その頃の私は多くの講義を受け持っていたこともあり、メキシコで何らかのプロジェクトがやれるのであれば喜んで訪問しますと答えました。ほとんど期待していなかったのですが、二週間後、再び彼から連絡があり、そういう建設プロジェクトの可能性について真剣に検討した結果、バハ・カリフォルニアの州政府と州立大学[*21]が共同で私を招待し、実現の可能性について詳しく協議したいと言ってきました。

私はここ数年間にセンターで研究してきたテーマ、特に家族が住宅を自分で設計するという考えを試すために、一群の住宅を建てたいと申し出ました。数週間後、私たちは詳細な打ち合

＊18　Baja California; メキシコ合衆国の州で、カリフォルニアに隣接し、メキシカリ市を要とする南へ長く伸びた半島。緑の少ない荒涼とした岩地が続く。

＊19　the Department of Public Works; 日本での建設省にあたる。

＊20　the Center for Environmental Structure; アレグザンダーの主宰する設計施工組織。一九六七年設立。

＊21　the Universidad Autonoma de Baja California

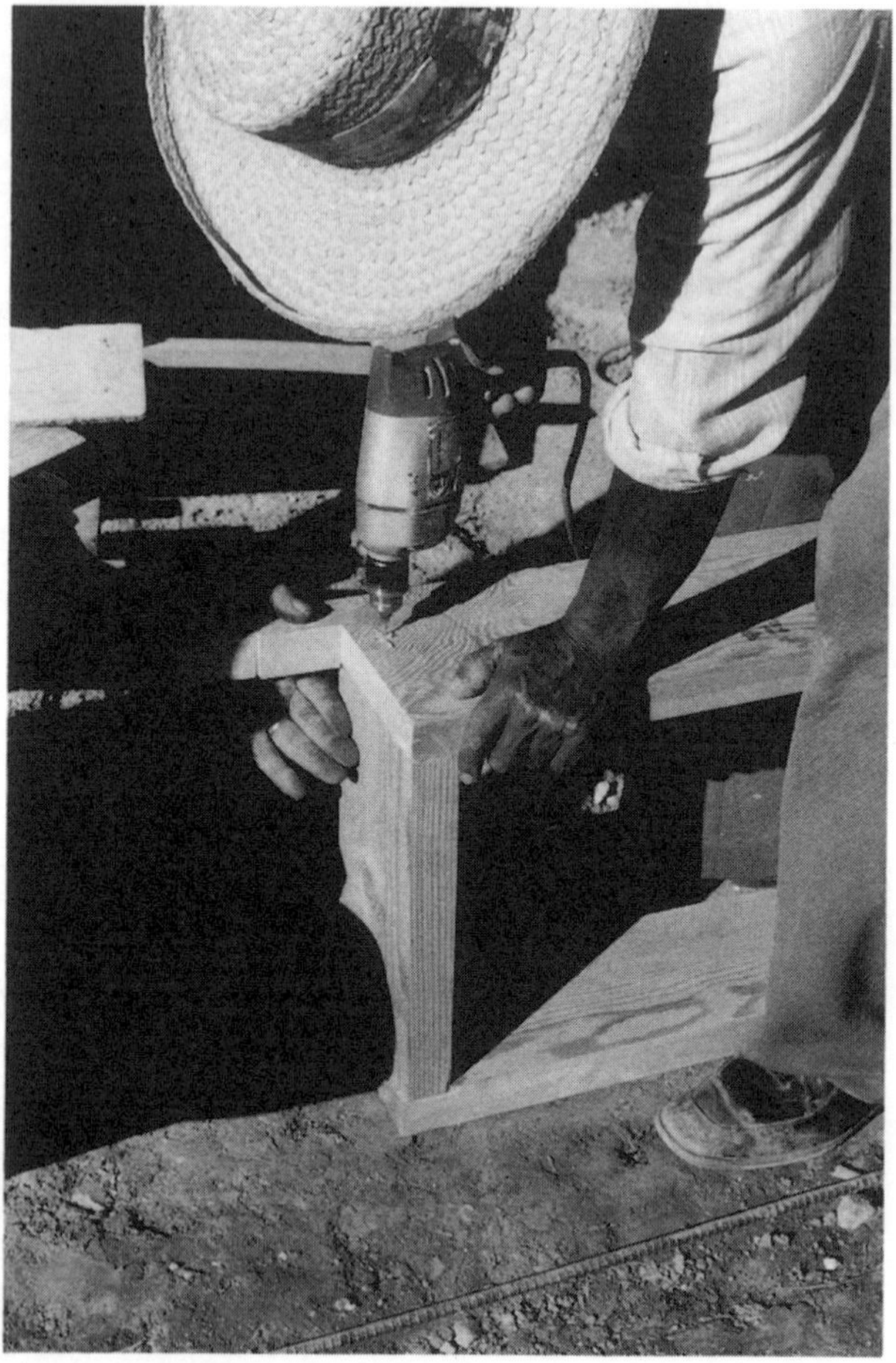

わせをするためにメキシカリを訪れました。三〇軒の住宅を建てること、それは家族が自ら設計したものであること、一軒三、五〇〇ドルで、各戸の平均面積は約六〇㎡ということで合意に達しました。

当時でさえ、メキシコで六〇㎡の住宅の平均コストはこのほぼ三倍の約一〇、〇〇〇ドルですから、この価格が彼らにとってもいかに低いかがわかります。低価格であることとメキシコ当局が環境構造センターとの交流を望んだことが決め手となり、その年の一〇月からプロジェクトを開始することになりました。

環境構造センターはこの住宅プロジェクトの設計と施工の両方にたずさわることになりました。つまり、設計と施工の両方に法的な責任を持つわけです。

私たちのチームは四人で、全員がこの本の著者です。建築の経験では、私アレグザンダーが建築士の資格を持ち、他の三人デービス、マルチーネ、コーナーは最近学校を卒業した建築家です。施工に関しては私とマルチーネに経験があり、二人とも請負業者の資格を持っています。

バハ・カリフォルニア州政府は、初期の段階からセンターが設計と施工の全責務を遂行できるように、外部からの干渉を最小限に抑えてくれました。

例えば、私たちはどの住宅に関しても地区の建築課や融資銀行に対して詳細な設計図を提出する必要がありませんでした。日常的に直接、家族自身とコミュニケーションをとっているのだから、その責任と信頼を前提として、私たちが最も良いと考えることを実行できる自由があったのです。また、用途地域規制に束縛されずにどんな建物配置も可能であり、地域計画法[*22]や区画整理[*23]などに縛られずに最も良いと思う区画割りをおこなうこともできました。さらに、地区の建築関係部局に規制されずに、必要とあればいかなる設備や施設もその住宅に備えてよい

*22 local planning law
*23 subdivision practice

ことになりました。また、もし必要と思った時には、すでに承認済みの基本施工システムの範囲内で構造的な変更を加えていくことも可能でした。私たちは責任ある技術者であり、家族と住宅の利益を守るために必要な手段は何でもおこなうべきだと考えたからです。

つまり、私たちが必要であると判断したことは、ほとんどやってもよいということでした。私たちは建設工事に対して、また建設のシステムに対して、さらにそのシステムの発案とチェック、つまりシステムの開発に対して、また施工の実験や家族との共同作業、土地利用や区画割りの決定、用途地域規制法の解釈、資金運用などのすべてに対して責任を持っていました。

こうした権限と責任について、もう少し詳しく見てみましょう。

1 全体計画（プランニング） 私たちはコミュニティ全体の配置計画、つまり［全体計画］も担当した。そのための方法の選択は、家族による意思決定も含めて、すべて私たちの責任であった。

2 土地利用計画（ゾーニング） 私たちはあらゆる用途地域規制を免除された。依頼者たちは、私たちが周辺環境に対していかなる害も及ぼさないと信頼しており、用途地域規制を希望通りに解釈する自由が保証された。

3 区画割り 私たちは区画割りも担当した。通常これは測量技師の作業だが、私たちは第四章に示したプロセスに従って家族と一緒に区画を決めた。各区画は私たちの指揮のもとに、複雑な敷地形状にも対応できるように開発された新しい技法[*24]で測量され、記録された。

4 設計 私たちは建築家として住宅の設計にも携わった。

5 構造技術 私たちは構造技術についても責任を持った。バークレー[*25]での実験期間中に、私たちは独自の施工システムをゼロから開発し、メキシコの現場で完成させた。開発途中の構造チェックと設計等のすべては私たちの責任でおこなわれた。

＊24 アレグザンダーは必ず理論的な方法に対応する技法をつくってきた。それは手にもつ道具からコンピュータプログラムまでの多岐にわたる。例えば『形の合成に関するノート』のプログラムや盈進学園での構造解析のプログラムなど。

＊25 Berkeley; アレグザンダーが教鞭をとるカリフォルニア大学バークレー校があり、アメリカのカウンターカルチャー運動の発祥地でもある。

6　材料の試験と開発　私たちは全く新しい建築材料や部品を、地域で手に入る素材を使って開発した。

7　製　造　私たちは「製造[*26]」も担当した。私たちの建設システムに必要ないくつかの組立や工程には新しい部材の製造が必要だった。製造を外注に出す場合もあったけれど、特に重要なものはほとんど自分たちで製造した。

8　建築許可[*27]　私たちは地区の建築局へいかなる図面も提出する必要がなかった。（五章に述べるように）建設の「プロセス」自体が公共事業省に認可されたので、細かな建築計画の提出義務は何もなかった。もちろん、家族と共同で建設し、その健康と安全を脅かすものは建てないということにも、私たちは責任を負っていた。

9　施　工　私たちは施工そのものを直接担当した。つまり、私たちは建築家であると同時に、建設工事に最初から最後までずっと責任を負う請負業者でもあった。

10　積　算　私たちは数量の拾い出しと積算[*28]もおこなった。

11　貸付け許可　私たちは銀行の通常業務である貸付けの交渉と許可、さらに資金の支払い等の一部も引き受けた。

［この簡単な説明からもわかるように、普通は非常に多くの様々な部署に分かれている権限が、メキシカリのプロジェクトでは敷地と家族に身近な一つの組織に集約されています。］

これが、いわゆる「アーキテクトビルダー」という役割にともなう「非中央集権化＝地域分散化[*29]」という言葉の本質的な意味です。設計や施工のプロセスをさらに詳しく説明していけば、このプロジェクトの質、それぞれの家族に対する細やかな気配り、共有空間を扱う時の配慮などのすべてが、私たちの手に多くの権限を与えたからこそ可能になった、ということがは

*26 manufacturing

*27 building permits

*28 accounting

*29 decentralization

っきりするでしょう。だからこそ、その現場とは何の関わりもない当局の手続きをじっと待ったり、その土地や人の心に何一つ根差さない決定で人々の失望を誘うようなこともなく、私たちはいつでも、その場に最も適した行動がとれたのです。

もう一度強調しますが、地域のアーキテクトビルダーの手にこのような少なからぬ権限を委ねることは、現代の社会においても［十分可能です。］［もちろんそのためには、個々のアーキテクトビルダーは彼の目標やその範囲をもっと謙虚なところに定めていくことが必要です。］

今日の監理、あるいは管理、のシステムが生まれた理由は、建築家や施工者、技術者が膨大な仕事を受け持つ中で、具体的な仕事から遠ざかってしまったことと、多くの建物をコントロールするには非常に厳格な規範と様々な機能への責任分化によって対処しなければならなくなったからです。このことは十分理解されるでしょう。しかし、建築家や施工業者が何百もの住宅に決定を下す時、彼の生来の「良識」、つまり直に接した建物への愛情は消え失せてしまい、ほとんどあてにならない抽象的な動機[*30]、例えば利潤や便利さ、スピードなどがそれに取って代わるのです。

私たちはアーキテクトビルダーの伝統的ともいえる正当な権限をもう一度確立するために、彼の活動範囲を［限定すること］を提案します。どんな場合でも、任された建物が少なければ、それだけ良い仕事ができます。むしろ、彼が本当に少ない建物を扱っている時にしか、良識とか才能、建物への愛情が発揮されないとも言えるでしょう。しかし、彼には今までよりもずっと大きな権限や責任が委ねられるのです。

だからと言って、無政府状態を想定しているわけではありません。例えば、一つの大きな組織（官公庁とか建設会社）が五〇〇戸の住宅を建設することになったとしても、二五人の独立したアーキテクトビルダーを指名して各々二〇軒ずつの住宅の仕事を任せれば、その責任を遂

＊30　抽象的動機とリアリティある動機の違いについては、『まちづくりの新しい理論』の「ルール3　ヴィジョン」に詳しい。

行できるのです。この場合、一人のアーキテクトビルダーの活動範囲はさらに限定されます。しかし、その範囲内での権限と責任は大きく拡張されます。私たちが述べていることの本質は、［組織］[*31]の変換であり、役割の変更なのです。［アーキテクトビルダーの一人一人に現在の建築家以上の大きな権限を持たせること、しかし、その活動範囲はもっとずっと控え目にすることが必要です。］

＊31 organization

以下の各章を通じて、私たちは新しい生産のプロセスに必要な建築家と施工者の統合のあり方を検討していきます。機能的な必要および純粋に実務上の理由から、より人間的で地域分散化した生産プロセスをうまく作動させるためには、二つの職業、二つの技能が簡潔に統合されていなければならないのです。

ビルダーズヤードについての第二章では、新しい工法を開発するためにアーキテクトビルダーがどのような施工実験をおこなったか、さらに、建設プロセスに必要な部材の製作にどのように取り組んだのかを見ていきます。

第三章では、共有地を決めるために、アーキテクトビルダーがパタンランゲージを使って家族グループをどのようにまとめたのか、また、彼のもとで家族が共有地のレイアウトや区画割りをどのように決めていったのか。さらに、自分たちの住宅が共有地を具体的に補い強化するならば、自らの住宅のためにもなる、ということを確信するようになった道筋を見ていきます。

第四章では、住宅内部のレイアウトを進める上で、アーキテクトビルダーが各家族にどのようなかたちで関わったのかを見ていきます。彼は次から次へとパタンに関する質問を出しながら、強制することもなく、家族の必要に完璧に見合ったまとまりと一貫性のある、しかも構造的にも健全な、独自のデザインを引き出していきます。さらに、プロセスに許された一日か二日でどのようにこの作業のすべてをおこない、完成したのかを見ていきます。

第五章では、アーキテクトビルダーがどのように具体的な施工プロセスに関わるのか、また、住宅の完成に向けて、一度に一つずつの施工作業をどのように展開していったのかを見ていきます。図面に煩わされずに、どのように設計を扱ったのか、また、この方法で窓、部屋の高さ、庭の腰掛けをつくる壁、住宅の中で最も美しい空間をつくる柱などのすべてのあり方を、最も良いタイミングで、しかも建設途中の住宅の中で、どのように見出したのかについても見ていきます。

第六章では、住宅の価格を非常に厳しい限度内でいかにして収めたのかを、アーキテクトビルダーが家族に材料を配分する方法、労働を計算する方法、家族自身が建設プロセスに参加する方法などから見ていきます。その上で、アーキテクトビルダーとそれぞれの住宅との密接な結びつきがこのようなコスト計算を実行する上でいかに大切かを見ます。

最後の第七章では、アーキテクトビルダーがどのようにして施工の仕事を進めたのかを追いながら、人間的なプロセスを感じさせ理解させる住宅がどのようにつくられていったのかを見ていきます。住宅が完成した時、それは機械的で抽象的な生産プロセスではなく、思い出を残し、家族を結びつけ、情感を生み出すようなプロセスに根差すものとして経験されるのです。

第二章　ビルダーズヤード

地域のビルダーズヤードの原則

［実際の住宅生産は、各地域に広く分散したビルダーズヤードからなるシステムに基づきます。ビルダーズヤードはそれぞれが、住宅生産に必要な道具、設備、備品、材料及び事務所を備えています。

ビルダーズヤードの本質的な点は、住宅そのものに物理的に近接して置かれているところにあります。ビルダーズヤードは住宅が形成するコミュニティの一端を担い、さらにはコミュニティの核ともなって、単に住宅生産の当初の起点というだけでなく、増改築や維持管理、公共地の管理などのセンターとして、何年にもわたって住宅との継続的な関係を保持していきます。］

＊

最初の章で私たちは、設計と施工の分離と、この分離の中で特に典型的に進行した権限の集中によって、今日の住宅生産における管理[*1]がきわめて誤った方向に向かっていることを示しました。

この方向を正すために、私たちはアーキテクトビルダーの原則を確立しました。この原則では、非常に多くのアーキテクトビルダーの、それぞれが、一度にどちらかと言えば少数の住宅を直接管理します。その結果、アーキテクトビルダー自身は建設期間中にすべての住宅と直接個人的な結びつきを持ちます。これは、家族が住宅をデザインしたり、さらに望めば建設にも参加できるように彼が手を貸せるということです。それぞれの家族の特性に合わせて、どの住宅も細かなところまできちんとつくられていきます。

つまりは、今日のどの施工者よりも直接的にデザインをコントロールできる多くのビルダーを、社会的に分散するためのプロセスを提出したのです。

さて、ここで私たちは、このマスタービルダーの社会的な分散が空間的、あるいは地理的にどのような姿になるのかを考える段階に来ました。このコントロールの社会的分散化が現実に機能するためには、コントロールそのものが住宅建設の進むコミュニティや街、地域の内部で、地理的にも空間的にも分散していなければならないからです。

今日の社会では、建設プロセスはほぼ完璧に中央集権化されています。ほとんどすべての「近代的」[*2]生産システムが、巨大で集約的な建設会社に頼っています。その場合、建設活動に対するコントロールは建設のおこなわれている近隣とは何の関係も持ち得ません。建設現場で働く人々には近隣に対する直接的で個人的な知識[*3]などなく、土地に固有の特質や必要性につい

＊1 control

＊2 Modern

＊3 personal knowledge

て何も知りません。とにかく、彼らは単なる賃金労働者であって、自分たちの仕事を自分で管理はできません。また、たとえ近隣に対して理解を示したとしても、彼らには自分の行為を適正なものに変えていくだけの力もありません。

建設会社を実際に経営している人々にとっては、近隣が精神的に遠いだけでなく、建物の敷地でさえ密接に関係を結ぶ対象ではありません。それは彼らにとって収入源の一つでしかないのです。彼らは近隣に対する直接的な責任感などなく、外部からの要因、つまり外部で生産された建設資材と、外部から規定された労働条件を基礎にして建設プロセスを管理しています。

私たちは今日の住宅生産を管理する建設会社の巨大集中化システムに代えて、高度に分散化した地域の「ビルダーズヤード」システムを提案します。ここでは、それぞれが自分たちの関わる近隣に対して有機的[*4]な関係を保ち、それぞれが地域に適した現地生産[*5]の建築資材を注文したり、開発しながら、一貫して近隣内の建設活動を継続的に支えていく任務を負っています。

この章で述べる地域のビルダーズヤードとは、ビルダーとコミュニティが独自に、より個人的な関係を結ぶための中心なのです。ビルダーズヤードの存在が意味するのは、ビルダーがある特定のコミュニティに対して直接的で個人的な関係を持つこと、彼の建てた建物やその仕事のほとんどがこのコミュニティの中にあること、つまり彼がこのコミュニティに有機的に結びつけられているということです。要するに、ビルダーズヤードは実質的な[*6]形のある核であり、建設を育む場所なのです。さらに、ビルダーに拠点を与えるコミュニティの中核的な場であり、半永久的な結びつきの基盤を与えます。

ビルダーズヤードは実質的にアーキテクトビルダーと一対になっています。第一章で私たちは、人々が自らの住宅やクラスターを設計する際に生じてくる多くの複雑で移ろいやすい人間的な活動を支えるには、拠り所[*7]とも言うべき一人の人間が必要なことを見てきました。全く同

＊4　organic
＊5　視野の中には地場産業振興の「村おこし」的意味合いも含んでいる。
＊6　physical
＊7　anchor point

じ理由から、情報、道具、設備、材料、指導といったものの基地となる実質的な拠り所も必要です。住宅生産の過程でリーダーとして頼れる一人の人間が必要なように、家族にとっては、住宅を建てたり改修している時に問題解決のために立ち寄る場所、彼らの活動の明確な社会的中心であり拠点となる一つの場所が必要です。

　ビルダーズヤードは特に、次に挙げる役割を担います。

一　アーキテクトビルダーたちに拠点を与える。ある時には作業事務所、場合によっては生活施設も用意する。メキシカリのプロジェクトではどちらも用意された。

二　建設システムを具体的に見せる場所となる。すなわち、その建物がそのまま建設システムを具体化した実例となり、例えば、いろいろなディテールが様々な使われ方の中でどのように見え、どのように機能するのかといったことを見せてくれる。また、建設プロセスの実験をする場所でもある。

三　建設プロセスを進める上での拠点になる。ここにはプロセスに必要な道具が揃っていて、窓用の切断ジグ[*8]や梁のスペーサー用ジグなどの専門工具も用意されている。また、これらの道具で部品本体を製作する場所にもなる。

四　家族が住宅をデザインする時に使うパタンランゲージを建物内に具体的な形で表現する。ここでは、パタンランゲージを読み取り[*9]、学習し、討論できるような小さな部屋が必要。

五　各クラスターごとに実際の建設プロセスの進行記録、請求書、使った材料の量、コストコントロール、個々の家族の実働時間などの記録をすべて保管する。

六　建設期間中には、アーキテクトビルダーと家族が一緒に集う場所にもなる。例えば私たちも、ロッジア[*10]でダンスをしたり、噴水[*11]のまわりで夕暮れ時を一杯飲みながら過ごしたりした。

七　周辺のより大きなコミュニティの核としても機能する。私たちのビルダーズヤードには夕

＊8　jig; 部材を固定したり、保持して加工する道具

＊9　read

＊10　loggia; 列柱によって囲まれた柱廊や建物

＊11　fountain

コスタンド[*12]があり、また、特に最初の頃には多くの人々が噴水を水源として利用しにやって来た。コミュニティ全体の人々が次第に建設プロセスに親しみ、このプロセスを彼ら自身の問題として受け止めるようになったのも、こうしたことから生まれたのだろう。

八　最後に、たとえ建設プロジェクトは終わっても、ビルダーズヤードはコミュニティセンターとして、また学校や遊び場、教会、ダンスホール、カフェなどとして、その場にふさわしい機能を持ち続ける。この段階になるとほとんどの道具は持ち去られて、定期的な補修に必要な最少限の道具だけが残る。

*

メキシカリのプロジェクトでは、ビルダーズヤードをほぼ完全な形で展開できました。実際に、この時のビルダーズヤードは非常に大規模で、ひとつの住宅クラスターとほとんど同じ大きさになりました。それはメキシカリのプロジェクトを育む場所であり、中枢でした。そして、この章に述べるモデルにほぼ正確に従って機能しました。

ビルダーズヤードが活動的なものであり、行動やインスピレーションの源ですべての仕事の中枢であることを知ってもらうために、初期の頃に戻ってメキシカリのビルダーズヤードについて説明を始めましょう。それはビルダーズヤードがレイアウトされる以前の、私たちのやろうとした建設システムがまだ明確になっていないごく初期の時点です。

ビルダーズヤードは継続的な一連の施工実験の中で生み出されました。そこは、実験とその成果の両方が共存する場所です。住宅建設に向けての施工の場所であると同時に、その施工方法が有効かどうかを検討する実験の場所でもありました。

このことをはっきりと理解するには、プロジェクトの建築家兼施工者である私たちが、実際

*12　taco stand：タコスなどを売る屋台であるが、ここでは建物の一角にある売店のこと。

に建物の設計と施工を一つのものとして結びつけ、捉えていった独特な方法を把握することが必要です。

それは単に、私たちが両方に対して責任を持つというだけではありません。それ以上の何か、建物や材料への直接の愛情、情熱、レイアウトや平面の基本を決める建築構造への絶え間ない関心、つまり、建物を設計するのではなく、実際に［つくる］[*13]という感覚を持つということです。それは、つまり、どんなディテールに対しても手や指を通して理解すること、画家が自分の絵具を指先で知り、一流のコックがスープを舌で知るように徹底的に理解することです。それがすべての細かなことに責任を持つという感覚につながります。

このように、ビルダーズヤードは必然的に、実験的な製作を扱う一種のワークショップ[*14]と考えられるようになりました。そこではブロックや梁などの部材を作るだけでなく、そうしたものを発案しテストして開発をしました。［こうした継続的な実験のプロセス、つまり実際の建物をできるだけシンプルにしかも美しく建てるための方法を探っていくことが、メキシコでの私たちの生活の一番大切な中心になっていました。］

要するに、このプロジェクトを始めたその時から、私たちはこれを、何よりも「施工」のプロジェクトであると自覚したわけです。こういう建物を建てることは、何よりも［つくる］行為であり、単なる設計行為ではないのです。この精神の下に、私たちは建設システム、つまり建物の具体的なつくり方が、三つのきわめて重要で互いに関連し合った理由から非常に大切であるという認識に達しました。

第一に、私たちの望む簡素さ[*15]と個別のデザイン[*16]の可能性を守りながら、建築について何も知らない人々の手によって建物を建てるということは、新しい種類の建設プロセスを必要とします。それは、住宅が建てられている間にも進歩していけるもので、実行する上でわかりやすい

＊13 making

＊14 workshop; 工房、作業場

＊15 simplicity

＊16 individual designs; 個々の家族ごとにつくられたデザイン。

プロセスであることが大切です。

第二に、人間的でシンプルで、しかも喜びにあふれ、純粋で人間のためにある建物を建てるということからも、全く新しい種類の建設プロセスが必要です。既存のプロセスは、複雑か単純かにかかわらず、今日の喜びの少ない機械的な状況にしっかりとはまり込んでいるからです。

第三に、結局のところ私たちは一戸約三、五〇〇ドルで住宅を建てなければなりません。つまり、こういうきわめて乏しく低い金銭的条件の下では、使ったお金が何らかの価値を生み出すような新しいシステムを工夫しなければならないということ、さらに、それには非常に特殊とも言える材料、部品、そしてプロセスをつくり上げなければならないということです。

私たちは次のようにして始めました。まず最初に決めたことは、メキシカリで産する非常に良質のアドビー土[*17]を使って、コンクリートブロックより安価で摂氏四六度にもなる夏の厳しい暑さへの断熱効果も期待できるソイルセメント・ブロック[*18]を製造するということでした。メキシコへ渡る以前のごく初期の段階から、私たちはすでに一連のありとあらゆるブロックのテストを始めていました。基本の型を合板で作り、ソイルセメントをその中に圧縮して、様々な形や調合を試してきました。さらにメキシコに着く頃には、より複雑な一連のテストを始める準備も整っていました。私たちはロサコメタ[*19]という、一度に二個のコンクリートブロックを製作できるイタリア製のブロック製造機を購入し、土とセメントの混合にはコンクリートのような振動ではなく圧縮が必要なので、この機械を改良して材料を圧縮できるようにしました。

ブロックの形は非常に重要です。私たちは特殊な井の字型[*20]のコーナーブロックを設計しました。これだと壁を四方で受け止めることができ、図面がなくても建物がレイアウトできます。

さらに、嚙み合わせ用のつば[*21]の付いた細長い壁用ブロックを設計しました。このおかげで、

*17 adobe soil; 黄土によく似た風積土。日干し煉瓦の原料になる。（*17〜21の用語は一八七ページ以降に図示されている）

*18 soil-cement; 土とセメント、水の混合物で、硬い表面をつくり、舗装用に使われる。

*19 Rosacometa

*20 castellated

*21 flange; フランジ

柱型ブロック（上）
ブロック製造用の型をそろえる（下）

壁はモルタルなしに簡単に積み上げることができ、固める時に穴にセメントをつめるだけでよくなりました。

また、円柱用ブロック[*22]も設計しました。これはどこにでも使えるというものではありませんが、ポーチやアーケード[*23]、ロッジアなどで、太くて白く美しい円柱を可能にしました。

鉄筋がすでに配筋されている特殊な基礎ブロックを設計し、乾式で地面の上に基礎をレイアウトできました。その後で四周の基礎ブロックの内側にスラブ[*24]を打設します。この状態でスラブはブロックの鉄筋をつかみ、全体が一つに固まります。

もし、自分たちの手で型をつくりブロックを製造することがなかったら、こうしたことは何一つできなかったでしょう。こういうものをつくるために、私たちは自分たちの作業場や荷台[*25]、さらに技術が必要でした。こうしたもの、こういう一見些細に思えるものがプロジェク

＊22　porch
＊23　arcade
＊24　slab; 鉛直方向の面荷重を受ける床版。
＊25　pallet; パレット

トを可能にし、的確なものにするのです。私たちは最良の調合、最適な圧力、さらに特殊な型のブロックを最もうまく乗せることのできる荷台の形を決めるために徹底的な実験を続けました。型の設計が終わると、次に鉄板を裁断し、それを溶接して組み立てます。これらすべてが現場のワークショップでおこなわれました。また乾燥用のヤードと貯蔵用のヤードも持っていたので、山のいろいろな所から採れた様々な砕石や砂を使った実験にも着手しました。

　建物本体の建方についても大規模な実験を始めました。ヴォールト[*26]本体は、火山質の軽石（地元で手に入る黒く軽い石）とパーライト[*27]（カリフォルニアから運ばれた超軽量でかなり高価な砕石）を混入したコンクリートでつくりました。調合設計の実験段階では、混入率を小さくしたものや、おが屑[*28]とパーライト入りコンクリートも実験しました。

　ヴォールトの下地になるバスケット[*29]の設計も同様です。最初、バスケットの目は、長方形で編まれていました。そのうち編目の各交点を釘で止めると強くなることがわかってきて、最終的にはひし形格子[*30]にして一層強くなりました。その結果、厚み三／八インチ[*31]（一cm）、幅五／四インチ（七cm）のこの薄く細長い材を中央で一フィート[*32]（三〇cm）立ち上がるようにして一六フィート（四・八m）のスパン[*33]を編んでも、その上で大人が大の字になって耐えられる十分な強度が得られました。

　がわ梁[*34]についても同じです。最初のがわ梁は、梁の上端に沿って取り付けた二枚の薄い一×四インチ（二・五×一〇cm）材の間に長い麻布の袋を張り渡し、コンクリートを充たして梁にした、全く初歩的なものでした。最初に建てたロッジアにこれを見ることができます。しかし、この袋は扱いにくいので、他に様々な設計を試み、結局二枚の二×六インチ（五×一五cm）材でできた型枠に落ち着きました。これは梁の打設と養生に使われます。

　壁の配筋に関しては、鉄筋の費用をなんとかしようと考えました。地震力に耐える壁をつく

＊26　vault
＊27　perlite; 真珠岩や黒燿石を粉砕して焼成した、多孔質の極めて軽量な骨材。
＊28　sawdust; おが屑モルタルはおが屑を骨材にしたもので、強度は小さいが軽量で断熱性に優れる。加工性がよく、釘も打てる。
＊29　basket
＊30　diamond lattice; ダイヤモンドラチス形
＊31　一インチ＝二・五cm
＊32　一フィート＝三〇・五cm
＊33　span; 柱間。また、柱間を一つとする単位
＊34　perimeter beam

るにはブロックの穴に配筋する必要があるので、竹を使おうと考えました。しかし、メキシコのどこでも竹は手に入りません。そこで、椰子《ヤシ》の枝を試してみました。とても安価で手に入りやすく、引張力に強い繊維を多く含んでいて、とても素晴らしい材料に思えました。しかし、これを用いていくつかの壁をつくったところ、二、三日して壁に細い亀裂が見つかりました。亀裂は椰子の枝を使った箇所と正確に一致していて、その上に注入された湿ったセメントペースト[*35]が椰子の枝を押し広げて膨張させ、それが固まったセメントペーストに大きな圧力を加えて亀裂を生んだとわかりました。そこで、非常に強く安価ではあったけれど、やしの枝を使うことはあきらめました。

「こうした実験の一つ一つに、ビルダーズヤードは実験場としての役割を果たしました。」材料を熟知し、それが何の役に立って、どんな方法で細部に対処するのかを完全に知るまで、材料そのものに日常的な触れ合いを持つことです。それがなければ、私たちのようなやり方でプロジェクトを実現することはできなかったでしょう。建物に対する精神[*36]や情感、新しい材料や新しい形態の可能性、建設について何も知らない人でも自分たちの家にうまく適用でき使いこなせる建設システムを創り出す可能性は、本質的には設計と施工の両方に対する日常的な結びつきに基づいています。さらに大切なのは、これらの建物を私たちがつくったということ、私たちがこれでよいと考え、私たちが建てたということであり、図面を書いて他の誰かに建てさせたものではないということです。これまで得たことのすべては、私たち自身が、自分たちのヤードで、試行錯誤の繰り返しと経験から学んだものです。

これこそが、この種の住宅がなぜ、建築家でありかつ施工者でもある人々、つまり「ビルダーズヤードで」働くビルダー＝アーキテクトによってのみつくり出されるのかということの核心であり、理由です。

＊35　grout

＊36　spirit

こうしてみると、ビルダーズヤードは施工技術の実質的な発展にも重要な役割を果たしていたことがわかります。このことが、有効な建築システムを生み出していったのです。

同時に、ビルダーズヤードは後に建てられる住宅のプランニングやデザインの基本的なひな型にもなっていて、人々が見学に来る場所としても想定されました。

このことから、メキシカリの実験では、ビルダーズヤードは他の住宅と同様に、あるいはそれ以上に慎重にレイアウトされました。

＊

私たちの考えは、ビルダーズヤードは地域のコミュニティの中心になるので、後続の住宅にも取り入れようと考えている環境についての思想や感覚のすべてをレイアウトやデザインの中に取り込んだ素晴らしい場所であるということでした。実際にそこは、環境が適切に作られたならどのようなものになるかを家族が見つけ出すインスピレーションの場所になりました。

ビルダーズヤードには二つの中庭[*37]があります。一つは、アーチ形の大きな門[*38]を入ったところにある大きな中庭です。この中庭は道具小屋[*39]とロッジア、タコスタンド、アーチ式大門の上部に上る階段に囲まれていて、中央に噴水があります。

二つ目の中庭は私的な内庭で、真ん中の中庭を巡るアーケードの小さな柱廊[*40]よって完全に囲まれています。その奥には様々に小さな部屋、例えば居間、寝室、仕事場など、私たちと実習生が住宅建設中に仕事や生活をするようになったところがあります。

つまり、ビルダーズヤードは単に施工のための実際的な中心というだけでなく、周囲に建てられる建物の実物大のモデルという役割もあるのです。ビルダーズヤードで開発されたディテールは、住宅から周辺の近隣へと伝わりました。ビルダーズヤードで具体化したパタンは、ま

＊37 courtyard
＊38 main gateway
＊39 toolshed
＊40 colonnad: コロネード。列柱のある開放の廊下

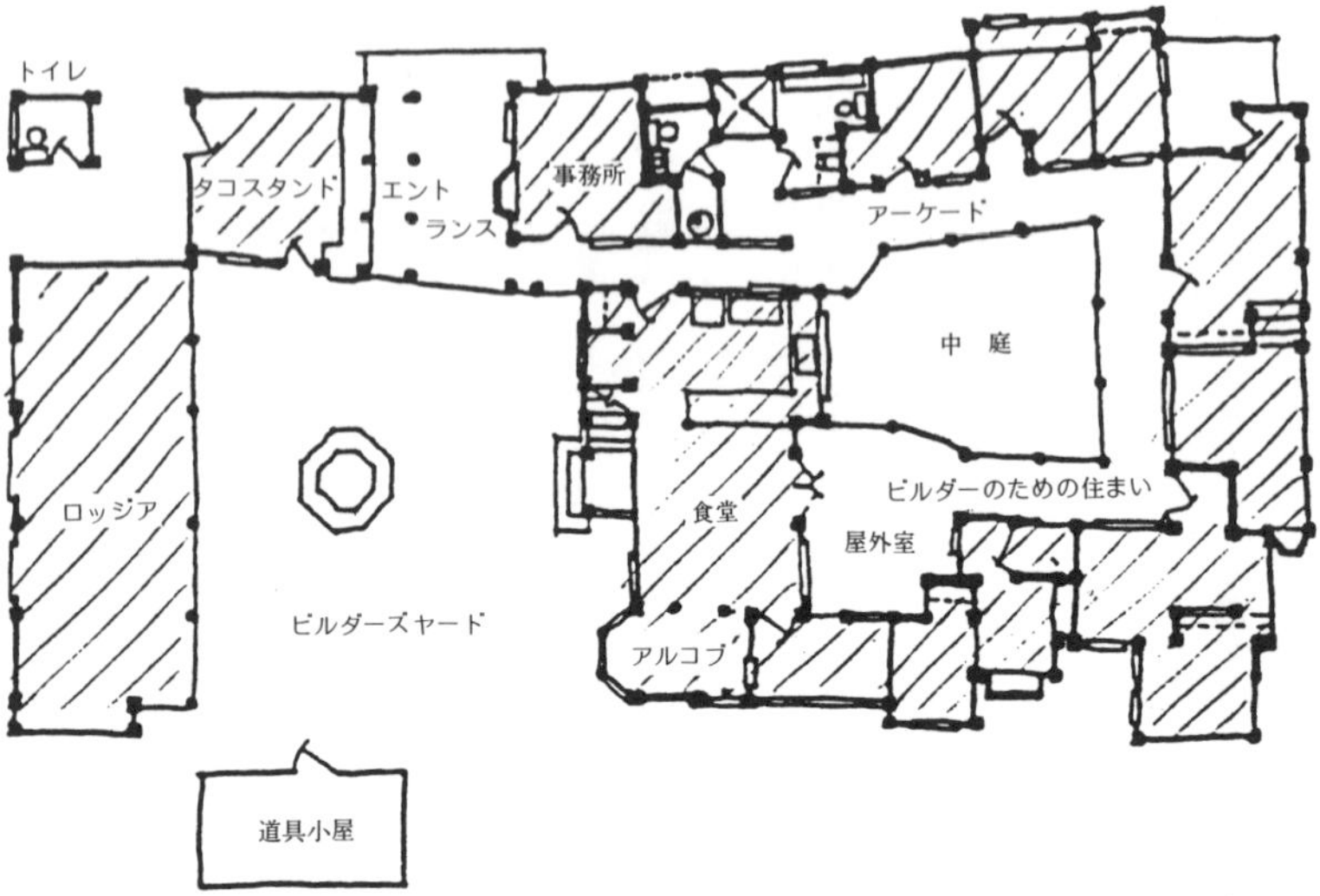
トイレ
タコスタンド
エントランス
事務所
アーケード
中庭
ロッジア
ビルダーのための住まい
食堂
屋外室
ビルダーズヤード
アルコブ
道具小屋

わりに建った住宅にも反映しています。ビルダーズヤードは全プロセスの実質的かつ精神的な出発点であり、住宅生産プロセスの全期間を通じてそのような役割を果たしました。

プロジェクトのごく初期、一〜二週間目からすでに、ビルダーズヤードはこのように機能し始めています。ブロックのテストをしたり、実際にブロック製造を始めたり、道具を揃えたりするために、またミーティングや建設上の決議をおこなう「拠点」[*41]を置くということからも、それが必要だったのです。ブロック製造機ロサコメタが送られてきて、敷地の一画に据え付けられました。そこはブロック用の原材料が配達されて置かれる場所と、出来上がったブロックを積み上げ、乾燥する場所の中間地点です。材料（砂、砂利、セメント）が届けられ、二週目からブロックの生産が始まりました。まだ何もない敷地の上で、ブロックの製造はすでに作業に入っています。もちろん、いろいろな仮設の日除けが、強い日差しから作業者を守るために機械のある所や、ブロックを日陰で乾燥させる所に立てられました。

ロッジアは最初に完成した実験的な建物で、出来上がるとすぐにワークショップとして、またがわ梁用の型枠製作や機械のちょっとした修理をする場所として、時にはコンクリート作業の後で強い日差しを避けて昼食をとる場所としても使われました。

また、プロジェクトの全期間を通して、ビルダーズヤードはプロジェクトの社会的な中心としても機能しました。見積りや材料の発注、財務記録はここで処理されました。アーキテクトビルダーは各自が自分の部屋を持って、そこで建物のディテールを考案し、家族と問題を論じ、ポーカーを楽しみました。ヤードの一画ではブロック製造の作業が全開で続いています。二日に一回、砂や砂利の積荷が届きます。ブロック用のセメント袋や鉄筋や他の材料の積荷は一度ロッジアの裏手に届けられ、各家族に割り当てられます。ロッジアの中には高価な木工用の道具が据え付けられています。その作業台では窓やドアの枠を作り、がわ梁の型枠に鋸やや

＊41 home base

すりをかけ、窓やドアを組み立てました。

ビルダーズヤードはコミュニティにとっても大きな関心の的でした。ここは、今何が進行中かを知ろうとして人々がまず立ち寄る場所であり、どんなことが提案されているのかを見に地元の役人が訪れる場所です。また、公的な行事として住宅の最初の契約やローンに署名する場所でもありました。

ビルダーズヤードの初期の頃から、近所の人々は噴水やその近くの蛇口を水源として頻繁に使っていました。ある時はただ自分たちの使う水を汲みに、またある時には洗濯をするためにここにやって来ました。水は活動の中心でした。

さらに、住宅を施工している間も、ビルダーズヤードはやはり社会活動の中心でした。そこでは、家族とビルダーたちとのパーティ、ここで実習している学生たちのダンス大会などが催され、夜には大きな中庭の真ん中で火を囲み、ロッジアの中で音楽を奏でて、ほとんどお祭り気分です。

最後に、ビルダーズヤードは近隣の中に長期的に存在してこそ意味があります。つまり、アーキテクトビルダーの演じる様々な役割（パタンランゲージを教えること、人々が自分の住宅をデザインできるようにすること、さらに自分の住宅を施工できるようにすること、そして近隣全体としての漸進的な改善を助けること）はすべてが長い期間を必要とする、ということを近隣の人々に理解してもらう必要があるからです。これは政治的、経済的な問題です。［しかし、ビルダーズヤードの長期的な存続は、それぞれが近隣の中で重要な役割を果たし、その存続のために市や州や国からの財源を期待できるようになり、新しい社会組織として明確に認知された時に初めて可能になるでしょう。］

ビルダーズヤードの噴水の水を使う地元の人たち

＊

もしも、このビルダーズヤードの考えを別の住宅プロジェクトに適用したらどのようになるのかと尋ねられても、私たちには、それは違った場所なりに様々なかたちを取り得るだろうとしか答えようがありません。

最も単純な場合だと、アーキテクトビルダーのための一時的な住宅にしかならないこともあるでしょう。建設が終わればこの住宅は売りに出されてどこかの家族が住むかもしれないし、お店やモーテルとして使われるかもしれません。

私たちの知っているフィリピンの場合では、ビルダーズヤードはイエズス会[*42]の司祭が経営するコミュニティのための安価な金物店になっており、建築材料や建設のノウハウを自力で住宅を建てようとする貧しい家族に提供しています。

他にも、ビルダーズヤードは地域の芸術センターになるかもしれません。そこでは、絵や彫刻が建築の造作と肩を並べて、あるいは建物の一部として飾られています。これらの芸術はコミュニティの一部です。最初はほんのつまらないものかもしれませんが、人々がその場所とのつながりを持つにつれて、次第にビルダーズヤードは、子供や主婦や仕事帰りの男たちがコミュニティづくりに真剣に取り組みながら立派な芸術家になっていく、そういう場所へと成長していきます。

私たちが今建設中の北イスラエル[*43]の生活協同村[*44]の場合には、ビルダーズヤードの建設自体が一つの共同事業であり、村のすべてのメンバーが共同で所有し、三〜四人の村民が村全体の利益になるように経営しています。ここでは、新しく形成された共同体の成長に必要な経済基盤の一端をビルダーズヤードが担っていて、共同体を経済面からも支援しています。

＊42 Jesuit: キリスト教の一会派

＊43 Israel

＊44 cooperative village：「キブツ」のこと。

私たちの知るかぎり最も控え目で、おそらく最も効果的なビルダーズヤードの姿は、メキシコ国内でアベル・イバンツの指導のもとに国家的スケールで取り組まれているものにあるかもしれません。ヤードは国中に拡散しながら、各々が約八〇〇の家族を対象として地域コミュニティの隅ずみにまで広がっていくことになります。このヤードは自分で住宅を建てようとする家族に、部品や材料を少量ずつ売ります。二年間にわたって月々返済していくだけの十分な収入があれば、どの家族でも材料をローンで手に入れることができます。こういう条件にしておけば、家族は返済可能な範囲内で、一部屋ずつ自分の家を建てていくことができるでしょう。また、このヤードは分割払いクレジットや安い材料を用意しているだけでなく、建築的、技術的な援助、つまり購入した材料を彼らが使えるようにするといった、本質的にアーキテクトビルダーの役割も担っています。

［いかなる場合でも、どのような形をとるにせよ、地域のビルダーズヤードは住宅生産プロセスの本質的な部分です。生産を地域分散化し、それを意味あるものとし、日常的な人間の経験に根づかせていけるのは、間違いなくビルダーズヤードなのです。住宅生産プロセスを転換し、何よりもそれを人々の手に取り戻すこと、そして機械的で抽象的なプロセスによる住宅生産の考えをきっぱりと消し去ることができるのは、ビルダーズヤードとコミュニティとの緊密さであり、近隣地域の建築活動の中心となり核となるビルダーズヤードの存在です。］

第三章　共有地の共同設計

共同設計の原則

「どのような敷地であっても、生産のプロセスは共有地のレイアウトから始めなければなりません。ここで大切なことは、このレイアウトは家族たち自身によってコントロールされるべきものであって、彼らの手から離れた抽象的な取り決めによってではない、ということです。

もちろん、第四章で見るように、家族は自分たちの住宅を彼ら自身の手で設計します。しかしながら、住宅の設計に入る前に、まず最初に住宅に囲まれた共有地をレイアウトしなければなりません。[*1] そうすれば、彼らの住宅に直接つながる公的な空間すなわち共有地は、公共機関や開発業者が手がけたような抽象的で機械的なものにはならずに、どの家族にとっても独自で身近なものになるでしょう。そこは、彼らの意志の共同表現であり、他のどこにもない、「彼らの」世界がしっかり根づいた場所なのです。」

＊1　屋外空間から決めていくという方法はアレグザンダーの場合に徹底している。ここは最も公共との関係が近い境界であり、公から私へという順序は以後のあらゆる場面で守られている。

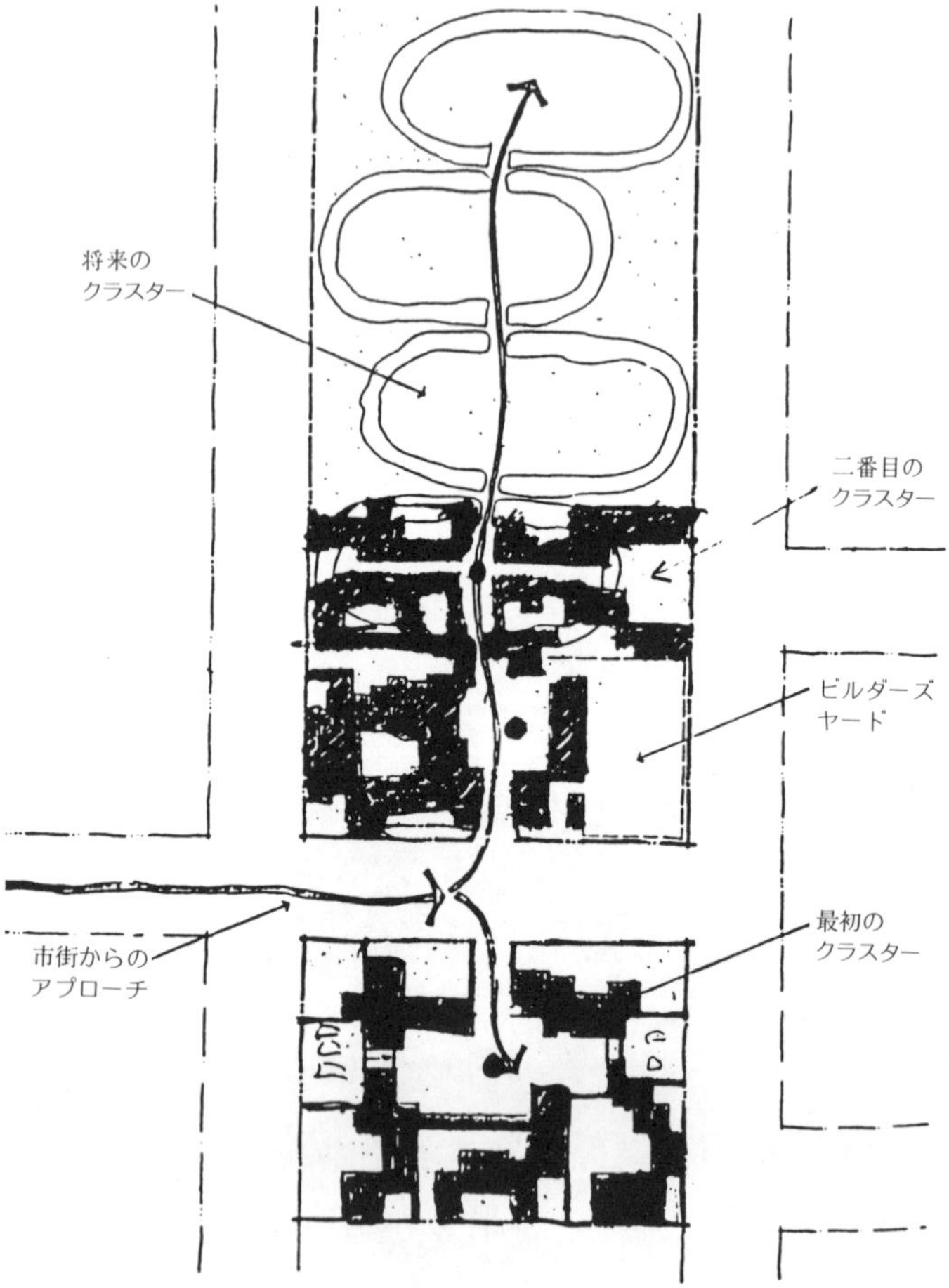
将来の
クラスター
二番目の
クラスター
ビルダーズ
ヤード
最初の
クラスター
市街からの
アプローチ

今日のほとんどの住宅生産では、公共地や共有地は実際にそこに住んで使う人とは無縁の公的機関によってコントロールされています。例えば、ごく一般的な都市では、都市計画や土地利用を扱う部局が、自発的な人々の出鼻を挫くような規則や法規に従って、機械的に公共地のレイアウトを管理しています。こうした公共地のデザインや配置、区画割りのプロセスは、本質的に、あらゆる人間的な情感を排除する官僚的なプロセスを内に秘めています。

こういう共有地に関わる高度で抽象的なコントロール手法の一つに、私たちがあいまいに「グリッド」[*2]と呼んでいる抽象的な住戸構成手法があり、今日のほとんどの生産システムはその上に成り立っています。公的な開発の住宅はグリッドの上に並び、標準的な道路形態もまたグリッドです。大きなアパート内の住戸の配列も本質的にはグリッドです。建設にゆっくりと時間をかけるメキシコ人向けのバリオ[*3]地区住宅でさえ、政府があらかじめ決めた道路や水路の厳密なグリッドの中に配置されています。

このようなグリッドは機械的で抽象的な単なる家の羅列にすぎず、人間的な社会集団のあり方とは無関係で、社会構造とも一致しません。グリッドが厳密にその幾何学的な形に従うとは限りません。例えば、近年のカリフォルニアの宅地開発に使われている道路曲線も抽象的という意味ではグリッドです。曲線は自然性や人間性という幻想を与えるだけで、本質的にはグリッドであり、他のすべてと同じく機械的です。

このグリッドの家並みの中では、住宅はグリッドの一単位、一要素として機械的に生産されます。グリッドとは、現在の住宅生産の機構を可能な限り効率よく働かせるために講じられた機械的な視点なのです。

＊2　the grid; 建築では一般に碁盤目状の街路を言うが、ここではより拡張して、方眼（デカルト座標）上で物事を捉える一般的な思考の様式を指している。

＊3　Barrio; スペイン語を日常語とする人々が住む居住地。

ともかく、グリッドはその目的達成のために、厳密にコントロールされた様々なルールに従わなければなりません。そして、このグリッドの効力が共有地や公共地をコントロールするところまで達した時、それらは住人から全く離れたものになります。道路は都市や「企業」、「地域」や「開発業者」に属していて、人々との直接的な関係を持ちません。最も重大な問題は、グリッドが個性的に機能する人間的な集団を組織することには何の役にも立たないという事実です。

道路に沿って抽象的な〝グリッド状〟に並ぶ住宅群という姿に替えて、私たちはより個性的で新しい家並みの型を提案します。それは、共有地に対する直接的で効果的なコントロールを人々の手に戻し、建設中だけでなくそれ以後もずっと、自然で人間的な生産の単位となるものです。この家並みの型をクラスター[*4]と呼びましょう。

私たちのいう「クラスター」とは、共有地を共同で管理し分かち合う、住宅のグループのことであり、人々が具体的な共通の目的を持ったり、共に協力し合ったりできるような社会組織の基本単位にもなっています。また、家族は共有地との関係を手がかりに、個々の住宅の配置を（他人によってではなく）自分たちで決定できるだけの力を手に入れます。

クラスターの大きさに決まりはありませんが、家族の数は比較的少ない場合が多いようです。もし、共同で使う共有地があって、居住者にこの共有地と関係づけて自らの住宅の配置を決めていく力さえあれば、わずか二軒でも十分です。

また、それが大きな場合でも、同様に（市町村のような行政単位ではなく）住宅に住む人々が街区の土地を実質的に所有し、そこに対する権限と、そこと彼ら個々の住宅との関係を確立する力を持っているならば、街区全体が一つのクラスターになることも可能でしょう。

このように、クラスターはまずその中心にある共有地によって意味づけされ、個々の家族と

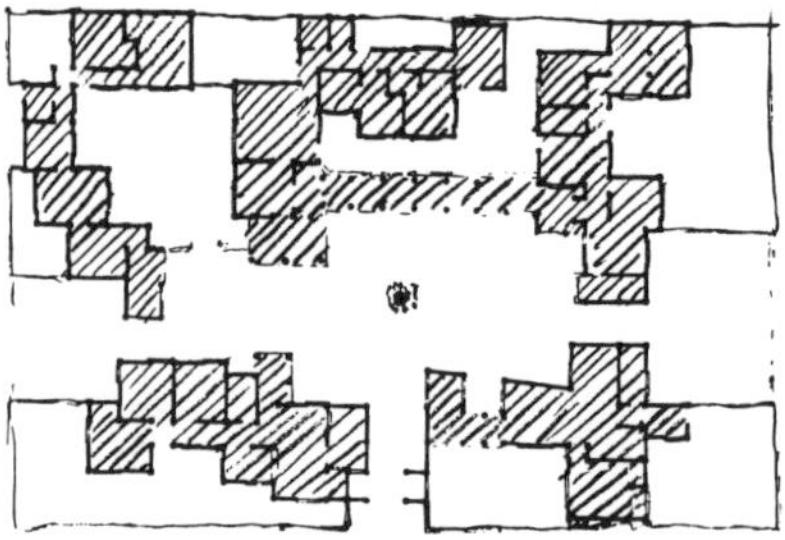
最初の住宅クラスター

＊4　cluster

この共有地との豊かな関係によって決定される、ダイナミックでしかも実体のある社会構造です。

共同所有の共有地に関する機能的な論点は、『パタン・ランゲージ』の中の「共有地」と「住宅クラスター」の二つのパタンにあります。ここで議論を繰り返す必要はないでしょう。しかし、次の一点は忘れないで下さい。クラスターはそれが人間中心のグループであり、家族の集合体であるからこそ機能する、ということです。すべての意味、すべての価値は、人と人との人間的な結びつきから得られるもので、形の幾何学だけから生まれるものではありません。

「この意味で、「クラスター計画」と呼ばれる現代の宅地開発や建築学上の住宅計画は、私たちがここで提案するものとは、表面的には類似しているようでも、実際には全く異なっており、私たちの見解ではほとんど価値がありません。」それらは中身のない抜け殻にすぎず、外見はクラスターとしての形態をとっていても、その機能を本当につくり出すような人間的な内容は入っていません。以下に示すように、クラスターを形成していく努力のほとんどすべては、「人間的な」努力なのです。それは、人々が互いに知り合い、協力し、信頼し合って、共に彼らの世界をつくり上げていく、「人間的な」プロセスの中にあります。ここがクラスターを問題にする時の重要な点であり、これがクラスターを本質的なものにするのです。

＊

メキシカリのプロジェクトでは、住宅クラスターを社会的な中心として実体化するまで、共有地の共同設計を徹底的に実践することができました。政府との合意の中には、住宅や住宅クラスターがレイアウトされる「前に」家族グループを特定する必要があるという点を明確にし

てあったので、各クラスターのメンバーが自らの手で、共に自分たちの共有地をレイアウトする一連のステップへとつなげることができました。

以下では、これらのステップが実際にどういう道筋になるのかを、特に最初の家族グループのクラスター[*5]の経験を引用しながら、読者が別のプロジェクトでも使えるように一般的な言葉で明らかにしていきます。

ステップ1：クラスターの位置決め

いかなるクラスターでもその成り立ちを最終的に決めるのは、そこに住むことになる、共同で設計をする家族です。しかし、実際のクラスターの場所は、家族が登場する以前に決めておく必要があります。土地を決めることは、家族にとっての集合地点、具体的な焦点を用意することになるからです。

クラスターに選ばれる場所は、これに先行する開発から自然に続いている位置になります。敷地の先端にはすでにビルダーズヤードが建っているので、当然、最初のクラスターはビルダーズヤードの隣、つまりビルダーズヤードの開発を延長した位置に決まりました。

ステップ2：家族たちとの会合

クラスターの場所を決めたら、次に家族たちを一堂に集めます。メキシカリでは、信用組合[*6](ISSSTECALI)を通じてその全会員に、四万ペソ(三、五〇〇ドル)の予算で、自分自身で家をデザインし、建てようと思う人に参加してほしいという募集広告を出して、対象家族を見つ

*5　この実験は実際には第二期まで行なわれているが、二番目のグループは設計までで建設されなかった。

*6　credit union: 日本での住宅金融公庫に近い。

けました。
最初のクラスターには五家族分の余裕があったので、私たちはそのまま五家族が契約するのを待って、仕事に取り掛かりました。

最初の五家族（家族の代表者のリスト）
フリオ・ロドリゲス・レグラ氏　三八歳
既婚　：妻　（三二歳）
子供　：四人　（一〇、八、六、四歳）
職業　：水道メーター検針員
収入　：月収　三、八二五ペソ
グスマン婦人：リリア・デュラン・エルナンデス　三四歳
既婚　：夫　（三四歳）
子供　：一人　（五カ月）
職業　：看護婦
収入　：月収　三、四六七ペソ
夫の収入：月収　九〇〇ペソ
エンマ・コシオ・コルベルト女史　三七歳
独身
子供　：一〇人　（一七、一五、一三、一〇、九、八、五、四、三歳、八カ月）
職業　：法廷速記係
収入　：月収　五、一一八ペソ

ISSSTECALI

住宅の自主建設計画

ISSSTECALIは，下記の要項に従ってこの新しい住宅計画を始めます。

1．組合の会員のみが参加できる。
2．会員の月収は5,000ドル以下であること。
3．会員は持家を所有しないこと。
4．会員は最低2人以上の子供をもつ既婚者であること。
5．余暇に個人的に作業に参加できる者であること。
6．将来会員が住宅設計および建設する場合に協力の指導を受けること。
7．会員は土地代および都市整備に要した費用を負担すること。ただし，公共施設は州に帰属するものとする。
8．会員の住宅建設にはISSSTECALIから4万ドルの融資が受けられる。
9．この計画は，環境構造センターとバハ・カリフォルニア自治大学および同大学建築学部の協力による。
10．第一期には30家族を選出する。
11．住宅はメキシカリ市オリサバ地区に建設される。
12．申し込みその他詳細は，ISSSTECALI住宅融資課（マデロ通710番）にて受け付けています。

メキシカリB. C.
1975年11月

総務局

ホセ・タピア・ベタンコウルト氏　二五歳
既婚　：妻　（二三歳）
子供　：三人　（三歳、二歳、二歳）
職業　：旅行代理店事務員
収入　：月収　三、七五二ペソ

セルナ婦人：マカリア・レイエス・ロペス　二七歳
既婚　：夫　（三〇歳）
子供　：二人　（二歳、一歳）
職業　：看護婦
収入　：月収　四、〇四八ペソ
夫の収入：月収　三、八〇〇ペソ（警察官）

私たちは各家族に二〇〇ドル（住宅価格の六パーセント）の手付金[*7]を納めるように求めました。プロセスが終わる時まで、彼らからの委託を保証するためです。もしも家族が途中で勝手に抜けてしまったら、プロセスそのものが大変危うくなるからです。けれども、完全に固定する必要はありません。実際に最初のクラスターで、土地の割当てが決まった数日後に一つの家族が抜けたことがありました。それでも、代わりの家族は容易に見つかり、その後も全くスムーズに進みました。

＊7　deposit

ステップ3：クラスターのためのパタンランゲージの選択

次のステップでは、『パタン・ランゲージ』からその家族に適切だと思われるいくつかのパタンを選択し、全員に配布しました。そのパタンを議論し、修正するためです。パタンランゲージそのものは、『パタン・ランゲージ』の最初に述べてあるプロセスによって選択されます。

家族とパタンについて話し合ったことは、私たちにとっても面白い経験でした。彼らはパタンに固有の豊かさを知るにつれて、プロジェクトに熱心になってきました。けれども、彼らにランゲージを修正させたり、彼ら自身のパタンをさらに付け加えさせようとする目論見はうまくいきませんでした。

通常の場合には、その地域のアーキテクトビルダーが、その地域性に応じて、パタンを修正し洗練することになるはずです。（例えば、『パタンによる住宅の生成』[*8]（環境構造センター、一九六九年）の中で、ペルーに適合するようにつくられたペルー型パタンを参照のこと。）しかし、今回のプロジェクトでは、私たちは施工の問題に忙殺されて、この種の仕事をする時間がほとんどありませんでした。

私たちが使ったパタン

住宅クラスター（三七）[*9]
共有地（六七）
正面玄関（正面の門）（一一〇）
小道のネットワーク（一二〇）

＊8 『Houses Generated by Patterns』国連からの依頼で、ペルーのリマに一、五〇〇世帯のコミュニティを設計するというもの。

＊9 （ ）の番号は『パタン・ランゲージ』のパタンのナンバーに対応する（訳者による）。

座れる階段　（一〇二）
玄関先のベンチ　（一四二）

ステップ4：共有地のレイアウト

ある日の午後、私たちは五つの家族と最初のクラスターの予定地の前で出会いました。その日は全般的な話からで、家族それぞれが自分たちの住宅をデザインする前に、まず最初にクラスターそのものをみんなでデザインし、クラスター全体の中での個々の住宅の位置を決めなければならない、という説明から始めました。

次に、いくつかのパタン「住宅クラスター」「共有地」「小さな駐車場」「公共度の変化」「大きな門」「公共戸外室」について話し合い、次の日の午後にこれらのパタンを現場の地面の上で検討すると約束して最初の日は終わりました。

「このような共有パタンを決めるには、それぞれの機能が要求する面積を相対的な比率として知っておく必要があります。」私たちは作業仮説として、一戸当りの各面積を、共有地三〇m²／戸、駐車場三〇m²／戸、住宅六〇m²／戸、庭九〇m²／戸と決めました。

それによると、五つの住宅からなるクラスターでは、共有地が一五〇m²、駐車場が一五〇m²、五つの住宅の建物全体で三〇〇m²、私的な屋外空間が合計で四五〇m²です。この面積の割り振りに従えば、住宅と私的な領域は共有地のまわりをぐるりと細長くとり囲むリングを形成します。

次の日の午後、私たちは再び顔を合わせました。敷地に立って、共有地はどこが良いか、駐車場はどこにしよう、正面の門はどこにすべきか、公共戸外室はどこか、を実際に目で見て確

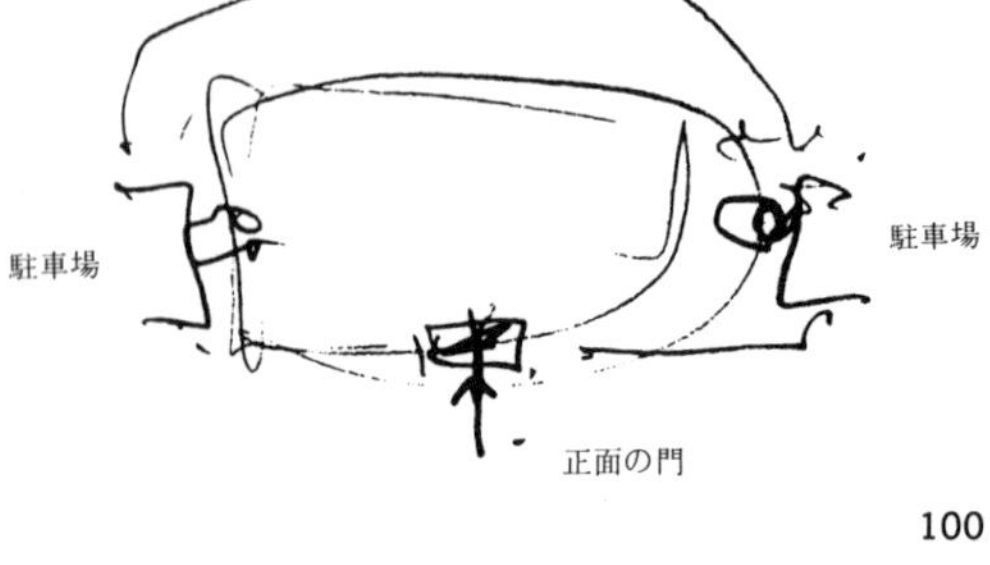

かめていきます。「正面の門」は明らかにビルダーズヤードに面している必要があります。そうすると、駐車場はその門からの道の両サイドに少し離れて置いて、共有地へ通じる小さな門と通路をつけるのが一番良いという結論になりました。共有地はプロジェクト全体の中心なのでほぼ真ん中に置かれ、クラスターの形と同じに細長くなりました。

　また、その中央にはみんなでバーベキュー（カルネ・アサダ[*10]）もできる一種の共用スペースが必要だし、近くに噴水があると良いという点でも一致しました。こうした共用の「公共戸外室」になる場所には、そことわかるようにいくつかの石を置いておきました。

　その日の午後の最も面白い議論は「公共度の変化」のパタンに関するものでした。私たちはまず、より公共的、つまりにぎやかな中心にいたいと望む家族もあれば、私的で静かなところにいたいと望む家族もあるということの説明から始めました。ともすると、五家族しかいないクラスターの中ではこの違いも小さいかもしれません。しかし、現実に一方には一〇人の子供がいて、もう一方には一人しかいないことを考えると、大きな違いがあるはずです。実際、子供が一〇人と五人の家族は、どちらも活動の中心にいたいと主張し、一人しか子供のいない若い家族は、クラスターの家並みの中でもできるだけ静かで離れた場所を望みました。このような結果から、クラスターの共有地は一まとまりの単純な長方形ではなく、瓶[*11]のような形状になりました。広くて大きい部分はより公共的であり、首にあたる狭い部分はほどよく活動性が抑えられてそれなりに平穏で静かな場所になっています。

　その日の終わり頃には、共有地の姿が現われてきました。私たちもその決定には大きな役割を演じましたが、誰もがはっきりとそれを共有のもの、共同の作業の結果であると感じ、理解していました。全員がそれを自分のものとして、自らの決定によって、自らがつくり出したものとして感じています。いや、自分のものという以上に、世界中で唯一つのもの、つまり、そ

*10 carne asada
*11 a bottle

こもまた我が家なのです。

ステップ5：個々の区画の選択

この時点でクラスター全体の輪郭は大まかに決まりました。共有地や正面の門、駐車場や公共戸外室の位置は決まりました。けれども、この段階ではまだ、家がどこに建つのか、家族がクラスターのどのあたりに入るのかさえわかっていません。

ある程度の大まかな輪郭と正面の門の位置が与えられたことから、住宅は各コーナーに一軒ずつと中央部に一軒になることが明確になりました。このごく一般的な認識から、区画選定のプロセスが始まりました。私たちはある日の午後に集まりました。そして、各家族にクラスターのどの部分が良いかよく考えて、その場に立ってくれるようにと頼みました。

選択の組合せは興味深いものでした。音楽教師の家族[*12]と床屋の家族は同じ場所、大通りに面した北東の角を希望しました。彼らは小さな店を開きたかったからです。エンマ・コシオとフリオ・ロドリゲスは両方とも北西の角を希望しました。ホセ・タピアは南西の角を望みました。瓶の首にあたる静かなところで、幹線道路から離れています。

もちろん、二つの家族が同じ地点を望んだ場合には、その対立を解決しなければなりません。そのために、私たちは場所の代わりに大きさを得るという原則を採用しました。すなわち、第二候補の場所を選択する人には、代償として幾分か大きめの区画の権利を与えます。

例えば、一〇人の子供を持つエンマ・コシオには大きな敷地が必要です。そこで、もし彼女が最初に望んだ角の場所をあきらめて中央に家を置くなら、その損失に見合うだけの大きな面積を与えようという提案を出しました。大家族だった彼女は、この提案を喜んで受け入れまし

*12　途中でこのプロジェクトから下りた家族なので、家族の一覧にはない。第六章にその経緯がある。

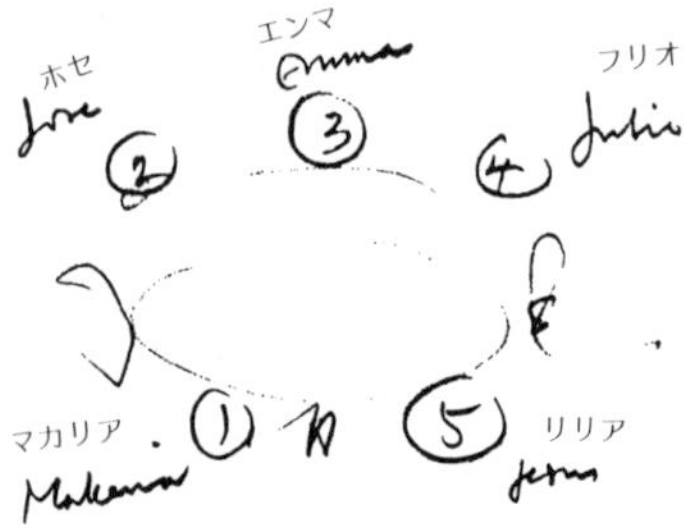

た。

二家族が北東の角を望んで対立していた問題は、なかなか決着がつきませんでした。何度か、この場所をあきらめて南東の角（同じように通りに面していて小さな店を持つことも可能）にすれば、もう少し大きな面積が手に入ると説得し、最終的に音楽教師の方が受け入れました。このため、平面図に見えるように、南東の敷地の方が北東の敷地よりも埋め合わせのためにわずかに大きくなっています。

ステップ6：敷地の区画割り

各家族が自分たちのコーナーを選んだだけでは、それぞれの区画の境界線は完全には決まりません。次には、各家族の位置関係とクラスターの全体的な形状に従って、実際の区画線を引かなければなりません。

この区画の境界を定めるには、共有地が適切な形状になり、しかも各区画が適切な面積になるまで杭[*13]をあちこちに動かし、面積を調整しながら、非常に多くの試行錯誤を繰り返すことが必要でした。

このプロセスには丸二日間を要しました。私たちは共有地の主なコーナーに杭を打ち、次に各区画の隅角を示す杭を立て、それを眺めては杭を動かし、また眺めるといったことを、最終的に今までの決定を正確に反映し、正しいと感じられる完全なレイアウトになるまで続けました。

事前に区画が決められた上で建物が配置される一般的なプロセスとこのプロセスが、根本的にどう違うのかを思い返してみましょう。［個々の区画はあらかじめ固定されるのではなく、

＊13 stakes; 敷地に杭を打って配置を決める方法は盈進学園のような大規模な建築群でも実施され、このキャンパスで最も評価の高い、美しい配置を生み出している。

家族自身によって、集団の相互作用[*14]の結果として決まるのです。」この点が、ここでのクラスターと、開発業者や行政が非人格的に定める区画割りとの完全に異なるところです。

このプロセスでは、まずクラスター全体が独自の性格を現わし、グループの希望や要求の直接の表現になります。次に、各区画がこの共有地に合わせて配置されます。そうすることで、一つ一つの区画自体がその場所ごとに独自の形や性格を持つようになるのです。

この独自で複雑な秩序を反映した特有の幾何学的形態は、当然他には見られない、ここだけのものです。配置するのも計測や測量をするのも大変です。実際に区画測量の過程であった話をしておきましょう。私たちが区画に杭を打った後、測量と記録のために市の調査官が土木局から出向いて来ました。最初に彼らが持ち帰った測量図は絶望的なほど実際とはかけ離れていました。彼らが図面に描いた区画の形状は、実際に地面に杭を打ったものとは全く異なっていたのです。これは、彼らの用いた測量技術が普通の区画割りの線引き（真っすぐな線、きちんとした角度など）には適するものであっても、実際の杭によるマークの複雑さを正確に記録できるほど精密なものではなかったからです。調査官は結局、区画の線を正しく記録した図面をつくるために、測量技師を引き連れて三度も現地に戻って来なくてはなりませんでした。

通常の手続きでは、リアリティは図面によってコントロールされます。私たちのプロセスでは、図面は家族自身が敷地の上で実現した、本当に生き生きとしたリアリティを記録するだけのものです。結果として見えている共有地や私有地の複雑さは、家族や個々人すべてが抱く要求や希望や夢の本当の複雑性を、まさに的確に映し出しているのです。

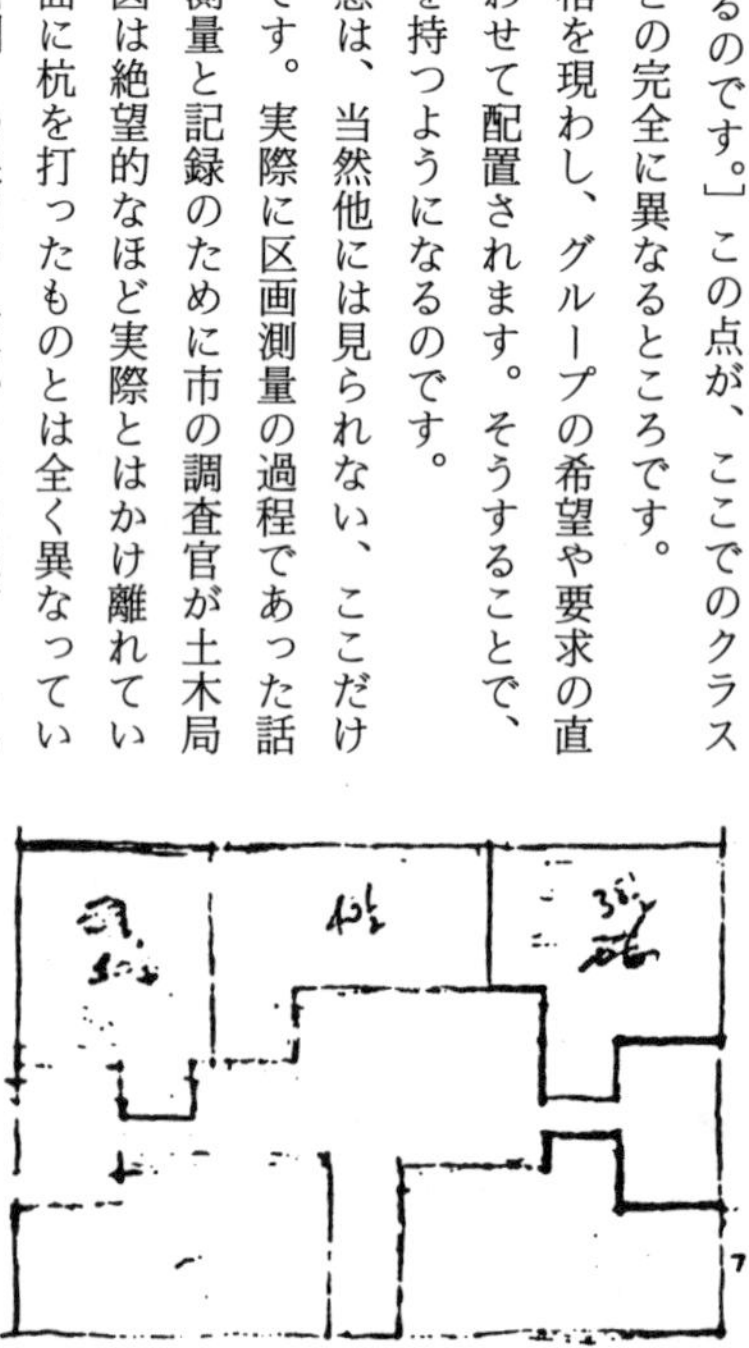

敷地の分割平面スケッチ

＊14 interaction

ステップ7：個々の区画内での住宅の配置

ここで私たちは、全プロセスの中でも最も面白く、かつ重要な段階に来ました。すでに各戸の区画は決定しているので、次の段階は当然、その区画に自分の住宅を配置することです。それがもし純粋に個人的行為であれば、クラスターにかまわず、一つずつ別々に住宅を扱っていくだけでよいでしょう。その部分は個々の住宅のデザインに関する次章の中で述べます。しかし、実際には、個々の住宅の配置はクラスター全体の自治の生成[*15]にまで決定的な役割を演じています。［もし住宅がうまく配置されたなら、それらは共有地の形成を助け、クラスターをまとめるでしょう。しかし住宅の配置が悪ければ、共有地の形成は失敗し、クラスターは自治の精神のない、個々ばらばらな住宅のしまりのない集合体になり下がってしまうでしょう。］

ここで重要なことは、共有地と私有地の間の境界の扱い方です。住宅自体が境界を形づくるように配置されれば[*16]、共有地はうまくできるでしょう。そうでなければ、失敗です。

確かに、区画内の住宅の配置が中庭や庭といった個々の屋外空間の形や使いやすさに決定的な影響力を持っていることは事実です。もしそれがうまくいけば、多大な恩恵をその住宅にもたらすでしょう。しかし、もし失敗してしまったら、もう訂正することはできません。個々の住宅をデザインする段階になってから何をやっても、すでに手遅れです。

要するに、区画の上に住宅を配置することは、多くの点から見て、設計－施工プロセスの中での最も重要な行為の一つだということです。屋内、屋外の空間をまさに生み出すのが建物の位置関係です。もしこれが正しければ、すべてが美しく適切なものになります。しかし、もし間違っていたら、後でいくら良いデザインをし、懸命に直しても訂正することはできません。

＊15　communality

＊16　『パタン・ランゲージ』を形という面からみると、すべてにおいて境界をいかにして形づくるかというテーマに集約できる。そのテーマを具体的に展開していくと一二の幾何学的性質にたどりつく。

（この点は、特に強調しておく必要があります。なぜなら、これを実行するのはきわめて難しく、他のどんなことよりもずっと熟練を要するからです。）

検討のために、良い例とあまり良くない例を続けて見てみましょう。

最初に、屋外空間が全く不適切にしか扱われていない例を示します。これは、実習生の一人が討論の時に提出したこのクラスターの初期の配置計画です。一目見てわかるように、共有地と個々の区画の両方に、非常に形の悪い「正の空間」[*17]が現われています。

次も、同じように討論の時に出された例です。ここでは、個人の区画の「正の空間」はうまく処理されていますが、共有地が依然として良くありません。これは、個々の家に美しい「正の庭」が生まれるように配置された例です。残念ながら、この配置の共有地には全く「正の空間」がありません。もちろん、この図に示された配置でも、建築的な方法で形をいじって共有地を「正の空間」にすることはできるでしょう。しかし私たちの経験では、建つと予定した場所にこうした類の壁が建つことなどめったにありません。家並みそのものが実際に共有地を「形づくる」[*18]ことのない限り、共有空間に正の質は決して現われてこないのです。

次に、実際に建てられた住宅の配置を示します。この図は最後の討論の最中にビルダーズヤードの黒板に描かれた図です。この案にはある種の妥協が入っています。建物は個々の区画の前面に押し出され、共有地が正になるように形づくられています。しかし、このために個々の区画の土地はもはや単純で美しい「正の空間」ではなくなり、最後の図にあるように、個々の庭も本当の「正の空間」とは言えなくなっています。同様に、共有地も本当に美しい形に到達したとは言えません。そのため、残念ながら最終的なクラスターのレイアウトは思っていたほどの出来栄えではありませんでした。それは、私たちがその時にこの問題の重大さに気づいていなかったからです。私たちは手遅れになるまで放っておいてしまいました。個々の空間や共

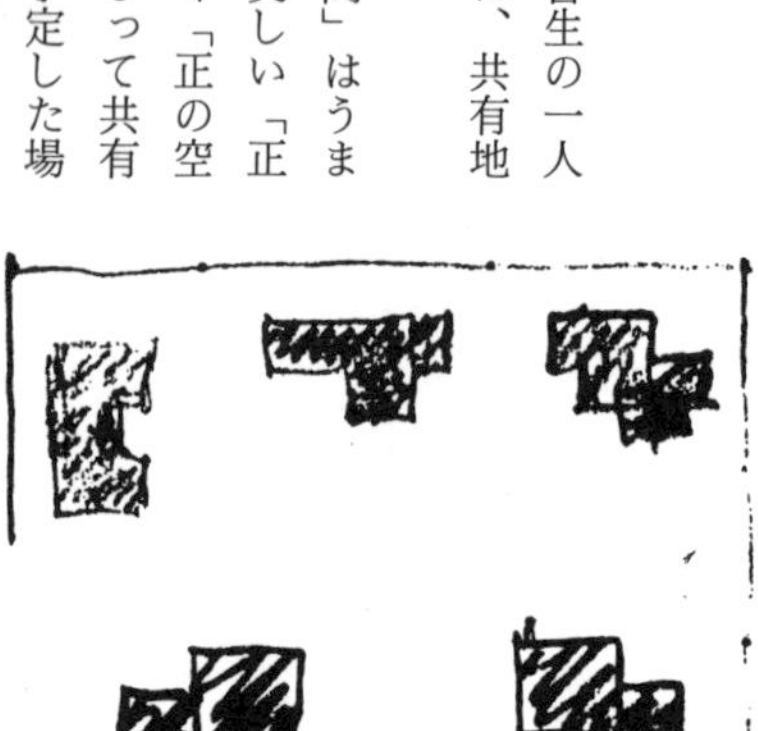
うまくない配置計画

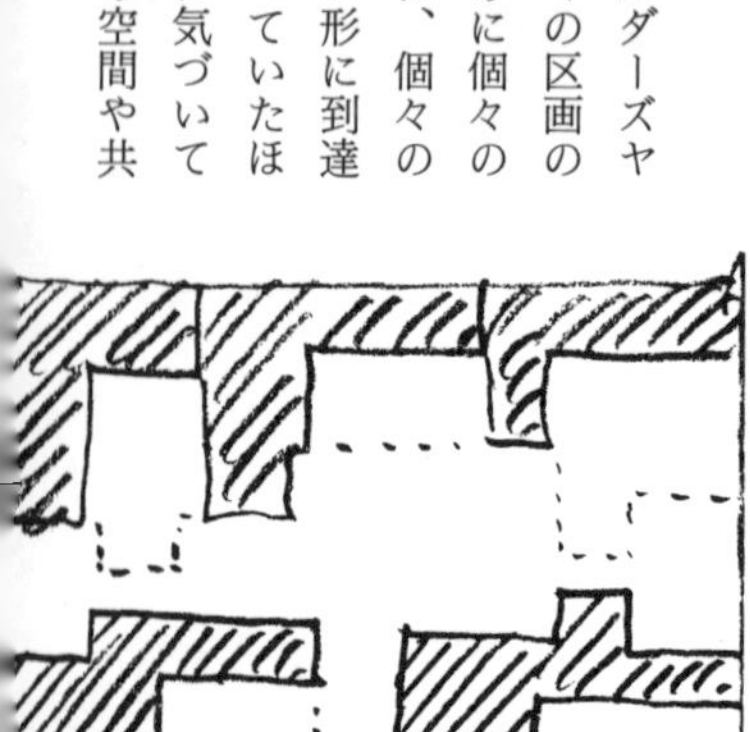
個々の敷地は良いが、共有地が悪い

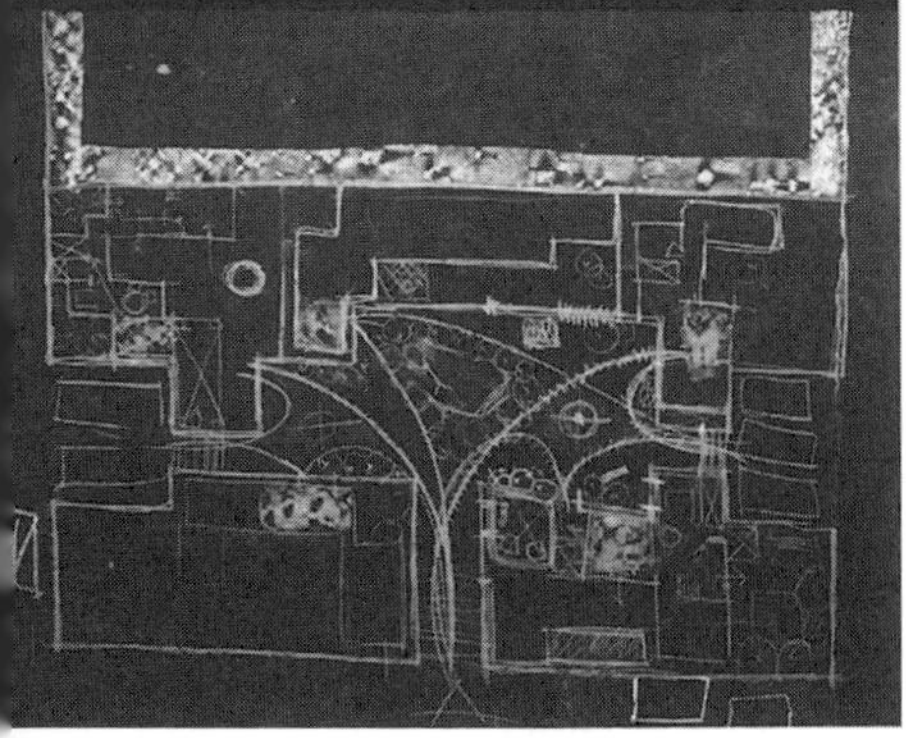

有地の正の質が乱されたと気づく前に、家族から出た一連の決定を認めてしまったのです。

こうした経験を経て、私たちは問題点を十分把握することができました。四家族から成る二番目のクラスター（家族たちの手でレイアウトまでなされたが、残念ながら実現しなかった）では、やりとりの十分早いうちからこの点に注意を払ったので、家々と個々の庭、さらに共有地のどれもが美しい「正の空間」になりました。それは住宅の配置から形づくられています。左の二つの図は、このクラスターの家族が土地のレイアウトをしているちょうどその時に、封筒の裏に描いたものです。一〇八ページの写真も、地面にチョークで描かれた二番目のクラスターのレイアウトです。

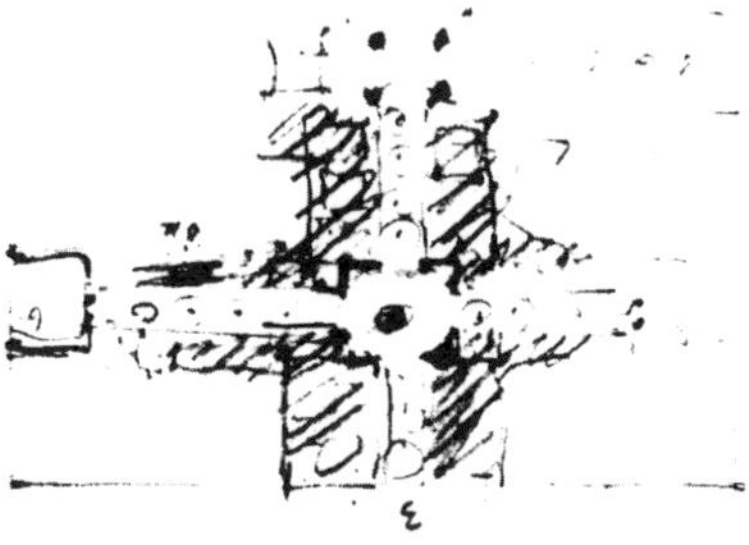

二番目のクラスターの共有地

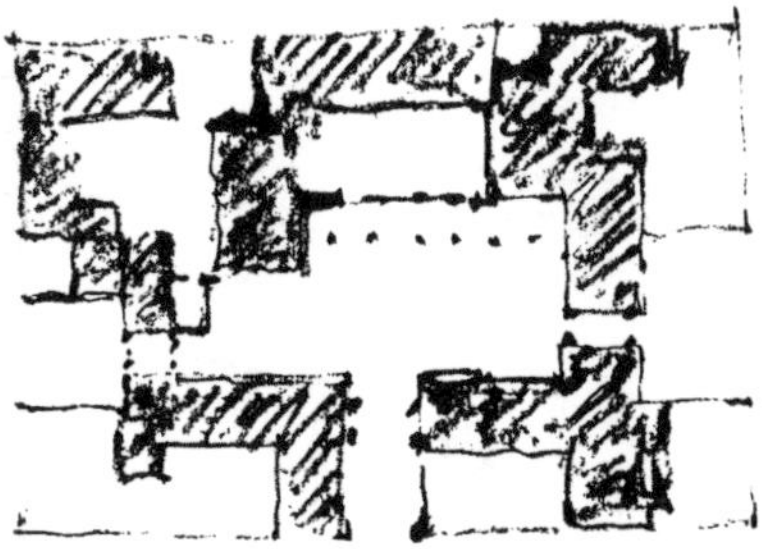

最終的なレイアウト

＊17　positive space：空間を「正（ポジティブ）」と「負（ネガティブ）」に分けると、ゲシュタルト心理学でいう図と地ができる。しかし、そのときの地は、そこに目を向ければすぐに図に転換しなければならない。空間も独立してそこだけを見れば、常に正の空間でなければならない。『パタン・ランゲージ』「（一〇六）正の屋外空間」参照

＊18　form

ステップ8：アーケードとポーチ

住宅が個々の区画に大まかに配置されたので、次に、各個の住宅が共有地を形成するというプロセスを完成させなければなりません。

本来このステップの考え方は、住宅それぞれが共有地を形づくる壁の一端を担うというものです。この壁を適切に機能させるには、壁を堅固なもので作り、しかも人が使うことを考えて、単に窓のない壁ではなく人間的で役に立つ壁にしなければなりません。こうしたことは、「建物の正面」「建物の外縁」「囲まれた庭」「アーケード」「ポーチ」「座れる境壁」などのパタンの規定に準じます。

私たちは仕事を始める前に、家族に対して、どの家族も各自の境界線に沿って何か一つ価値あることをし、コミュニティに対する義務を果たさなければならないと説明をしました。次に例を示します。

一　駐車場と共有地は分離する必要があるので、その地点に建つ住宅は共有地を守るような何かをそこに置く。それは壁でも、塀で囲まれた庭、戸外室、ポーチでもかまわないが、何も置かないことは誰にとってもマイナスになるので許されない。

二　同じ原則が門のところにも当てはまる。その両側に建つ住宅は門からの道を形づくる責任がある。

三　公共戸外室も同じ。戸外室近くの家族はすべて、お互いの間により良い関係が生まれ、かつ何らかの意味が生まれるように自分たちの住宅をデザインする義務がある。

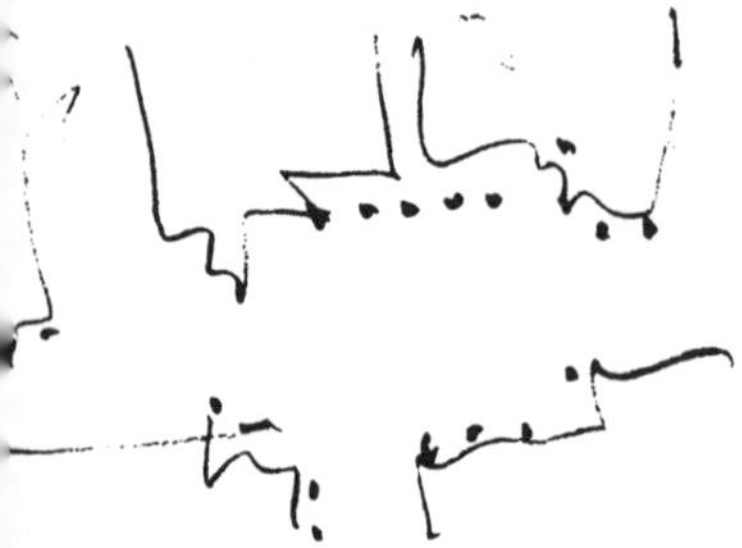

四　一般的に、各区画の境界は建物、庭を囲む壁、ポーチ、アーケードなどから出来ていなければならない。これらすべてが共有地をより有意義なものにする。

家族たちはこれらの内容をきちんと、明確に把握できたようでした。驚いたことに、彼らは何一つ疑問を呈することなく、たった一言、確かにその通りだ、そうしよう、とだけ言いました。私たちは従うべきいくつかの経験則を教えることで、彼らを助けました。例えば、どの住宅も少なくとも延面積の一一パーセントをポーチに当てるべきである、といったことです。

このステップの中で、エンマ・コシオの住宅の前面には長いアーケードが配置されました。リリア・デュランは正面玄関の形を生かすように玄関ポーチを配置しました。ホセ・タピアは前面のポーチによって駐車場と共有地の間の瓶の首形のところが良くなるように、住宅の正面の位置を動かしました。

たとえ、最初のクラスターの住宅配置が（前述したように）理想とは離れていたとしても、アーケードやポーチ、庭の塀などの助けを借りて、共有地を本当に美しく、しっかりとした形にし、どの住宅とも良い関係で結ばれ、しかも適度に囲われた感じのものにすることは可能です。

ステップ9：共有地のディテール

共有地の境界が個々の住宅、アーケード、ポーチ、庭の塀によって完全に定まった後は、共有地の中身を完成させる様々なエレメントを置くことだけが残っています。

最初のクラスターの場合には、議論が四つの事項に集中しました。

一　正面の門（玄関道と正面玄関（一一〇））

二　小さな駐車場からの小さな門（車との接続（一一三））
三　夏にバーベキューのできる座れる場所（公共戸外室（六九））
四　噴水（池と小川（六四））

家族たちはこのプロセスを本当に楽しんでいました。こういったエレメントが彼らにたくさんの意味を与え、しっかりとした判断力を育てます。それほどの苦労をしなくても、現場に立って各エレメントの位置や性格をスケッチしたり、作る方法を話し合うことができるようになりました。一度、これらのエレメントが決定され、杭打ちが終われば、共有地はほぼ仕上がって、クラスターが完成します。

＊

例えば他の国や別の状況にいたとしたら、共有地の共同デザインも違ったかたちになるでしょう。もちろん、共有地はメキシカリの例のようにいつも具体的な物で囲まれている必要はなく、低密度でなされる必要もありません。

道路も、抽象的な交通幹線ではなく、人間のために注意深くつくられたなら、とりわけ美しい共有地になるでしょう。

私たちは、同様なクラスターづくりのプロセスが二階建連続住宅の密度でどのようになるのかというシミュレーションもおこないました。

また別のプロジェクトでは、もっと高密度の四階建ての場合にクラスターはどのようになるのかについても検討しました。

どちらの場合にも、クラスターに欠かせない行為、例えば、共有地の決定、共有機能の配

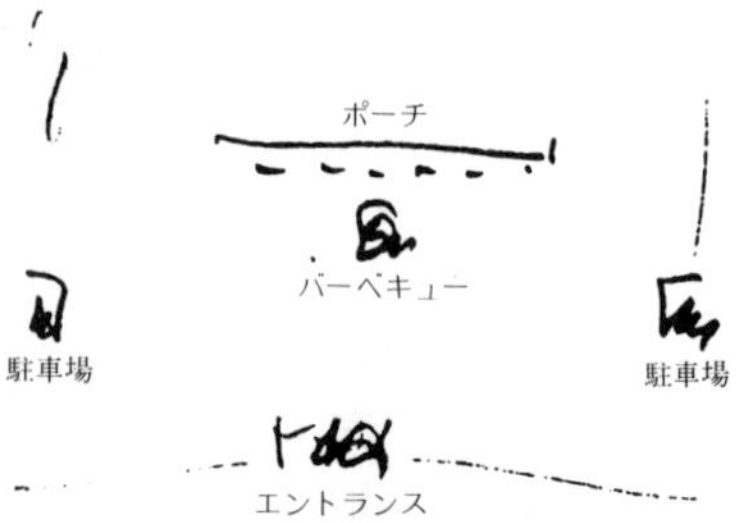

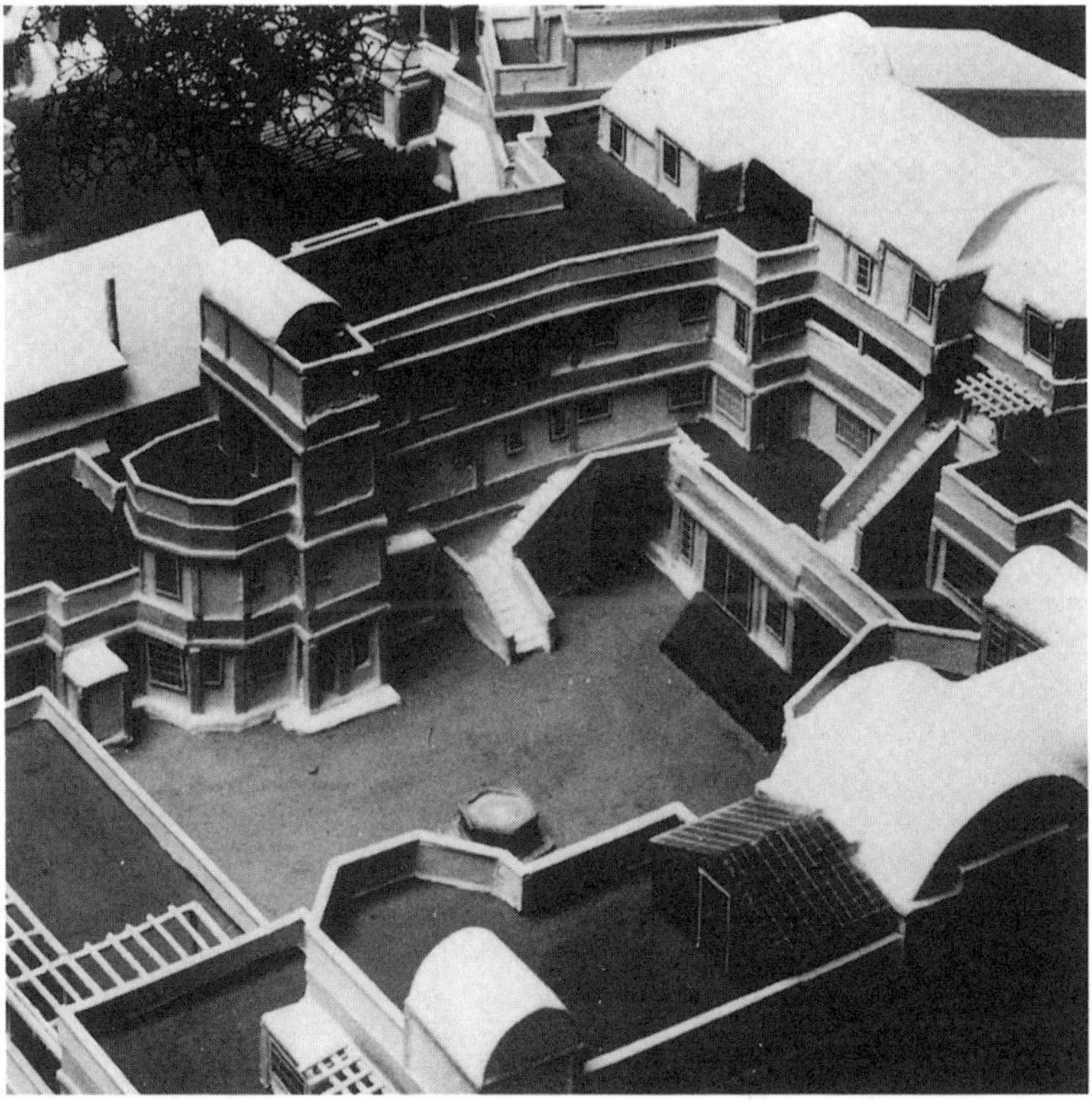

置、区画の選択、各戸の区画の決定、設計プロセスを通じての社会的なグループの発達、そして施工のプロセスなどのすべてがその中に含まれています。

最後に、共有地の共同のコントロールは私たちの発明したものではない、ということに留意してください。それは様々に形を変えながらも何千年もの間存続してきたのです。

約二〇〇〇年前までは、住宅間のスペースは常にその家々に住んでいる家族たちが管理してきました。したがって、その場所ごとに固有の共有地があり、すぐ近くに住んで常日頃から接している一〇人から二〇人のグループが世話をしていました。

バース[*19]の通りや広場は、外観的な特徴から道路に見えたとしても、社会的には共有地の共同デザインに基づいています。インドやアフリカに共通する白人居留地[*20]の住宅群は、かなり不規則で形式のないクラスターに見えるけれども、共有地の共同デザインに基づいています。トロブリアンド村[*21]の家々の配列は、開かれた円の形に構成されていてクラスターのようです。アメリカ開拓当時の大草原にまとまりなく立つ農家でさえ、本質的にはクラスターです。それは、住宅間の共有地が共同でレイアウトされているからです。もちろん、カサブランカ[*22]やフェズ[*23]のような街に高密度に押し込められた住宅群もその中庭は、さらに遠くの中庭に面した住宅群とつながってクラスターを形成しています。

確かに、住宅は様々な風土の中で、様々な密度で、しかもいろいろな建築の伝統に従って、全く異なった形で集合し得るものですが、それでも、それがどんな形であれ、小さな家族のグループが自分たちの共有する共有地を共同でコントロールすることが人間的な世界にとって必要であることは確かです。

＊19　Bath; イギリス南西部の都市で、紀元前一世紀ごろの温泉浴場の遺跡と一八世紀のクイーン広場、サーカス、ロイヤルクレセントなどの優れた建物の保存で有名。

＊20　compound

＊21　Trobriand; パプアニューギニアの一端にある群島

＊22　Casablanca; モロッコの港市。入り組んだ町並みは映画「カサブランカ」の舞台としても有名

＊23　Fez; モロッコ北部の都市でモロッコ最初の都（九世紀）。カスバの原形をとどめる町

第四章　住宅内部のレイアウト

各住宅内部のレイアウト

［住宅生産プロセスの基本、おそらく最も大切なものは、家族が自分たちの手でレイアウト[*1]をしていくという原則です。これは、必ずしも家族のメンバーが施工のプロセスに労働者として携わるということではなく、どの家族も自分たちの環境を直接にコントロールする権利を持っているということです。新しく住宅が建てられる時、その配置計画や基本的な構成は、開発業者や建設業者あるいは政府から出されるのではなく、そこに住む家族自らの手で生み出されるべきです。そうしてこそ、一つ一つの住宅がその家族独自の希望や夢を表わすものになるのです。

そのためには、家族がこのことを効果的に実現できるような、何らかのシステム化されたルールやパタンランゲージ、あるいは同様の使いやすい手段[*2]が必要です。こうした基本的な条件については『タイムレスウエイ・オブ・ビルディング』の中でも十分に述べてありますが、以下では実際の場面に即して詳しく説明します。］

＊1　layout; 間取り。囲まれた内部を区画していくことで、日本語のレイアウト（位置取り・配置）とは少し違うところがある。

＊2　instrument; ここでアレグザンダーがパタンランゲージを「道具」としていることは注目される。

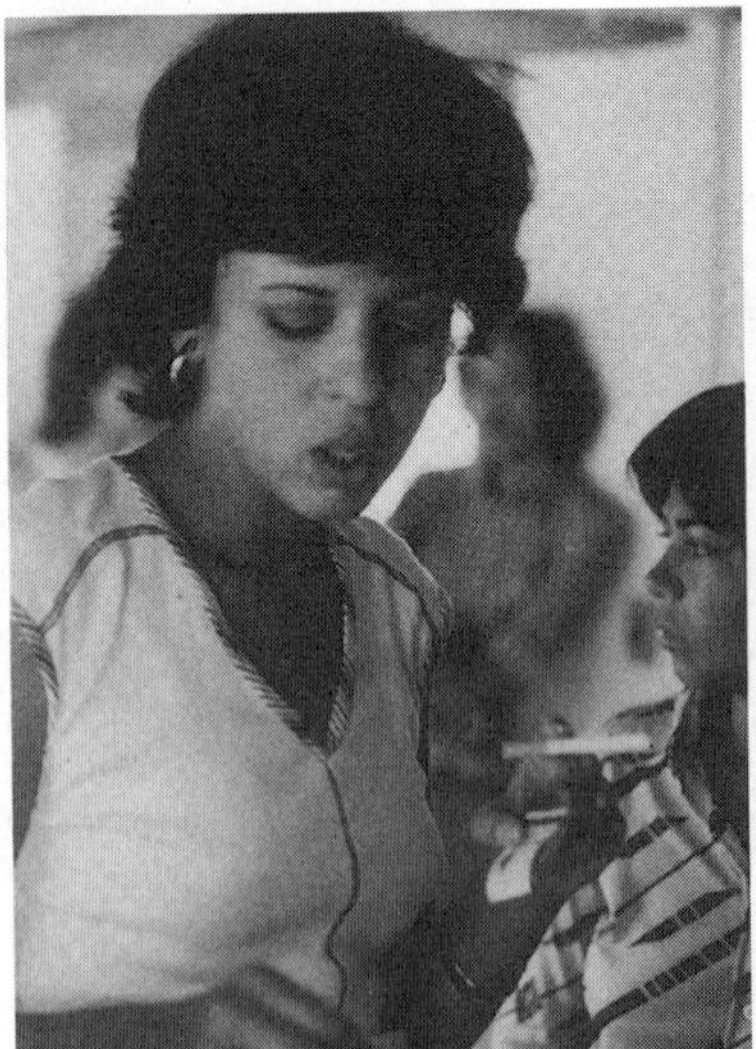

*

今日の住宅生産の形態は、ほとんどが高度に繰り返し可能な「標準化された」住宅ユニット[*3]を用いるという考え方に依拠しています。このことは、宅地開発型の住宅建設や工場生産のトレーラーハウス[*4]、また大きな集合住宅やあらゆる形態の公共住宅、高層住宅において確かめることができます。どの場合でも、わずかな型式の住宅や住戸アパートが何百回、何千回と繰り返されます。不法占拠者が自分で建てるスクウォター住宅[*5]の場合も同じです。ほとんどのスクウォター居住地では段ボール箱の住宅に代わって、徐々にそれなりの住宅が政府の貧しいプランに従ってつくられています。そこでは単に外観だけでなくディテールに至るまで同じデザインが何度も繰り返され、わずかに、家族が自分たちで建てるという事実だけが繰り返しからくる単調さを和らげています。また、壁を自由に動かせるような「柱梁方式[*6]」の公共住宅が建築家や計画家から提案されています。しかし、この自由の幻想も、本質的には計画というものに内包された全く機械的で粗雑なリアリティに支配されたままです。それは「システムの中で」つくられたほんのわずかの自由であって、監獄の中庭で許された自由な行動と全く同じです。

これらすべての標準化は生産の「必要性」が生み出したことになっています。つまり、たくさんの量を低価格で生産するには、厳格な標準化が必要だと言うわけです。しかし、たとえ標準化が十分に進んだとしても、このプロセスは、決して多くはない数の住宅を非常に高い価格で、以前と同じように生産しているにすぎません。さらに、標準化の動機が何であろうと、このような状況では、家族のもとにあるべき住まいづくりのコントロールが家族の手から「全く」引き離されているのです。コントロールは建築家や現場監督、市の役人や銀行の監査官の手にあり、すべてが住宅に住む家族の日常生活そのものから遠く隔たっています。このような

*3 units

*4 trailer house; イギリスではキャラバンと言い、二輪または四輪付きの移動住宅。自動車で牽引されるが、一カ所に長期で滞在することもできる。

*5 squatter housing; 不法占拠されている地域を低所得者用居住地として開発するために公団が建てるアパートメント。実際にはその居住権を売却してしまう者が多い。

*6 framework; いろいろなものが提案されているが、その原型はル・コルビュジエのドミノ式住宅だろう。日本でもメタボリズムの頃に特に多くの案が提案されている。

遠くからのコントロールでは、住宅が人を疎んずる機械になることも避けられません。

そこで私たちは、このような遠くからのコントロールに替えて、家族自身がコントロールするプロセスを提案します。標準化された住宅ユニットという考え方ではなく、そこに住む家族が住宅（や集合住宅）をデザインするという考え方です。個々の住宅は家族独自の必要や性格に十分に対応するようにデザインされます。そうすれば、情感の面からみても、住宅は本当の生活の基盤、心のかよう場所、さらには家族が社会の中で独自の存在として根を下ろし、成長していく場所となるのです。

*

メキシカリでは、住宅を個別にデザインするという原則を完全に実現することができました。各家族は自分たちの要求に応じて自分たちの住宅をレイアウトし、住宅はその家族が地面に描いたレイアウトからそのまま立ち上がるようにして建てられました。

プロセスの特徴をよく示す一節が私のノートに残されています。これはプロジェクトのかなり初期に起きた出来事です。

第一期の家族グループとの最初の会合

一九七六年　一月

すべては順調。全く驚くほどだ。

この家族グループは組合（ISSSTECALI）から何度か説明を受けており、パンフレットの主な内容もすでに読んでいた。また、デザインを指導する学生とはプロジェクトについて何時間も話し合っていた。しかし、今日の午後の会合まで、すべての住宅が違ったものになるということは誰も理解していなかった。誰かが「この家には寝室がいくつあるのか」と質問した時に、初めてわかったのだ。もちろん私は、どの住宅も各家族の好みや要求に応じて違ったものになる、ということを説明した。自分たち独自の必要や希望、考えに従って住宅がつくられると知って、驚きの色が彼らの顔に現われた。

この短い引用からも、住宅はみな同じようなものと思い込ませて、自分たちの生き方を現実世界に具現化するという自然な働きやプロセスを人々から遠ざけている抑圧が、いかに根深いものであるかわかります。自然なプロセスは徹底して抑えつけられ、人々はもはや、一つの可能性としてさえも、それを意識することはなくなっています。だからこそ、それが可能で実現しそうだとわかってくると、まるで魔法か何かで我に返ったように明るい表情になったのです。

この「何か」とは何でしょうか？　自分たちに完全に適合した住宅はどの家族にもあるはずです。そこには彼らの希望、夢、生活の理想があります。また、彼らの子供たちや料理の仕方、庭の作り方、くつろぎ方とも関係しています。そこは彼らが愛することのできる場所です。なぜなら、その中で、それを通して、家族は自分たちの世界を構築していくからです。

この章では、五人の家族の世界を簡単に説明し、それぞれの家族の個性と違いが具体的にどのような形になったのかを明らかにします。

リリア・デュランの場合　リリアは看護婦、夫のシーザスは理容師です。建設を始めた時点で彼らには二歳になる一人娘がいました。娘は彼らにとってのすべてであり、彼らは彼女を守り愛していて、比喩的にも文字通りにも完成した住宅の中心に彼女を置いています。住宅は五つ

Lilia's house
リリアの家

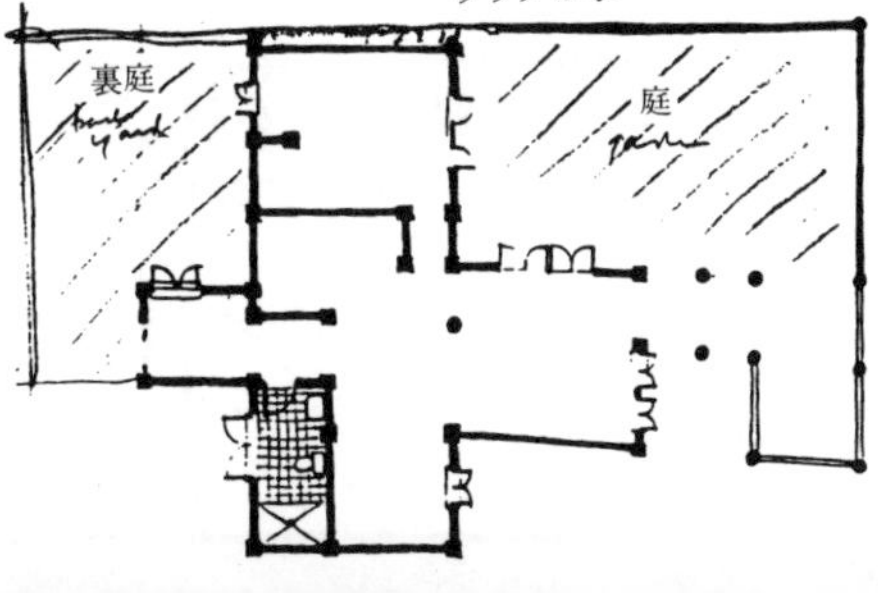

のうちで一番小さく、ギリシアの正十字架[*7]のような形をしています。その十字の真ん中に家族室があり、そのすぐ横のアルコブに娘のベッドがあります。そこがすべての中心で、「彼女を見守る」場所です。住宅が小さいのは、リリアが夫のためにいつかは床屋を建てようと思ってお金を貯めることにしたからです。住宅の表玄関と将来床屋にと思っている場所との中間はクラスターの入口のすぐ隣りになって、リリアが大人になるまで過ごした家にあったものとそっくりの素敵なポーチがあります。

ホセ・タピアの場合　ホセ・タピアと妻の間には二人の小さい子供がいて、さらに、ホセの弟のパンチョも一緒に住んでいます。ホセとパンチョはいつも手を動かしていて、二人ともとても精力的に働きました。彼らの住宅はいつも他のどの家よりも進んでいました。

タピアの家族はプライバシー[*8]に非常に重きを置いています。クラスターをレイアウトした時、彼らは自分たちの住宅をクラスターの主要な活動の中心からできる限り離すように望みました。こうして、前章で述べた形態と配置が導かれたのです。さらに、住宅の内部でも、同様なプライバシーの感覚が主寝室を正面玄関と共有地からできる限り遠くに置かせたのです。そのため、この住宅は五軒の中で最も細長く伸びた形になり、プライバシーに対する非常に強い感覚が表われています。また、中央にあるキッチン横のアルコブまわりも細長くなっています。そこはパンチョのために特別に設けられたもので、彼が一緒に暮らしている間、彼が妻を持って自分の家庭を築くまではそこが彼の住まいです。

ホセは政治に非常に興味を持っています。彼はこの種のプロジェクトが政府のプロジェクトなどよりも、人々に自分の大きな可能性や潜在能力を実現させるものだと信じていて、プロジェクトの間に何度か、他の家族がこうしたことをする時に手助けできるような仕事を続けていきたいと語っていました。

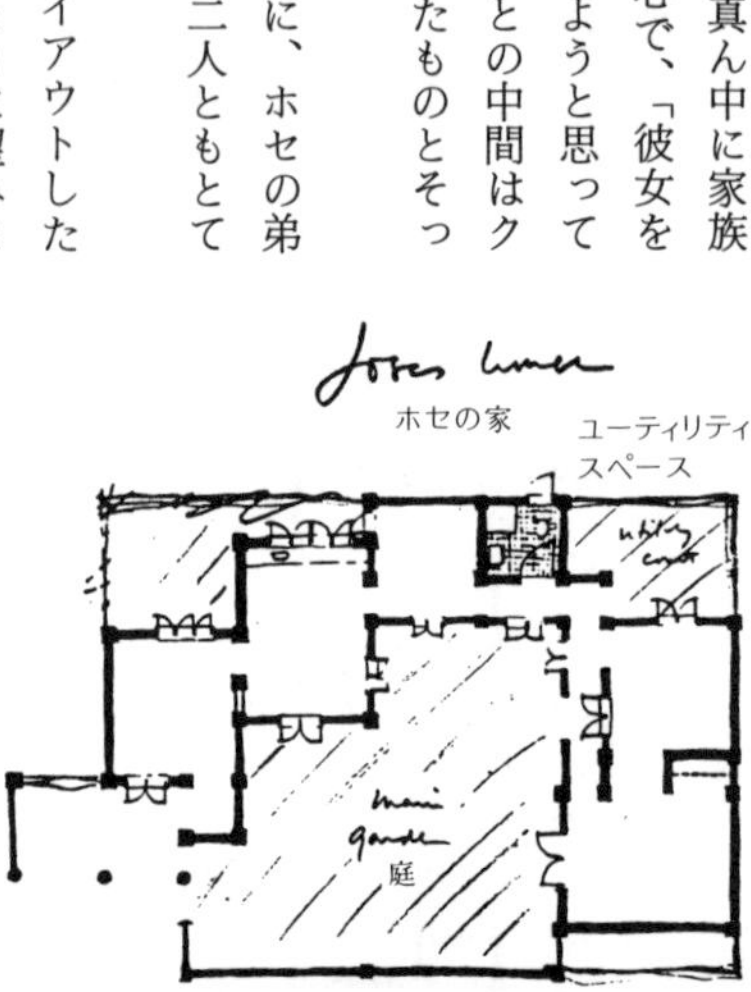

＊7　greek cross; 四本の腕の長さが同じ十字架の形
＊8　privacy

＊9　dome

エンマ・コシオの場合　エンマ・コシオは離婚して一〇人の子供を育てています。一番上が一五歳、一番下が二歳です。当然、彼女の住宅は五軒のうちで一番大きく、その屋根もクラスターの中で最も大きくて独特な形のドームです。[*9] テーブルを囲んで家族全員が座ることのできる家族室は、クラスターの建物の中でも一番長いスパンと最も高いヴォールトを持っていて、一番大きいドームとして遠くからでも一目でわかります。この住宅が先に述べた二つと異なっているところは、家族室と主寝室の間に一〇人の子供全員の寝る部屋とアルコブが迷路のように食い込んでいることと、その外に将来エンマが服をつくったり売り物の野菜を揃えたりする作業のスペースがあるということです。

　エンマは高級官僚のオフィスで秘書として働いており、彼女自身も政治に関心をもっています。当初、彼女は計画に熱心で、何か問題が生じた時はいつも一番に文句を言いに来ました。建設の初期には彼女の一〇代の子供たちも非常に協力的で熱心に働いてくれましたが、残念なことに後半は、彼女ばかりか子供たちも現場であまり手伝わなくなりました。実際の建設作業だけでなく、建設中にしなければならないデザインの決定においてもそうでした。彼女の住宅は五軒の中で一番出来栄えが良くありません。

フリオ・ロドリゲスの場合　フリオ・ロドリゲスは背が低く、小太りで、五家族の参加者の中でも一番社交的でした。初期の現場での会合には、仕事がはかどるようにとポケットに小さなテキーラのビンを忍ばせてやって来ました。その後も祭りの時になると、自分のギターを携えて演奏仲間を連れて来たりしました。フリオは電力会社でメーターの検針係をしています。彼の妻は家に居て四人の子供の面倒を見ています。彼はとてもユーモアのセンスがあって、いつもみんなを笑わせていましたが、自分の住宅の決定を下す時にはとても繊細で洗練された面も見せました。

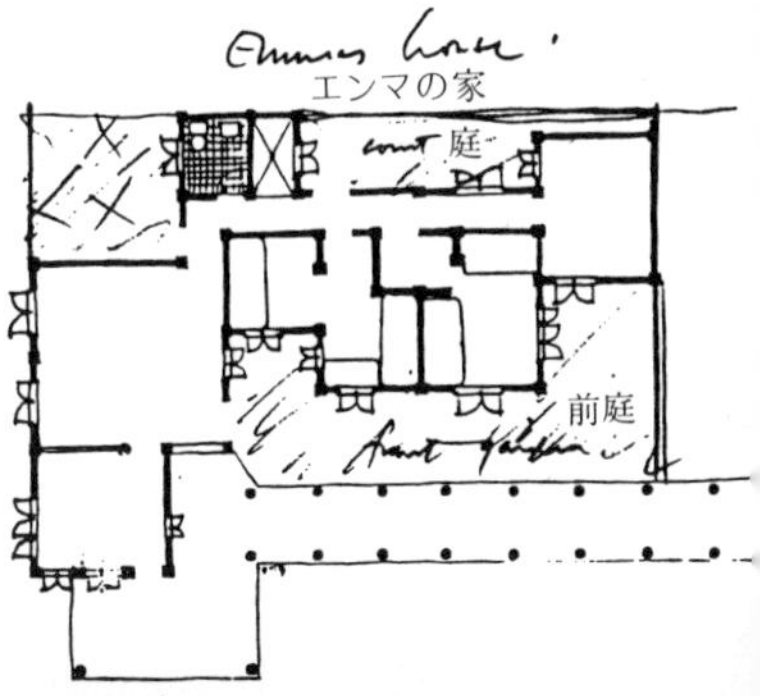

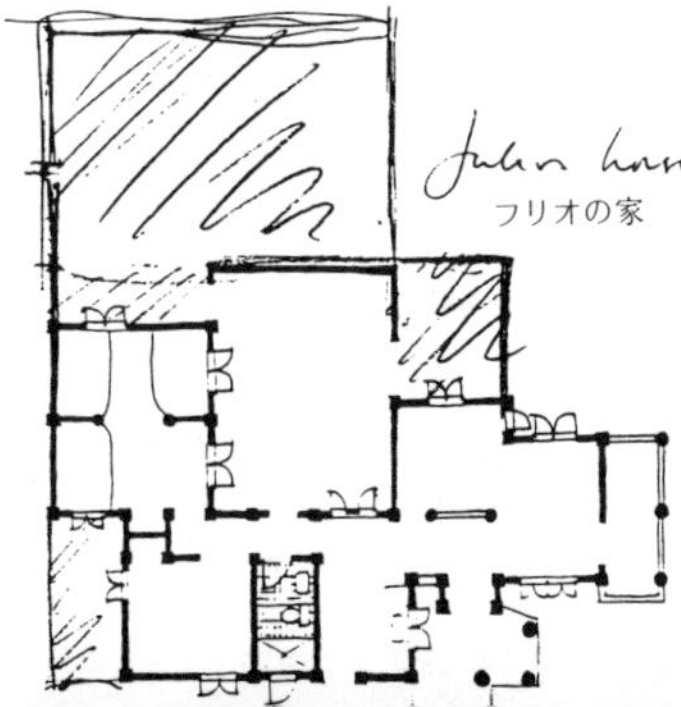

フリオの住宅には他の住宅と異なる二つの大きな特徴があります。一つは、住宅の共用部分とプライベート部分を大きく分けて、プライベート側の寝室と一緒にキッチンを置いたことです。そのため、共用部分に居てもキッチンが見えません。食堂と居間はとても広く、玄関とポーチに続いているので共有地を見通すこともできて、住宅全体の中心になっています。

もう一つは、四人の子供たち全員を一つの部屋に入れて、一人一人のベッドをアルコブにしたことです。彼は家族各人のプライベートな空間よりも、ここを訪れる人々のための場所に重きを置いたのです。

マカリア・レイエスの場合　マカリアはリリアの友人で、彼女と同じく看護婦をしています。夫は警察官です。二人とも二〇代半ばでまだ若く、二人の子供がいます。彼らは自分たちなりの良い生活を送ること、自分たち自身を高めることに関心を持っています。また、子供には自分たち以上により良い場所を与えていきたいと考えていて、クラスター中では一番高価で素敵なおもちゃを持たせています。住宅は美しく清潔で、非常に丁寧に仕上げられていて、マカリアがとてもきれい好きで、いつもみがいて整頓していることがわかります。けれども、彼女は工事中に夫の助けを借りることができませんでした。夫は自分が警官だからといって手を汚すようなことをしたがらなかったのです。そこで、彼女は年を取った自分のおじの助けを借りて住宅を仕上げました。仕上げに関しては他の住宅の追随を許さないプロのレベルに達しています。壁面、カウンター、床、ペンキはどれも、非常に几帳面で完璧に仕上がっています。

プランは非常に大きな寝室と比較的小さい共用部分から構成されています。子供たちにもそれぞれ自分の部屋を割り当てています。このような大きな寝室は、家族の一人一人がそれぞれ大切な「何か」をできるようにし、そのための空間や個室を必要としたからこそ生まれたのです。

Makarias house
マカリアの家

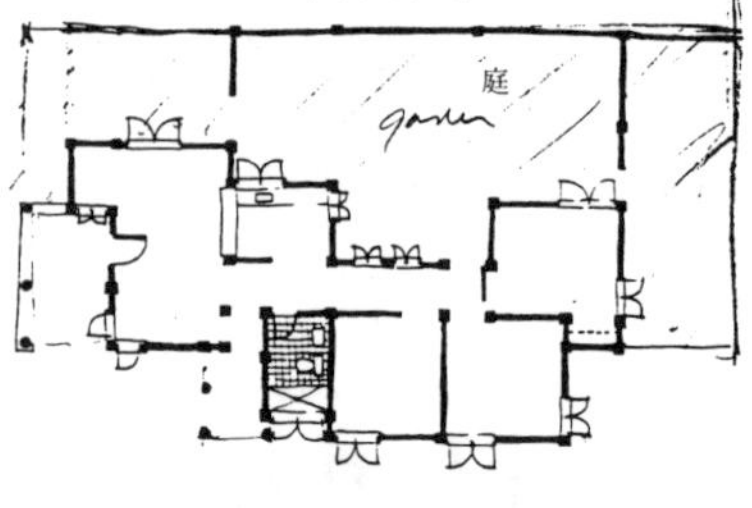

それだけではありません。今やこの住宅はクラスターの中心であり、常に隣人が出入りするところになっています。マカリアはこうしたことが好きだからと言っていますが、以前住んでいた隣近所ではこんなことは一度もなかったようです。これは、確かに彼女が友好的なこともありますが、キッチンが普通とは違った位置に置かれていることにもよるのでしょう。キッチンは表玄関を入ると真正面にくるように置かれていて、誰もが歓迎される気分になります。

*

こうした短い解説からでも、いかに一つ一つの住宅が、独自のやり方で、家族の性格や希望を反映して、まとめられていったかがわかるでしょう。次に、これを可能にするプロセスの仕組みについて述べましょう。プロセスを始めるに当たって、私たちは前もって敷地で家族と顔を合わせ、今からあなた方が自分自身の住宅をデザインするということ、このプロセスでも共有地で用いたのと同じようなパタンランゲージが必要になるということを説明しました。各家族は二人の実習生の助けを借りながら、このランゲージのコピーを手にしてそれに取り組みました。彼らはパタンについて話し合い、自分たち独自のパタンを加えました。そして、以下のようなランゲージの順序に従って、簡単なデザインを始めたのです。

1　住宅のサイズとコスト

住宅をデザインする前に、彼らは自分の住宅をどのくらいの大きさにするべきかを大まかにつかんでおく必要があります。それは次のように説明されました。住宅は一m^2当り五八五ペソ(これは六章で示す詳細なコスト見積りを基にしている）かかること、彼らの借りられるお金は六〇〜七〇㎡の住宅を建てる分（全体の建設費は約四万ペソ）が認められていて、同じ㎡単価[*10]を基準にして多少は大きくしたり小さくしたりできる、ということです。そのため、住宅は一軒ごとに少しずつ大きさが異なり、費用はその面積に比例するという結果になりました。
それぞれの家族はこの時点で、いくら払う余裕があるか、どれだけの労働力を提供することができるのか、各自の住宅をどのくらいの面積にするかを決定します。この五家族が選んだ費用と面積は次のようになりました。

リリア・デュラン	三九、〇九九ペソ[原注]	六五・五㎡
フリオ・ロドリゲス	四三、九三二ペソ	七五・二㎡
マカリア・レイエス	四四、三五六ペソ	七六・〇㎡
ホセ・タピア	四三、一一〇ペソ	七三・七㎡
エンマ・コシオ	四九、〇〇一ペソ	八四・六㎡

2　パタンランゲージ

十分に機能的で、しかも各家族の個性を表現した手ごろな住宅を手に入れるという目的のために、すべての家族がパタンランゲージを利用しました。パタンランゲージについては、本シリーズの最初の二巻『タイムレスウエイ・オブ・ビルディング』と『パタン・ランゲージ』の中で詳しく述べてあります。今回家族が自分たちの住宅のレイアウトに利用したパタンランゲージは、次の二一のパタンからなります。

北東の屋外空間　（一〇五）
正の屋外空間　（一〇六）

＊10　工事費を工事面積㎡で割った値。日本ではこの面積を坪にして坪単価とし、一般的な工事費の目安にしている。

原注　この値段は材料だけによるもの。家族は自分たちの支払いで望むだけ賃金労働を使ってよい。このことは六章でより詳しく説明する。金額はすべて一九七六年時点のもの。

細長い家（一〇九）
正面玄関（一一〇）
見えがくれの庭（一一一）
前面ポーチ
親密度の変化（一二七）
中心部の共域（一二九）
農家風キッチン（一三九）
夫婦の領土（一三六）
子供の領土（一三七）
裏ポーチ
くつろぎ空間の連続（一四二）
ベッドアルコブ（一八八）
入浴室（一四四）
屋内空間の形（一九一）
どの部屋も二面採光（一五九）
部屋ざかいのクロゼット（一九八）
生活空間にしたがう構造（二〇五）
隅の柱（二一二）
自然なドアと窓（二二一）

以下の議論を見ればわかるように、このランゲージは、すべての家族が潜在的に持っている

住宅に対する要求を具体的にまとめていくということと、それぞれの家族の違いを表現できるという独特な特徴を併せ持っています。ですから、ユニークで個性的なだけでなく、良い住宅の基本的な条件をも満足させることができるのです。

この意味で、多様な住宅、つまり、どれも実際には二一のパタン全体からつくられた基本〃タイプ〃[*11]の一つでありながら、それぞれの家族の特性を反映した個性的でユニークな住宅を生産できるようにしたのがこのパタンランゲージなのです。次に、パタンの使い方を一つずつ説明しながら、様々な住宅にパタンが与えた影響について見てみましょう。パタンは私たちが家族に示した順番で使われています。パタンが決まった順番で使われるのは、本の構成上の問題ではなく、家族がランゲージを用いる時のプロセスからくるのです。パタンが意味のある順番に並んでいるからこそ、彼らは順を追って一つのパタンにだけ集中することができるのです。住宅にまとまりを与え、使いやすくするには、ランゲージの順番に従ってゆっくりと、一度に一つずつ、パタンの結果を展開していくことが大切です。

*11 type

3　庭空間の設定

a　北東の屋外空間　最初のパタンは、家族が割り当てられた土地のどこに自分の住宅を置くかを正しく決めるためのものです。この決定は［建物］の配置からではなく、その区画のどこがオープンスペースや［庭］として最も有効で快適かを家族が自らに問うことから始まります。この第一のパタンがプロセスへの扉を開きます。

メキシカリは強烈に暑いところで、北向きの屋外空間は一年を通じて利用される一方、南側の屋外は冬にしか利用できないことがわかっていました。そこで、すべての敷地の北、さらに強いほこり風の吹く西からも守られた北東に向けて庭を配置することから始めました。

ホセとエンマはこのパタンに正確に従いました。マカリアは厳密にはこれに従っていません。なぜなら、彼女の住宅にはクラスターの入口を形づくるという責務があって、敷地の北端に位置しなければならなかったからです。けれども、彼女は小さなところでこのパタンを取り入れて、北に向いたポーチを設けました。リリアは住宅の東側に屋外空間を置きました。そこは西風からは守られていても、日差しはさけることができません。フリオもマカリアと同じように屋外空間を北東に配することができませんでした。駐車場の入口を形づくるために、敷地の東端に住宅を置くことになったからです。しかし、彼は北側に庭を置いて、塀で風から守っています。後に彼は、住宅の東端に屋根付きのポーチをつけています。

b　正の屋外空間　屋外空間を使いやすく快適なものにするには、そこにまとまりのある形を与え、私的で明確な［場］[*12] となるように十分に囲んでやることです。

これを十分に実現した家族はほとんどいません。五家族のうちではホセだけが完全に実現できました。リリアは中途半端なところで終わっています。エンマの住宅は後に共有地側のアーケードによって改善されてからこのパタンの特性が生まれました。マカリアとフリオは全く実現できていません。

このパタンはランゲージの中でも正確に実現することが最も難しいものの一つです。このパタンを扱っている間、私たちは彼らがパタンを正しく理解するまで十分に指導することができませんでした。何が起こったのかを知った時にはもう遅すぎました。

しかしながら、この失敗を肝に命じて二番目のクラスターではずっと注意深く取り組んだ結果、このクラスターの四家族は完全にこれを実現できました。最初の五家族がこのパタンをうまく使えなかったことは、このプロジェクトの最も重大な欠点の一つです。しかし、二番目の

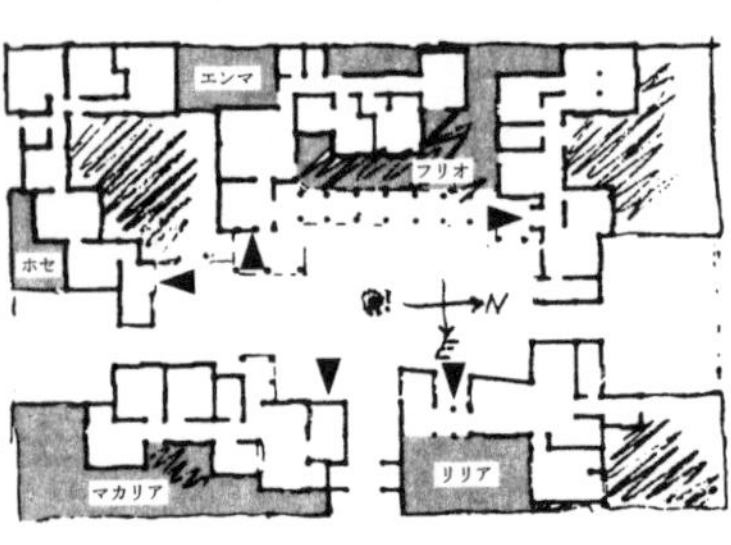

北向きの庭（キープラン）

*12　place

クラスターを見ればわかるように、これは完全に解決できる問題です。

4　住宅の基本的な配置

細長い家　正の屋外空間を生み出すには、すでに明確になった共有地のつくり方と同じように、住宅で屋外空間のまわりを囲みます。住宅はより長細くなればなるほど、規模は小さくても、ずっと広がりがあるように見えます。さらに、長ければ長いほど、より効果的に屋外空間のまわりを囲んで、閉じた感じにすることができるのです。

リリア以外の家族の住宅はすべて、何らかの形でこのパタンを持っています。リリアの家はすでに述べた理由でとても小さい十字形をしているからです。他の住宅はある程度まで広々と見えるくらいに細長い形をしています。けれども、パタンが十分に実現しているホセの住宅以外は、このパタンの価値が十分に発揮されているとは言えません。マカリアとエンマは部屋を一室の幅で〝鎖〟[*13]状につなぐ代わりに、建売住宅のように寝室のところに部屋をかためて配置しています。さらに、廊下が鎖状の部屋によって生まれるはずの広々とした特質を台無しにしています。

しかし、このような中途半端な形でも、このパタンは土地の上に住宅を配置する時の大きな助けとなっています。また、こんな小さい住宅にも大きな空間が感じられるのは、このパタンがあるからです。

*13　chain

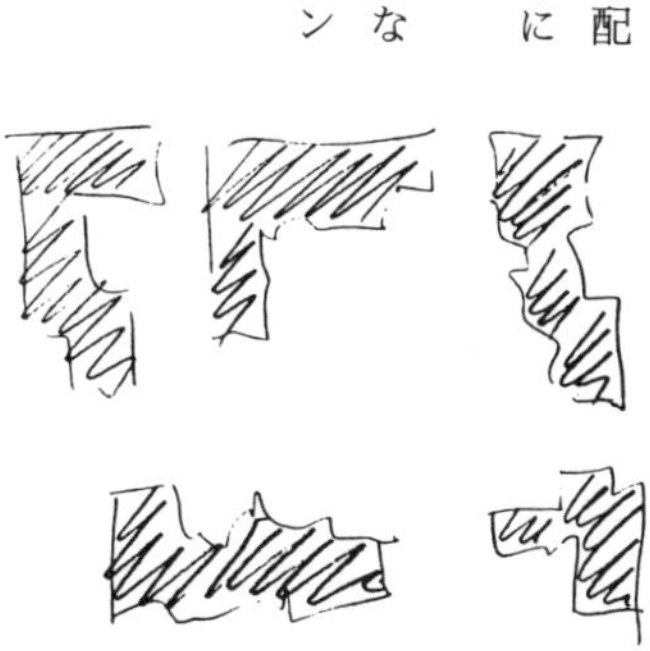
長細い家

5　アプローチの設定

a　正面玄関　次に、住宅の玄関を決めます。これは、次に続く全体に影響を及ぼします。玄関は目につきやすく、容易にアプローチできて、しかも共有地の素晴らしい景色を見通す場所になければなりません。

これはどの家族もとても見事に実現できました。正面玄関はどれもうまく配置されていて、すぐにそれとわかります。また、どれにもポーチがついていて、五つの正面玄関が素晴らしい玄関の集まりを形成しています（『パタン・ランゲージ』の「見分けやすい入口の集まり」参照）。ホセの時には最終的に決まった玄関の位置の重要さを彼に理解させるまでに少し手間取りました。初めは彼の玄関は西の端にありました。そのため、住宅は今のように東に伸びておらず、玄関は外から見えませんでした。住宅は本質的にはごく普通の住宅プランのやり方に従っていて、そんなに細長いものではありませんでした。しかし、私たちと話し合う中で、ホセは実際に玄関の最も美しいところは今あるところだと理解し、それが住宅に与えた普通とはちょっと違う性格も不利益になるどころか、逆に魅力を与えるものだということを知りました。最後は申し分のないものになりました。

b　見えがくれの庭　屋外空間を適切なものとするには、住宅に加えて屋外空間まわりの壁やポーチの位置を調整し、庭をプライベートでありながら外からも見やすく、しかし共有地からは一定の間接的な関係で守られるようにします。そうすれば、庭から共有地を眺めることができるし、玄関を出入りする人の姿も見ることができます。

ホセとリリアはこのパタンを使っています。彼らは後方の庭を素敵な感じにしようとして、

キープラン

クラスターの正面玄関に近いところにポーチを置きました。

c　前面ポーチ　ポーチで玄関を強調します。どんな住宅でも、少なくとも床面積の一一パーセントをポーチのために使うべきです。ポーチは住宅の玄関を飾るだけでなく、共有地を形づくるように配置します。

各家族には、壁がなく屋根と柱だけでできたポーチやアーケードは住宅の価格にすでに入っているけれど、合計で少なくとも延面積の一一パーセント程度のポーチの面積は住宅全体の算定用床面積とは関係ないので、工事費には影響がない、というふうに説明しました。［このことが、彼らに大きなポーチを自分たちでつくろうとするきっかけを与えました。］

このような形で進めていくことが私たちにとっては不可欠でした。なぜなら、ポーチにかかるお金を直接のコストとして提示した時、家族にそれを払う気のないことはすぐにわかったからです。当初の彼らはそれから受ける大きな恩恵を理解していなかったのです。実際には、ポーチが内部と外部を結びつけて建物まわりの戸外を居住空間にし、生活空間をずっと大きな領域に拡げています。その結果、住宅の生活面積はほぼ三〇パーセント増えています。このように、七m²のポーチは（ほぼ同じ金額のかかる）三・五m²の部屋を追加するよりもずっと有効に生活面積を増やします。それは、その前方に広がるずっと大きな外部空間にまでつながって、そこをも有用なものにしていきます。

しかしながら、家族たちにはこの点がほとんど全く理解できないようでした。もし、ポーチか寝室かの選択を家族の手に任したら、たとえポーチが一m²当り半分の金額でできるとしても、家族は間違いなく寝室を選んだでしょう。

このような理由から、確実にポーチをつくるために、彼らのこの点での誤解は無視して、ポーチのコストを経費に含めておくことにしました。その結果、家族は望むと望まざるとにかかか

わらず、とにかくポーチを手に入れたのです。どの家族も余分なお金を払うことなしに、延面積の一一パーセントのポーチを持つことができるようになりました。

このことは良い結果を生みました。住宅が完成した今では、家族はポーチを愛し、目にする以前とは比較にならないほどの大きな価値を認めています。完成した住宅の写真でもわかるように、実際につくられたポーチは家族の幸福な日常生活の中で大きな役割を果たしています。

6　基本的な内部レイアウトの決定

a　親密度の変化　次に、住宅の内部に親密さの段階的な変化をつくり出します。これは、玄関のすぐ近くには最も公共的な部屋を置き、玄関から離れるにつれて公共性の少ない部屋になり、最も私的な部屋は最も遠くに置く、ということです。

ホセとエンマの家族は一番厳密な形でこのパタンを用いました。二つの住宅ともに玄関のうしろに公共的な部屋の領域があり、その後に私的な部屋の領域があります。マカリアとフリオは少しあいまいな形でこのパタンを用いています。これは〝枝分かれ〟[*14]型と呼べるかもしれません。どちらも、玄関のうしろの一方に居間、もう一方の奥に寝室があります。このことに関して彼らに十分な根拠があったのか、あるいは厳密に従った方が本当は良かったかどうかはわかりません。最後のリリアの住宅はあまりにも小さいためにパタンの効果がほとんどありません。ただし、主寝室はこの方法によく従っていて、〝住宅の一番奥〟に置かれています。

b　中心部の共域　親密度の変化を設定した上で、住宅の共用部分の中に、はっきりした役割のある中心部の共有空間を一つつくります。そこは、住宅に出入りするすべての人がこの場所を通り、ここで家族にあいさつをする場所です。

*14 branching

これについては五家族すべてが首尾よく実現できました。メキシコの慣習の基本的な形だったのかもしれません。ほとんど意識せずに受け入れられました。幾何学的な形態に関して言えば、すでに一つ一つの住宅が全く異なる外形を見せ始めていたので、この時点ではデザインプロセスにおいても五つそれぞれのケースに応じて全く異なったパタンの形態を見せるようになりました。

c　農家風キッチン　共用部分の中で、料理をつくるだけでなく、話をしたり、テレビを見たり、あるいはカード遊びをしたりというように、皆が一緒になれる場所がキッチンです。

これはアメリカで特に論議を呼んだパタンですが、メキシコでもそうでした。パタンに厳密に従うと、快適な居間の一画にはキッチンがあるということになりますが、個々の家族は彼らに合った形で様々に対応しています。

エンマは厳密な形に従いました。彼女のキッチンは住宅の中心である大きな家族室の中にあります。リリアは少し違った解釈をしました。彼女のキッチンは中心となる部屋の奥にあって、食卓テーブルもあります。しかし、そこが住宅の中心というほどではありません。マカリアは中間的な解釈をしました。彼女のキッチンは居間から分離した小さな部屋になっています。しかし、居間に対してはカウンター越しに全くオープンで、料理をしている時でも居間にいる人と話ができます。このキッチンはパタンの解釈としてはとてもエレガントで美しいものです。ホセとフリオの家族はどちらもキッチンを独立させました。ホセの場合は居間とは仕切られていても食堂には続いています。フリオの場合は完全に独立していて、食堂にもつながらず全く隠れています。

このパタンは非常に重要です。なぜなら、私たちが今まで全く述べてこなかったことが示されているからです。つまり、たとえパタンランゲージの中で述べられたパタンの解釈に同意で

キープラン

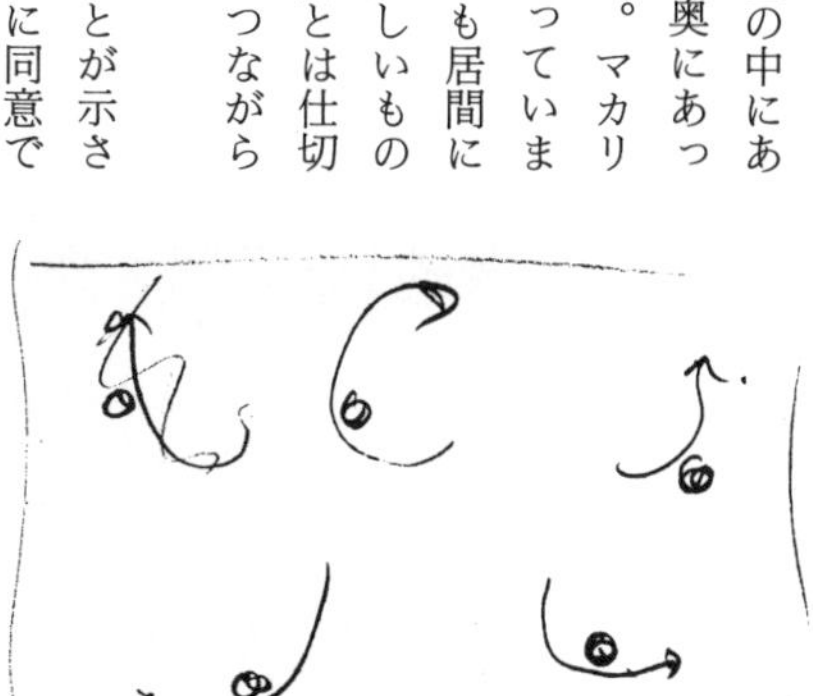
親密度の変化と中心部の共域

きない場合でも、パタンは要素間の関係[*15]を考えるきっかけを与えてくれるということです。彼らが「本」の解釈を選ぼうと自分たちの解釈を選ぼうと、パタンは、その関係を明確にし、建物を実現する助けとなるのです。

［しかし、どんな関係を選んだとしても、他の生活空間に関連させてキッチンを配置することが住宅プランをよい方向に展開させることは間違いありません。］

このパタンがきわめて重大な理由は、それが住宅の中にキッチンを置くことの重要性を家族に示していると同時に、キッチンを住宅の生活領域にどのくらい密接に関係づけるべきかという非常に重要な問題に注意を促しているからです。

d　夫婦の領土　住宅の私的な部分には、夫と妻の二人だけの明確に独立した領域を配置します。このパタンに真面目に取り組んだ家族は一つもありませんでした。全員があいまいな解釈です。主寝室は住宅の中のできる限り奥の私的な位置に配置されてはいても、それ以上ではありません。どの家族も、そこをパタンに述べられた本当の意味での〝領土〟にするような努力はしていません。

e　子供の領土　もう一つ、寝室の領域の中に子供たちの明確な領域を定めて、そこと屋外とを結びつけます。そうすれば、子供たちはこの部屋と戸外とを自由に行き来でき、大人が平穏で静かにしたいと望む私的な領域にやたらな騒音や混乱を持ち込むこともありません。

五家族すべてがこのパタンを何らかの形で実現しましたが、最も成功したのはフリオとホセの住宅です。フリオは、子供たちが屋外に出る途中で大人の居るところを通るように正面玄関を配置しました。ホセの場合、庭に出られるドアのついた主廊下を配置することで、子供たちに屋外との素晴らしい関係を与えました。

＊15　「機能（ファンクション）」と考えることができる。

7 小さな領域

a **裏ポーチ** キッチンの外で共有地から見えないところに、洗濯場、つまり流し台や排水口があって洗濯のできる場所を配置します。通常は、そこを古い家具や予備のタイヤその他の道具などの倉庫を兼ねた広さにします。

これは新しいパタンで、最初に私たちが家族に与えたランゲージにはありません。設計作業を進めていくうちに自然と生まれてきたものです。どの家族もこれを必要として、自分たちのデザインに取り入れました。

b **くつろぎ空間の連続** 外のポーチや居間の中、キッチンの横、通路など、動線空間や共有空間にはくつろげる場所をつくってつなげていきます。

私たちは住宅を見学した時、この住宅には本当のあなたの居場所がいくつありますか、と尋ねることにしています。わかりきったことのように聞こえても、そうではありません。「とまり木[*16]」となる場所をたくさん持つ住宅もあれば、一つもない住宅もあります。今回の五つの住宅はこの点に関してはとても優れています。ここにはたくさんの「とまり木」となる場所があり、その結果、どの家もとても親しみ深いものになっています。例えば、リリアとホセの住宅には戸外に立つ低い壁、マカリアの住宅にはホームバーがあります。誰でも立ち寄って話のできる玄関からキッチンまでの場所です。フリオの住宅の玄関と廊下の突き当たりにある出窓、ホセの住宅の大きなアルコブなど、他にも書き切れないほどたくさんあります。

c **ベッドアルコブ** 子供たちの寝る場所は、寝る空間を分けて小さなアルコブにし、それぞれが小さくても自分自身の場所を持てるようにします。それは子供たち全員で共有する大きな

*16 perch

部屋の一角を占めています。

フリオは見事にこれを実現しました。四人の子供の部屋には柱で仕切られた三つのアルコブがあり、そのうちの一つには二段ベッドが入っています。リリアは農家風キッチンから離れたところに子供用の大きなアルコブを一つ置いています。

d　入浴室　入浴室は寝室や居間との行き来に便利な場所に置いて、シャワーとトイレの付いたただの箱ではなく、光が入り、そこにいることに喜びを感じるような、さわやかで、できるだけ心地良い部屋にすることです。

これを十分に実現できた人はいませんでした。私たちはこのパタンから、プランの中のどの時点から浴室を考え始めなければならないかを教えられました。

*

「この段階になると、どの家族も自分の住宅についてかなりはっきりした考えを持ってきました。彼らは想像の上で住宅の中を歩いて回ることができるようになりました。さらに、敷地の上でほぼ正確にそれを歩き通すこともできました。しかし、この段階ではまだ、実際に地面に杭を打った人はいません。正確な寸法も、部屋の正確な形も、壁の正確な位置もまだ決まっていません。

そこで、私たちは家族を敷地に連れていき、地面の上に杭で住宅をレイアウトさせました。こうしていくうちに、より詳細なパタンが重要になってきました。」

キープラン

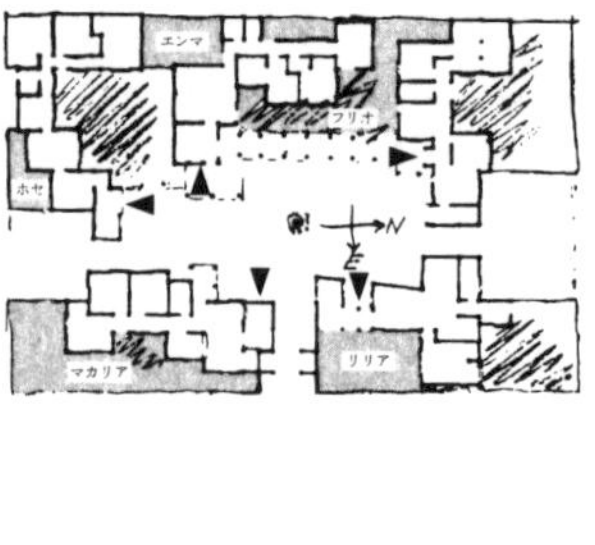

8　住宅の詳細なプランの洗練

a　内部空間の形　私たちはすべての部屋の形を、それ独自の条件に合ったものにすることから始めました。心地良く感じられる長さと奥行は経験から引き出され、ほぼ長方形になっていきました。

この時私たちが家族に求めたことは、すでに経験として知っている部屋と比較して一つ一つ部屋を考えるようにということでした。地面の杭だけでは、彼らがその中で生活し感じてきた寸法を参照しない限り、しばしば誤りを生じます。家族の記憶の中に参考となる寸法や形の部屋がない場合には、家の中で「実験」をするようにすすめました。ちょうど良いと感じられるまで、実物大の模型の部屋をつくって長さや幅を変えるのです。

b　どの部屋も二面採光　部屋の形を決める時には、どの部屋にも少なくとも二面以上に窓ができるかどうかを確かめる必要があります。

地面に杭を打ちながら部屋の明確な寸法を決めていく中で、私たちはそこに十分な採光がとれるかどうか、光は二面から入ってくるかどうかを彼らに確かめさせました。このような小さい住宅の場合では、ほとんどが一部屋分の奥行しかないため、どの家族も容易にしかも十分に実現できました。

c　部屋ざかいのクロゼット　互いに防音を必要とする部屋には、部屋ざかいにクロゼットを置きます。地面に杭で部屋を描いている時が、クロゼットを納める最後のチャンスです。実質的に厚みや体積があるので、この段階でなければならないのです。

いくつかの家族はクロゼットを一つの部屋にしていますが、ホセだけは主寝室と子供の寝室の間にうまく配置しました。これは同時に、両親と子供の寝室間を上手につなぐ通路を生み出しています。リリアとマカリアとフリオのクロゼットはどれも後から思い付いて設けたもので、場所は用意しても、部屋を独立させる助けにはなっていません。

9 柱とヴォールトの配置

a 生活空間に従う構造　次は、個々の部屋に主要な構造要素である天井を兼ねた屋根を置きます。今回は特に屋根をヴォールトにするので、住宅のすべての部分にヴォールトがかかるものとして考え、ヴォールトがうまくかかるように平面計画をチェックしなければなりません。他の建設システムにおいても、同様な問題は梁や床、勾配屋根や他のあらゆる構造形式に対して起こってくるでしょう。

この段階は難しく、しかも大切なところです。家族が自分たちだけでできることではありません。プランだけから理解することは難しいので、アーキテクトビルダーの助けが必要です。時には完璧に整理されたプランがヴォールトを難しくすることもあります。例えば、二つの長方形を合わせると〝重なる〟[*17]部分ができて、そこに交差ヴォールトが必要ですが、それは非常に建設が難しいものです。家族の住宅のプランにも何カ所か、この類の小さな「誤り」が見つかって、壁を少し動かしたり、余分な柱や梁を入れて修正しなければなりませんでした。

また、ヴォールトの架け方も、建物の雰囲気に大きな影響を及ぼします。例えば、互いに隣り合わせの台所と食堂を想定してみましょう。そこには二つ別々のヴォールトがあるべきでしょうか。それとも一体のヴォールトがあるべきでしょうか。前者の場合には、低い梁が空間を二つに分割し、各々の性格がとてもはっきりするでしょう。後者の場合には、二つの活動を含

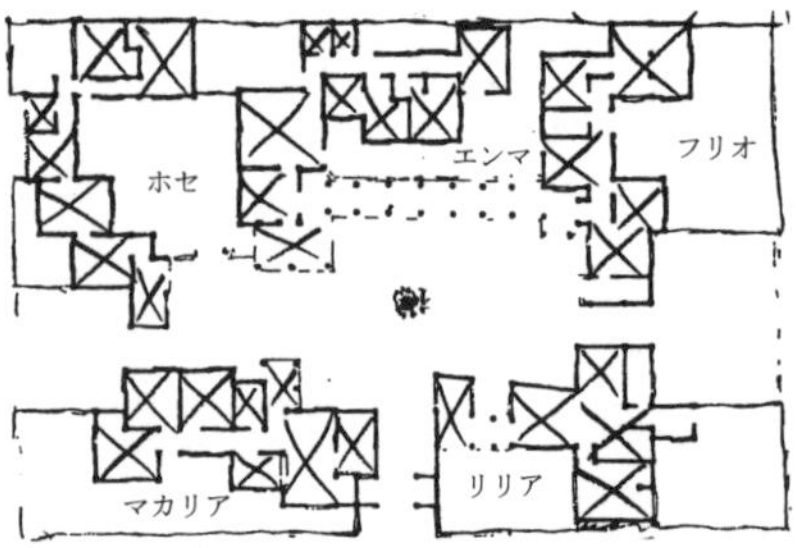

ヴォールトの架け方

*17　over lapping corner

みながらも一体のヴォールトによって一つの空間が生み出されます。感覚的には全く違うものになります。［つまり、ヴォールトを選択するプロセスは、住宅のデザインに残された最後の大きな決定であり、完成した住宅が住んでみてどんな感じになるかを大きく左右するところです。］

b　隅の柱　各ヴォールトは必要な大きさの柱によって、隅角で適切に支持されていなければなりません。また、ヴォールトを長大スパンの梁で受ける時には、必要な箇所に柱を加えます。一般的に言えば、一・八メートルを超える開口はつくらない方が良いでしょう。それ以上の大きなスパンがあれば中間に柱を入れます。このパタンはほとんどの場合で比較的容易に実行できました。柱が部屋の隅にあってしかも室内側からも見えるということが、小さな部屋に優雅さを与えています。また、独立した円柱も大スパンの梁を支持しながら二つの空間の分割を助けています。とりわけ、マカリアの玄関と居間の間にある柱やフリオの居間の柱、リリアの居間とキッチンの間を分ける柱はとても素晴らしいものです[*18]。

パタンに対する不注意から生じた混乱も二、三ありました。最も目につくのはエンマの住宅の迷路のようなベッドアルコブまわりです。柱はぞんざいに置かれ、空間が病んでいます。

10　開口部の位置

自然なドアと窓　柱と梁で出来た構造体の中に、ドアと窓の位置を決めていきます。一つ一つの部屋の中に立って、どのくらいの明るさが欲しいか、部屋にとって良い眺望はどこかと想像を巡らします。

この段階で家族たちに必要なのは、窓をどこにするかを大まかにつかむことだけです。窓の

*18　『パタン・ランゲージ』「(二二六) 柱のある場所」参照

正確な位置や大きさは窓の効果を的確につかむことのできる段階、つまり建設期間中の壁が立ち上がる時に決定されます。これについては次章で述べます。

ただし、ドアはこの段階で正確に決めなければなりません。スラブの打設に影響を与えるからです。

「これにより、住宅の間取りの杭打ちは完了し、施工を始める準備が整いました。」（五章参照）

＊

それでは、家族が自分たちの手でレイアウトした住宅を評価してみましょう。

まず初めに気づくのは、彼らの家が同じ自力建設と言っても、バリオに典型的な住宅とは全く違うということです。例えば、メキシカリで自力建設の最も標準的な住宅と言えば小さな四角い箱型になります。延床面積は約四二㎡で、トイレはたいてい外にあります。建物は普通の煉瓦とモルタルから出来ていて、その中にコンクリートを打設して柱を固め、梁をつなぎ、木で出来た陸屋根を架けます。家族に十分なお金がある時には、まず最初に内部が漆喰で塗られ、その次に外部も漆喰で塗られます。窓やドアは通常は中古品を買い取っています。床はコンクリートを直に押さえています。

この種の箱は、確かに、自ら進んで建設行為を実践した家族によってデザインされ、建てられたものに違いありません。しかし、それは貧しいデザインで、ほとんど何の取り柄もありません。どうしてこうなるのでしょうか。家族が自分たちでやったのに、そのデザインこそが最高だと声を大にして言えないのはなぜでしょうか？　家族自らがそれを設計し建設しているのに、その小さな四角い家が貧しいデザインだと非難されるのはどうしてでしょうか？　それは、文化がバラバラに解体した状況の中で、その文化に生きる人々が生き生きしたパタンランゲージを持つことができなくなり、たとえ自力による建設や自分でデザインする場合でも、自分たちできちんと住宅を建てていく知識が得られないからです。この四角い箱をつくった人々は、かつて（文化として）知っていた住宅のつくり方のすべてを忘れてしまっていて、何の知識もなしにつくっているのです。

料理をしようとする人は、初めに調理の仕方を知っていなければなりません。調理の簡単なルールさえ知らずに卵とオリーブ油とパンとミルクをフライパンの上に並べただけでは、失敗は目に見えています。オムレツを料理したいなら、オムレツをつくるルールを知らなければなりません。

同じように、良い住宅をつくるには、住宅をつくるルールを知る必要があるのです。結果に成功が期待できるのは、優れたパタンランゲージを使って住宅をレイアウトした時だけです。

パタンランゲージを利用して住宅をレイアウトするには、優れた技量と繊細さが要求されます。逆を言えば、私たちが家族に与えたパタンランゲージが、いくらかは彼らに技量と繊細さを与えたということでもあります。

「しかし、パタンランゲージはどの程度まで有効なのか。プロセスはうまくいくのだろうか？」

もちろん、その住宅がコンクリートと煉瓦でできた単純な四角い箱よりも豊かで魅力的なことはわかるでしょう。自分たちでデザインした場合にメキシカリで他の人々が通常つくっているのものに比べて、この家族たちの方がより良い住宅をつくっていることは外見的にも確かに言えそうです。「しかし、建築家によってデザインされた大量生産の住宅より、この家族のデザインした住宅の方がより優れていると言えるでしょうか。最後にはそこが根本的な問題になります。」

実際に、家族が自分自身の住宅をデザインしていることや、その住宅が他とずい分違ってきたことが明らかになると、プロジェクトに関わった何人かの役人があわて始めました。例えば、公共事業省の監督で技術者のロゲリオ・ブランコと、住宅融資の信用組合ISSSTECALIの監督ブリンツ・ヘレラは、その設計が〝適切に〟レイアウトされていないのではないかと疑い始めました。彼らが言うには、「やはり、専門家なしに家族が自分たちの住宅を正しくデザインするなんて不可能です。違いますか？」

私たちは、「そんなことはありません。あなた方自身が審査に来てはどうですか。」と答えました。ある日、彼らは現地にやって来ました。ちょうど建設は半ば頃で、彼らはそれを見て回りました。しばらくして、彼らは私のところにやって来ました。「かなり奇妙ですね。例えば、マカリアの家では寝室は非常に大きいのに、共用部分はとても小さい。寝室が不釣り合いに大きいことは正しいのですか？」私は「マカリア自身に尋ねましょう。」と言って、彼女にここに来て話してくれるように頼みました。「どうして寝室がそんなに大きいの？　また、共用部分はどうしてそんなに小さいの？　このことで住宅に支障は起きない？　みんなの集まる部屋にしてはかなり小さいようだけれど？」彼女は次のように答えました。「確かにそうです。私たちはわざとそうしたのです。おわかりのように、私たち自身の生活は貧しいものです。しかし、子供たちにはより良い生活、できる限り最高の生活を送れるように、あらゆる機会を与えようと決めたのです。私たちには子供が二人しかいないので、それぞれにできる限り大きい部屋を与えています。彼らが成長して何かをやりたいと思った時には、自分の部屋を使ってできるように。例えば、勉強部屋や作業場、ひとりで何かをつくったりできる場所として。これが、子供たちの部屋にできるだけ多くのスペースをさいた理由です。そうすれば、子供たちは

自分自身で人生を最良のものにしていくでしょう。共用室や家族室に関しては、そうですね、私たちがそこにいる時には、そこにみんなが揃っていて、一緒にそばにいたいのだから、どうしてそんなに大きなスペースが必要なのかしら？　これが、家族室と食堂をうんと小さくした理由です。」

このように説得力があって反論の余地のない、リアリティに満ちた話は、個々の家族が彼ら自身の必要に関しては私たちよりもずっと多くを知っているということを再認識させてくれます。

しかし、私がマカリアの話を政府の役人に説明した時、彼らが肩をすくめて言ったのは、「なるほど。でも、彼らは住宅のレイアウトの仕方は知りませんよ。」こんな横柄な先入観に対して、いったい何が言えるでしょうか。

マカリアのプランを、単にそれが普通でないからと言って「間違い」だとした役人の見識こそが、全く間違っているのです。プランが普通でないのは、それが必然的なものであり、この家族の生活の目標に適っているからであり、家族のみんなが自分たちの必要を確認して、そのものの形をつくったからです。この家族にとっては、小さい寝室と大きい共用部分を持つように〝正しく〟レイアウトされたプランこそ、全くの失敗だということになるでしょう。この場合の本当の間違いとは、役人の持っている誤った見解だけです。そこに間違いがあるのです。

これはたいへん重要なことです。私たちは何度も、銀行や役人の浅はかな見解の一方で、家族が自分の必要としているものを深く、正確に理解していることを眼にしました。自分たちだけが家族にとって何が良いかを知っているとか、建築家だけが問題を解決できるといった見解は、尊大でばかげています。

私たちでさえ、家族にとって何が最良なのかをどのくらい把握できたのか、十分にわかりきっていたわけではありません。例えば、私のノートから、施工期間中のある日にフリオ・ロドリゲスの住宅で起きた出来事を抜き出してみましょう。

ひとつの興味深い出来事があった。今日、私たちはロドリゲス夫妻と短い話し合いをした。事の初めは、学生がポーチ（ベランダ）の床を室内の床よりも五インチ（一五cm）高く設計したことによる。これでは非常に不快だ。内に向かってまるで落ちていくような感じを人に与えるだろう。私はポーチを床と同じ高さまで下げるべきだと指示した。

居間とポーチの間の壁ブロックはすでに積まれていたが、室内とポーチの床高が同じになったので、このブロック壁を取りはらうか、一部に戸をつけてはどうかという話が出てきた。私は壁を切って居間につながるドアを付けた方が良いと言った。そして、正確にどの位置にするかを議論していた。

そうすると、次の問題はポーチの外周のどこを屋外に開くのか、つまり壁のないところはどこかということだ。私は共有地に向かってポーチが外につながれば良いのではないかと考えていた。

その時、突然フリオが、どこにも出入口は欲しくない、周囲全部を低い壁で囲いたい、と言い出した。これは非常に閉鎖的に思えたが、彼が指摘したのは、「もし一カ所でも開いていれば、駐車場から近いので、ポーチは住宅への主玄関として使われるだろう。そして、このことが、長い時間をかけてつくった美しい正面玄関とポーチの両方を損なうだろう。」ということだった。そこで、彼らは低い壁で外周を完全に閉じたポーチをつくることにした。室内側からだけ近づくことのできる、一種の戸外室だ。この部分はとても魅力的で洗練されている。たぶん、フリオと彼の妻が、初めて、現実的に住宅を建てるというプロセスを［自分たちの中］に感じ、そのプロセスを楽しむことを知り始めた直後にこのことが起こった、という点が大切なのだろう。

このように、家族によるデザインが〝成功する〟ことは明らかです。それは、建築家がデザインし、建てている今日の大量生産住宅よりはるかに素晴らしいものです。しかし、これは単に家族が自分たちでデザインしたからだけではない、ということを知っておいて下さい。それは、自分たちの情感を住宅のレイアウトに的確に表現できるようにする〝ランゲージ〟を彼らが用いたからでもあるのです。

*

最後に、特定の家族のために住宅をデザインするという基本原則が、住み手が頻繁に変わるような状況、常に人々が移動している世界で意味を持つかどうかという疑問が残ります。例えば、ある家族によってデザインされた住宅に三年後、別の家族が引っ越して来た場合、この住宅が後の家族に所有されることは、この原則と矛盾しないだろうか？

この原則は二番目の家族にとっても意味があるのだろうか。結局、長期的な所有は期待できないのだから、標準化された住宅を持つ以上の意味をこの原則が生み出すことはないのだろうか？

個々の住宅デザインという原則は、こうした条件のもとでも意味があるのです。不動産の市場を調査すると、最も高価に売れる住宅はユニークで、魅力と特徴があって、一戸建であることがわかります。このような住宅の多くは昔に建てられたものであり、そこに魅力（と価値）があるのは、まさにそれが特定の人たちによってデザインされたからです。全く違う家族が引っ越してきたからと言って、この住宅がより人間的であるという事実は、それが人間的なリアリティに基づいている限り、変わるものではありません。そして、［これが］住宅に価値を与えるのです。

同じことを別の点から見てみましょう。もし、実際の家族の多様性に対応できるくらいに手に入る住宅の多様性が驚くほど大きい時には、既存の住宅を買おうとする家族にも非常に大きな選択肢があることになります。大きな多様性の中から、心理的な面や個性に合わせて違った住宅を選ぶことができます。そして、この多様性すべてが市場に存在している限り、人々は自分たちの特質や独自の必要性に合った住宅を見出す機会が、限定され標準化された小さい範囲の中からしか選べない今よりもはるかに多く、恵まれているということです。

個々の住宅デザインという原則は、いかに多くの家族が他の家族のつくった住宅を買って引っ越すような情況になったとしても、より豊かな人間性をつくり、住宅と家族との密接な関係を生む機会を増やしていきます。

もちろん、家族が自分たちの住宅をデザインするというプロセスは、家族と住宅の間にこうした固い絆をつくり出して、住み替えたいという欲求を抑えてくれるでしょう。次から次へと競って住宅を住み替わるような時流に歯止めをかけて、人々を定住させます。それが、コミュニティを維持していくことにつながるのです。

第五章　一歩一歩の建設

一歩一歩の建設の原則

［さて、それぞれの家族が自分たちの住宅のレイアウトを終えて、それが地面に杭や石やチョークで示されている様子を思い浮かべてください。

これほどの多様な住宅すべてを、通常のコストの枠内で、単純かつ秩序ある方法で生産することができるのでしょうか。

私たちが提案しているプロセスでは、いろいろな家族によってレイアウトされた様々な住宅を「標準」設計図や規格「部品」[*1]のシステムから建てることはありません。一つ一つ、あるいは一歩一歩完成していく作業のシステムによってつくられるのです。

こうした個々のステップ[*2]や「作業」[*3]は、（ほんのわずかなルールに従うだけで）どんなプランにも自由に適用することができます。しかも、それをきちんと実行するならば、実施図面など書かなくても、それぞれのプランから構造的にもしっかりした完全な建物をつくれるのです。

つまり、このプロセスには、コストを増やさずに、一つ一つが異なった住宅を大量に生産するだけの力があるのです。］

＊1　standard “components”
＊2　steps; 工事の各段階
＊3　operations

*

今日の住宅生産システムのほとんどすべてが、似たり寄ったりの型に標準化された建築部品に頼っています。こうした部品は小さいもの（例えば、電気ボックス）から中くらい（2×4《ツーバイホー》の間柱）、さらに非常に大きなもの（プレキャストコンクリートの部屋）まであります。しかも、その大きさにかかわらず、建物はこうした部品から「組み立てる」ものだと思われています。つまり、住宅の生産プロセスにおける施工段階は、組み立ての段階を意味するようになっています。この場合、敷地で規格化されたユニットを組み立てることが住宅を完成させることなのです。

これが住宅建設にいかに大きな影響を及ぼしてきたのか、部品を組み立てるということが、気づかないうちにどんなに大きな制約を与えてきたのかについては、ほとんど理解されていません。しかし、建設に詳しい人なら誰でも知っているように、こうした部品の制約は冷厳で、ディテールの構成までもコントロールし、多様性を妨げ、装飾や奇抜さやユーモア、つまり人々が望むちょっとした人間味に対する柔軟さを持ち合わせていません。

一般的に、私たちの工業化時代にはこうした部品化は避けられず、それが工業化の大成功をもたらしたと言われています。しかし、これは全くの誤りです。

住宅は生き物のように有機的なシステムです。適応のプロセスが小さな細部にまで及ばなければ、その全体も要求や機能にうまく適合できません。ある住宅では一つの棚が何か意味をもっていても、別の住宅では無意味かもしれません。ある住宅では二本の柱が座れる場所を決めたとしても、別の住宅だと全く違ったものに結びつくかもしれません。玄関ドアの狭い住宅もあれば、広い住宅もあります。ある住宅で軒先を高くしているのは、特別に屋根の上で寝ることができるようにしたからです。別の住宅では庭がとても美しいので、階段が座る場所を兼ねて建物のまわりに取りついています。

要するに、住宅を居住者に細かく適応させるには、施工の細部に至るまで注意を払わなければならないのです。［プラン］の上で済ませることはできません。現在の住宅生産の方法ではこのような適応は不可能です。標準部品を標準的に取り付けて、その住宅については何も知らない労働者とクレーン作業員が組み立てています。彼らはそこでおこなわれていることに何の関心もありません。居住者の要求に合わせて施工の細部を適応させることなどできないのです。これは施工のプロセスが間違っているだけでなく、施工の技術も間違っているのです。大型パネル、プレハブ部品、乾式工法*4のどれもが、良い建物に必要な施工を通したディテールへの対応を疎外しているのです。

このようなことから、私たちは組合せ部品による建設システムという考え方を、一歩一歩進む建設［作業］のシステムに置き換えます。一つ一つの作業はローコスト、ハイスピードで、しかも建設中の建物そのものに現場で対応していくことが可能です。その結果、建物の形態やディテールに対する細やかなコントロールは、部品のデザイナーや工場のドラフトマンの手からビルダーの手へと移ります。

［このように、私たちは建設システムを物質的な部品によってではなく、建築を生み出していく行為によって定義します。］これは、物質的な部品がなくなるということではありません。もちろんあります。しかし、部品を標準化するのではなく、行為あるいは作業だけを標準化するのです。部品は作業の中で、どんな大きさや形にでも、また必要な所にぴったり合うように必要な分だけつくられます。

部品による建設システムという考え方よりも、これが豊かな考え方であることはすぐにわか

＊4 dry assembly: カーテンウォールやPC版のようにあらかじめ工場生産された部品を現場で取り付けるが、部品の中には大量生産の既製品と特注品の場合がある。作業性や性能など在来工法の欠点を補うところも多く、一概に否定できない。また、日本建築は伝統的に乾式で出来ている部分が多い。乾式工法のパネルを使って非常に多様なデザインの可能性をみせてくれるルシアン・クロール等のプロジェクトもあり、いかに主体的に使いこなしていくかが今後の課題となるだろう。

るでしょう。個々の作業がすべて標準化されれば、施工プロセスも標準化されたと考えられます。この標準化された作業手順からつくられる建物は、モデュール化された部品から出来たもの以上にずっと豊かで、非常に広範囲の多様性を可能にします。同時に、この建物は美しい単純さも持っています。例えば、エスキモー人[*5]の住宅は全く同じプロセスでつくられても、二つと同じものがありません。しかも、その一つ一つがモデュール化された部品を組み合わせたものよりもずっときめ細く、その環境に適応し、有機的な統一性を持っています。

建物が標準化された［作業］ではなく標準化された［部品］によって建てられるようになったのは、歴史的にみても二〇世紀に入ってからです。伝統的な日本の住宅ではプランの寸法は三尺×六尺の［畳割り］[*6]に基づいていますが、実際には住宅ごとに材料を加工する作業から成り立っています。ですから、実際の断面や平面は非常に変化に富んでいます。南欧の石造りの家、イギリスや北欧の煉瓦の家、スカンジナビアやロシアの木造の家や教会などはどれも、最初に敷地の上でレイアウトされたものから徐々にデザインを発展させていく、一連の標準化された作業を通して建てられています。煉瓦の住宅の最大モデュールは煉瓦ですが、それさえも柔らかいので切って使うことができます。木材も寸法に合わせて切ります。漆喰はどんな寸法の壁や天井でも仕上げることができます。このような材料はデザインの多様性や壁の微妙なカーブ、ドアを二インチこちらへとか、窓を三インチ向こうへといった、有機的な施工プロセスの中では起こりがちな思いがけない要求にも適応することができます。

部品よりも作業手順のほうが根本的だと考える確かな理由は『タイムレスウエイ・オブ・ビルディング』の特に八、一九、二三章[*7]の中で明らかにしてあるので、ここでは繰り返しません。むしろ、読者はこのような論点をすでに熟知していると仮定して、ここで言う標準化された作業のシステムをつくり上げるために理解しておきたい付加的なポイントを明らかにしよう

＊5　igloos；氷を手に持てるほどの大きさのブロックに切り出して、ドーム状に積み上げてつくる。大きさや入口の形などは全く家族の形態による。

＊6　tatami "module"；畳割りは空間の内法を規定するが、さらに建物全体は「木割り」というシステムによって規定される。「木割り」には数比関係はあるがそれをどのように展開するかには大きな自由が認められている。

＊7　八章「質そのもの」：一つの建物がこのような生命力をもつ時、それは自然の一部となる。そして、海の波や草の葉のように、建物の部分部分はいつかは消え去る運命にありながらも、絶え間ない繰り返しと多様化の戯れに身を委ねるのだ。これこそが質である。
一九章「空間の分化」：この生成のプロセスにおいては、一つ一つの建設作業が空間を分化させてゆくプロセスとなる。それは部分を寄せ集めて全体をつくるような付加のプロセスではなく、胚の生長のように全体が部分に先行し、それが分裂することによって部分が生み出される展開のプロセスである。
二三章「施工のプロセス」：このようにして建物を心の中に描いておけば、敷地に印した標識の上に、直接

と思います。

ところで、建設システムをただ単に［いくつかの］作業の集合であるとして受け取ったのでは、十分とは言えません。ある意味では、モデュールに縛られた建設システム［でさえも］作業の集合と言えるからです。もちろん、ここには生産される建物に良いことなどほとんどありません。部分が全体にうまく結びついた有機的な建物、良い建物を建設システムが生み出すのは、そこに含まれる個々の作業がある非常に明確な規準[*8]を満たした時だけです。私たちはその規準を四つ設定しました。

規準1　作業手順は建物のプランを寸法的に拘束しない。その代わりに、作業の中で場所ごとに合った部品がつくられる。

規準2　地面の上に直接描かれた大まかなレイアウトから、一連の作業によって、建物が「生み出される[*9]」。それは、単にあらかじめ詳細に設計されたものを具体的な形にしていくことではない。

規準3　建設の各作業は、住宅プランのレイアウトに使ったパタンに沿ったものである。

規準4　各作業は一つ一つが完結しており、一つが完了するごとに心理的な「達成感[*10]」が得られる。

以下では、まず、この四つの規準の根拠を説明します。その後で、私たちがメキシカリで住宅を建てる時に実際におこなった一歩一歩進めていく作業の内容を明らかにします。

規準1　作業手順は建物のプランを寸法的に拘束しない。その代わりに、作業の中で場所ごと

建設することができる。ここでも再び共通のランゲージを用いれば、図面は全く不要である。

＊8　criteria

＊9　generate

＊10　accomplishment

に合った部品がつくられる

前述の議論により、これが第一で、最も本質的な要件であることは明らかです。モデュール化した部品の最大の弱点は、部品の要求するモデュールに合わせてプランを調整していくうちに、プランの方が歪められてしまうことです。例えば、四フィートの平面グリッドを使うと、廊下も四フィート（一・二m）幅になってしまいます。しかし、それぞれの場所でちょうど良いと感じる幅は、三フィート三インチ（一m）だったり、二フィート一一インチ（九〇㎝）であったりするかもしれません。そこを広げてしまってはその感覚が失われてしまいます。それだけではありません。もし住宅の他の部分がすべてレイアウトされた後で廊下が四フィートに広げられたら、プランは文字通り引き裂かれてしまいます。どの空間も最初のレイアウトとは微妙に違ったプロポーションになり、そのために奇異な感じを生んでしまいます。多くの場合、トポロジー（位相）的[*11]に「引き裂くこと」は、実際のプランの基本的な隣接関係を変えてしまいます。誰もが紙の上でグリッド状のプランを設計した経験があればわかるように、結局はグリッドがプランを完全に支配してしまうのです。

だからこそ、プランの寸法は正確に現場の状況に合わせていくことが大切です。建設プロセスはこのことを可能にする柔軟なものでなければなりません。

（ついでに言うと、『パタン・ランゲージ』のいくつかのパタン、「隅の柱」「がわ梁」「天井ヴォールト」などでは、部分的にこのことが達成されています。これらはレイアウトを歪めることなく、一貫した構造を生み出していきます。もう一度、『タイムレスウエイ・オブ・ビルディング』二三章を見てください。）

規準2　地面の上に直接描かれた大まかなレイアウトから、一連の作業によって、建物が「生

＊11　topological; トポロジーは位相幾何学という数学の一分野

み出される。」それは、単にあらかじめ詳細に設計されたものを具体的な形にしていくことではない

この規準をできるだけ明確に理解するために、二つのかなり異なった場合を比較してみましょう。

まず一つの場合として、建設を始める以前にすべてが決まっていて、実際の建設プロセスは全く創造的でない建物を想像してください。そこでは、すでに製図版の上で詳細に検討された後のディテールを作っていくだけです。

これと、もう一つの場合を比べてみましょう。施工を始めた時点では部分的で未完成な青写真しかない場合です。この場合には、一つ一つの建設作業を終えた時に、各人が次の作業の新しいディテールを決定していきます。これは、一連の作業の流れの中で次の作業をどのように実行するかを正確に知るためにはぜひとも必要で、より深い理解へと導いてくれるものです。

後者の場合、建設の作業が建物を「生み出して」いると言っても良いかもしれません。なぜなら、そこには創造性があるからです。そこでは予測しなかったものが生まれます。その一つ一つが独自の寸法やディテールを建物という概念に付け加えていくのです。一方、前者の場合には、建設作業が建物を「生み出す」[*12]とは言えません。なぜなら、作業は本質的に受動的で従属的だからです。建物という概念には何も加えません。その概念は建設の始まる前に完璧な形で存在するからです。

建設に関する知識のほとんどない人にとっては、前者の方が望ましく思えるかもしれません。つまり、建設を始める時点から建物を完全に理解していると聞けば、そこにある種の特別な完全性があるかのように感じ、望ましいものに「見える」のです。

しかし、実際には、このような機械的な完全さはとても愚かなものです。それはまさに不自

*12 conception; コンセプト

然な単純化の現われであり、良いことではありません。施工に多くの経験を持つ施工者なら知っているように、一番美しいディテール、最も満足のいく方法などは事前に予測できるものではなく、施工の「その時に」、現場で生じた特殊性に対する自然な、しかも独創的な対応として生まれてくるのです。

しかしもちろん、このように一つ一つ対応していく施工プロセス、建物の部分ごとの状況に応じて必要なディテールを念入りにつくり上げていく施工プロセスは、そのプロセス自体にある種の自然な洗練さや優雅さ[*13]がないとうまく機能しません。それはどんなプロセスにでもあるというものではありません。それのない建設プロセスは容易に失敗を繰り返し、問題を引き起こし、どんどん複雑になってしまい、費用は増大し、施工は遅れ、建設に重大な困難を引き起こしてしまうでしょう。

このような問題が起こるのは、一般的な建設プロセスでは様々な作業がとても複雑に絡み合っているからです。一つの作業をおこなっている間でも、いつも先の作業に気を配り、前に進むように「段取り」を考えておかなくてはなりません。例えば、基礎工事の間にも設備配管のスペースを残し、排水の正確な位置を考慮し、後で施工する壁の様々な厚みを事前に考えておくことなどがいつでも必要です。

このように「先を予測する」ことの必要性が、施工プロセスに大きな障害を与えます。というのは、この複雑さからの失敗が重なるにつれて、人々は以前に建てた住宅と全く同じディテールを繰り返し使って同じような住宅を建てることで、単純に失敗を避けようとするからです。この場合、もしある住宅で電気配管をクロゼットの天井に埋め込む方法がうまくいったなら、その後は他の住宅でも全く同じクロゼットをつくり、全く同じ電気回路にしなくてはなりません。全く同じにです。そうでないと、小さな変更でさえ、予測不能で前例のない状態をつ

*13 grace or elegance

くり出してしまうからです。

このような困難の予見がますますプランの標準化に拍車をかけます。建設者は失敗を恐れるあまり、同じ住宅やアパートを、ディテールまで同じに何度も繰り返し建てるようになっていきます。

しかし私たちは、三、四章の論点から様々なプランに対応できるプロセスにこだわります。これは、一つの住宅はそれが建てられた時には、プランからして、以前に建てられたどんな住宅とも違うということです。だから、多くの作業間の混乱による失敗を避けようとするには、すべての住宅が違ったプランになってもこうした失敗の起きない建設システムが必要です。

これには、作業そのものがある特別な性質をもつような、一つの作業システムが必要です。［すなわち、次に続く作業を必ず実行できるという確信があるからこそ、一つの作業だけに注意を集中してそれを一つ一つ完成させていけるのです。確かに、先に実行された作業の成果に次の作業を合わせていく方が自然です。］

ある部屋にヴォールトを架ける例を考えてみましょう。メキシカリの施工システムではどの部屋もヴォールト天井です。このヴォールトは部屋の形状に合わせて編まれた木のバスケットに麻布を張って、その上にコンクリートをこてで塗って作ります。この一連の作業の特色は、天井の作り方を気にせずにプランに従ってどのようにでも部屋をレイアウトできるということです。部屋がどんなに特殊な形になろうとも、天井はいつでもそれに合わせて編むことができるからです。

同じことが隅角部で壁を作る作業にも言えます。部屋の四隅を決めるためにコーナーブロックを置いた時、ブロック壁はいつでもそのスパンの中で「調整できる」ようになっています。ブロックはコーナーブロックの溝に合わせて切ることができるので、隅角部を決める時にはそのコーナーにだけ注意し、壁の正確な寸法を気にする必要はありません。壁は後から隅角部に合わせてつくることができるとわかっているからです。

一連の作業によって建物が「生み出さ」れるとは、こういう意味です。各作業は前の作業の成果を発展させるように自由に展開し、複雑な予測は不要です。

このようなプロセスは実践的だとか、実用面で素晴らしいというだけではありません。芸術や直感の源でもあるのです。このように生成力ある単純さを持ったプロセスは、常に自由な建物を生み出す契機になります。なぜなら、建物はゆっくりと、一歩一歩、生命ある有機体が成長していくように成長するからです。この道に沿って行けば、間違うこともありません。その結果もシンプルで素晴らしいものです。

規準3　建設の各作業は、住宅プランのレイアウトに使ったパタンに沿ったものである

住宅をデザインするためにパタンランゲージを使うと、その住宅はプランの全体的な構成だけでなく、部屋独自の形や天井の高さ、アルコブや厚い壁の存在、窓や軒飾り、装飾といった細かなディテールに至るまで、今日のほとんどの住宅とは異なってきます。

これらのパタンの多くは『パタン・ランゲージ』の中で詳しく論じていますが、今日の建設システムで容易に実現できるものではありません。例えば、軸組のコストは天井高が違っていたり、壁の隅角が直角でなかったりすると大きく増加します。壁が薄ければ窓台やアルコブや深い窓枠のある建物は難しくなります。実際には、今日おこなわれている建設システムのほとんどすべてが、均質で平らで味気ない滑らかさに向かっています。一方、多くのパタンが目指すところはより大きな豊かさであって、たくさんのでこぼこがあり、機械的な「完璧さ」などない、その場の状況にぴったりと波長の合った仕上です。

パタンランゲージに沿った建設プロセスは、家族がレイアウトに使ったすべてのパタンを単純で安価に施工できるものでなければなりません。例えば、大きな部屋には高い天井、小さな部屋には低い天井という「天井高の変化」に合わせて、天井高を部屋ごとに変えることのできる建設システムでなければなりません。また、『屋内空間の形』というパタンも実現できなければなりません。そこには、部屋の隅角はおよそ九〇度であり、正確な直角である必要はないと書かれてあります。アルコブや窓辺、厚い壁なども最初の構造から組み込んでおくべきです。また、建物の主体構造が生活空間に一致するべきだとする『生活空間に従う構造』というパタンも実現しなくてはなりません。そこには、モデュールによる構造グリッドは適切でないという意味が含まれています。さらに、『いっぱいに開く窓』『小割りの窓ガラス』『装飾』なども考慮する必要があります。建設システムはこれらのすべてを、「余分な」ものとしてではなく、通常のプロセスの一部として容易に実現できなければなりません。

規準4　各作業は一つ一つが完結しており、一つが完了するごとに心理的な「達成感」が得られる

住宅は工業製品ではなく、人間による産物です。家族自身が住宅建設に携わるかどうかは別にして、住宅の豊かさはそれをつくることへの愛情と配慮によって生み出されると考えられます。たとえそれが建設者だけ、あるいは家族だけのものであっても、また、両者のものであったとしても。

私たちはこれが、一つ一つの作業が心理的に完結していることに多くを負っているという事実に気づきました。

例えば、隅石[*14]を置くというプロセスと基礎の型枠工事というプロセスとを比べてみましょ

*14　the corner stones

う。両方とも住宅の基礎をつくり始める時の方法です。文字通り、どちらも一つの作業です。しかし、隅石を置く場合には、それをおこなう人に大きな達成感があります。一つの段階に到達し、次の段階に進むのです。一つの作業をやり遂げるごとに完成したと感じるのです。対照的に、基礎型枠をつくる作業は相対的に浅い経験です。もちろん、型枠自体は完成します。しかし、それができた時点で何が成し遂げられたのでしょうか。確かに何かはあるでしょう。しかし、たいしたことではありません。浮き浮きした気分などほとんどないでしょう。

あるいは、壁と柱を一体で建てるプロセスと、〝柱を立て〟て〝柱の間に壁を建てる〟という二つ別々の作業を持つプロセスとを比べてみましょう。どちらのプロセスも同じように実践的です。しかし、歯切れの良さや満足感があるのは、前者より後者でしょう。一つずつ成し遂げられたものが建設のプロセスにリズムを与えるからです。

建設プロセスにおける作業はできるだけ一つ一つで完結するようにし、気分が高揚し、歯切れ良く感じるような範囲に限定され、区切られていることが重要です。

こうしてみると、心理的な歯切れの良さや爽快感、できたという感じを十分いだかせる作業は、それ自身だけで完全に完結しているのではなく、［それ自体も］同じように心理的な達成感のあるより小さな作業（下位の作業）から成り立っていることに気づきます。[*15]

スラブをつくるプロセスはこうした作業の一つです。もちろん、これを一つの作業として完結していると理解することは簡単でしょう。完成した時には、大きな個人的満足感が得られます。しかし、このたった一つの作業の中にも、もう一度、同じ感覚を与えてくれる二次的な単位があります。今回の場合は、スラブの作業が次のような小さな作業から成り立っていました。

一　適切なレベルまでティエラリモ[*16]（良質の砂）を敷き、その中に梁型を切る。

*15　上位―下位のこの関係はセミラチスであり、ツリーではない。

*16　tierra limo：スペイン語で「良い土」の意

二　鉄筋と金網を置く。
三　スラブを打設する。およそのレベルまで均してから、こてで押さえる。
四　ベンガラ[*17]とセメント、砂をよく混ぜて、まだ湿っているスラブの上に撒く。
五　二時間後、こてでしっかりと仕上げる。

こうした作業の一つ一つが、完成した時の満足感の源泉です。このそれぞれが積算の単位、時間の単位であり、プロセスの一要素です。大きなプロセスのリズムは単純にこういう小さな単位のリズムから成り立っていて、しかも、大きな単位でみれば大きな一つの作業が完成したと感じることでしょう。

*17　red oxide; 弁柄（ベンガラ）。主成分は三酸化二鉄（Fe_2O_3）で、古くから用いられている赤色顔料。日光、空気、熱、アルカリに安定で、塗料、モルタルなどの着色、研磨材、農薬の着色などに用いられる。

＊

以下では、メキシカリの住宅でおこなった建設の作業手順を示します。ここでの建設作業は私たちの四つの規準によく合致しており、その結果、一歩一歩の建設の原則を十分に満たしています。

しかしながら、次のことは明確にしておかなければなりません。それは、ここでの「特殊な」作業そのものに特別な重要性は全くないということです。これらの作業は一歩一歩の建設の原則をとても良く具体化していて、これまで論じてきた規準にも一致します。しかしもちろん、この規準に合っていて一歩一歩の建設を満たすような別のシステムも、全く同じように可能です。他の条件（国、気候の違いなど）のもとでは、同じようにして別のステップを開発することになるでしょう。

メキシカリにおける建設作業

1 杭によるレイアウト
2 溝を掘り、土を中和する
3 隅石を置く
4 壁の基礎を置く
5 スラブの準備
6 スラブ下の配管
7 スラブの打設
8 柱を立てる
9 柱の間に壁を建てる
10 ドア枠の取り付け
11 がわ梁を架ける
12 屋根バスケットを編む
13 妻壁を建てる
14 電気回路の配管
15 屋根の下地面をつくる
16 屋根の仕上面をつくる
17 窓枠の取り付け
18 窓の製作、取り付け
19 ドアの製作、取り付け
20 設備配管
21 電気の配線
22 壁、屋根、枠の塗装
23 歩道とアーケードの床に煉瓦を敷く

1　杭によるレイアウト

一　［柱ブロックの位置を出す］各隅角部とドアの両側に立つ柱ブロックの位置を決める。

二　［壁ブロックの位置を出す］柱ブロックの間に建てる壁ブロックの位置を決め、各壁が一個か半個のブロックの倍数になるように柱ブロックの位置を調節する。

三　［直線と角度を正す］できる限りプランを動かさないようにして、ブロックを調整する。どの壁も一個か半個のブロックの倍数になっていること。（すべての角が正確な角度である必要はない。）

四　［杭を打つ］コーナーブロックの位置に、長さ一八インチ（四五cm）の三番鉄筋を、溝掘りの時に抜けないように地面に深く打ち込む。

2　溝を掘り、土を中和する[*18]

一　[溝を掘る]　壁の基礎をつくるために、中心線に沿って深さ八インチ（二〇cm）、上部の幅一二インチ（三〇cm）、底の幅が八インチ（二〇cm）の溝を掘る。

二　[土をほぐす]　スラブの中央部と溝の底の土を、つるはしを使って深さ八インチ（二〇cm）までほぐして石灰液注入の準備をする。

三　[石灰液を注入する]　五パーセントの石灰溶液を注入する。

四　[五日間待つ]　石灰溶液と泥が乾くまで待つ。

五　[しめ固める]　およその形に土をしめ固めて、形を整える。

*18　neutralize; この土地の土は酸性度がかなり強いので、コンクリート等の保護のために中和しなければならなかった。

3　隅石を置く

一［高さを設定する］床の仕上げ高を設定する。

二［ティエラリモを置く］床の仕上げ高さにブロックが来るように、それぞれの柱の位置にティエラリモで底盤をつくる。

三［ブロックを置く］すでに地面に打ってある杭に合わせて、基礎ブロックを置く。

四［ブロックの高さを合わせる］それぞれのブロックを置く時、前に置いたブロックと高さをそろえるために水糸を使うこと。さらに、大工用の水準器を使って直角方向にブロック上端の水平を確認する。

五［高さをチェックする］

六［柱ブロックを置く］ブロックの高さが確認できたら、それぞれの基礎ブロックの上にコンクリート製の柱ブロックを一つずつ置く。

七［鉄筋を入れる］上端から少なくとも七インチ（一八㎝）は突き出るように、それぞれの柱に長さ一八インチ（四五㎝）の五番鉄筋を一本ずつ入れる。

八［ブロックに充填する］一対九のコンクリートでブロックを充填する。

4　壁の基礎を置く

一　［基礎ブロックの位置を出す］　壁芯に鉄筋を立てて、壁芯に沿って糸を張る。

二　［基礎ブロックの高さを出す］　隅角の基礎ブロックの高さに合うように、ティエラリモで高さを調整する。

三　［赤色の壁ブロックを置く］　コーナーブロックに噛み合わせて、赤色の壁ブロックの一段目を置く。

四　［鉄筋を入れる］　穴の一つおきに三番鉄筋を一本ずつ入れる。

五　［穴に充塡する］　一対九のコンクリートを穴につめる。この時は上部のブロックの半ばまで穴を埋める。

5　スラブの準備

一　［水糸を張る］スラブ仕上げ面から二インチ（五㎝）下に、基礎ブロック間を結んで水平な水糸を張る。

二　［ティエラリモで埋め戻す］その糸の高さまでティエラリモを入れる。

三　［十分にしめ固める］材料が固くなるまできっちりしめ固める。

四　［梁型を掘る］シャベルを使って、ティエラリモから地中梁の型を切り出す。

五　［小梁型を掘る］スラブの一辺が八フィート（二・五m）より長いときはその中間に小梁を入れる。

六　［鉄筋を配筋する］梁に使う三番鉄筋を適切な長さに切断、曲げて、スラブの天端から四〜五インチ（一〇〜一二㎝）下に配筋する。

七　［金網を置く］金網を切って置く。金網は端で鉄筋に結び、金網同士はきちんと重ね合わせる。

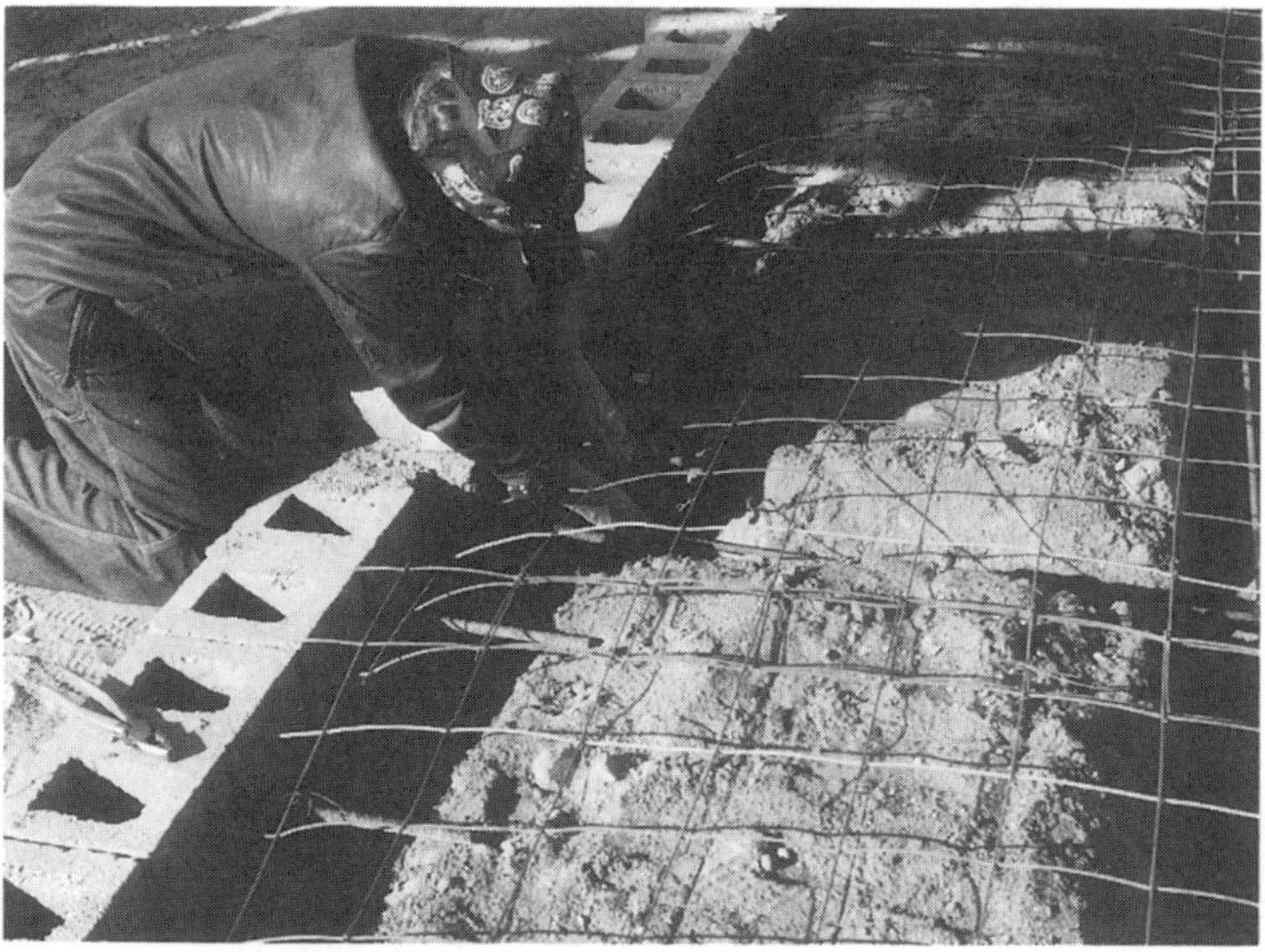

6　スラブ下の配管

一　［排水管の位置を出す］　排水が下りてくるところや、曲がるところ、マンホールの位置などを考えて、横管とたて管の位置を決める。

二　［部品を仕入れる］　ＡＢＳパイプ[*19]仕様の管や継手を買う。

三　［部品を組み立てる］

四　［それぞれの位置に溝を掘る］

五　［パイプを設置する］　各位置にパイプを入れる。パイプをしっかりと固定するためにティエラリモを使って隙間を埋める。

六　［埋め戻す］　ティエラリモで溝を埋める。

七　［パイプの口にカバーをする］　スラブを打つ時にコンクリートが入らないように、上の開口にプラスチックの蓋をかぶせる。

＊19　日本のＪＩＳ規格と同じような製品の品質規格

7　スラブの打設

一　［コンクリートミキサーを設置する］

二　［手押し車の道をつくる］

三　［ティエラリモを湿らせる］コンクリートを各スラブに流し込む直前に、表面に水が浮き出るくらいに十分ティエラリモを湿らせる。これは打設直前におこなうこと。そうすれば、コンクリートが入った時にティエラリモはまだ湿っていることになる。

四　［コンクリートを流し込む］

五　［コンクリートを均す］端部の壁ブロックの天端を定規にして、2×4の長尺材を使ってコンクリートを均す。

六　［コンクリートをこてで押さえる］アルミニウムや木のこてを使う。

七　［ベンガラをばら撒く］ベンガラとセメントと砂の混合したものを、ふるいを使って濡れたスラブの上に撒く。

八　［二時間待つ］

九　［表面をこてで仕上げる］金ごてで完全な面に仕上げる。

8　柱を立てる

一　［底盤ブロックを清掃する］

二　［鉄筋をつなぐ］

三　［ブロックを運んでおく］　各柱の横に一二個を一山にして積んで置く。

四　［ブロックを清掃する］

五　［ブロックを積む］　柱の鉛直と水平を確認する。各段ごとに、一番上のブロックの鉛直と水平を確認する。うまく合わない場合には、ブロックを九〇度か一八〇度あるいは二七〇度に回転させて正確に合わせる。

六　［ブロックを湿らせる］

七　［ブロックに充填する］　六段のブロックを積んでから、一対九のコンクリートを充填する。

八　［ブロックを積む］　四時間後、続けて柱の上にブロックを積む。

九　［ブロックを湿らせる］

十　［ブロックに充填する］　上部六段のブロックにコンクリートを充填する。

9　柱の間に壁を建てる

一　［配筋の位置に印を付ける］こうしておけば、壁を建てる時に鉄筋を入れる穴を確認できる。

二　［ブロックを切る］カッターで大きさを整えて切断し、きれいにやすりをかける。

三　［ブロックを置く］一つ一つのブロックを前後に動かして、しっくりとおさまるように置く。

四　［窓の位置を決める］ブロックを四段積んだところで、窓の開口幅と窓台の高さを決める。

五　［配筋する］一で示したチョーク部分に鉄筋を入れる。

六　［配筋した穴に充填する］中を湿らせてから一対九のコンクリートを充填し、しっかりと固める。

10　ドア枠の取り付け

一　［寸法を割り出す］

二　［たて枠とまぐさを切り出す］

三　［まぐさにほぞを切る］　たて枠に合わせて溝を掘る。

四　［柱の中に木煉瓦の下地を取り付ける］　枠の位置を修正してから、まぐさを釘で打ち付ける。

五　［ボルト用の穴をあける］　三／八インチのドリルでたて枠に穴をあける。さら穴は一インチのドリルであける。

六　［ボルトで取り付ける］　たて枠を鉛直に保ちながら、差し鉛を入れてスクリューボルトを締め付ける。

11　がわ梁を架ける

一　[梁の長さのリストをつくる]

二　[二×六材を切る]

三　[二×六材の天端を一×二材でつないで釘で止める]

四　[梁を所定の位置に取り付ける]

五　[端部をつなぎ、周囲を閉じる]

六　[U字型の固定枠を釘で打ち付ける]　各部屋をぐるりとまわる所定の位置に固定する。

七　[下側を閉じる]　壁上部には一×四、窓や壁の無いところには一×一〇の板材を当てる。

12　屋根バスケットを編む

一　[一×二材を取り付ける]　バスケットを止めるために、梁の内側の端から二インチ（五㎝）入ったところに一×二材を通す。そして型枠にはり金で止める。

二　[バスケットの位置に印をつける]　一×二材におよそ一八インチ（四五㎝）間隔に鉛筆で印を付ける。

三　[細い板材を水に浸す]　簡単に曲がるようになるまで、細い板材を水に浸す。

四　[バスケットを編む]　細い板材を交互に上下に交差させて、ダイヤモンド・ラチス形に編む。

五　[交点を釘で止める]　各交点下にハンマーを当てがっておいて、上から釘を打つ。中央から始めて梁側へ進める。

六　[配筋する]　各梁に三番鉄筋を入れる。

七　[梁にコンクリートを打設する]　梁型の二×六材の上端までコンクリートを打つ。これでバスケットの下端材が梁と一体化し、しっかりと固定する。

13　妻壁を建てる

一　［ブロックを積む］バスケットの妻側の形に合わせて、妻側の梁の上にブロックを積む。ブロックは妻側カーブより小さ目に切って置くこと。

二　［端部を埋める］固練りのコンクリートとモルタルをブロックの端につめて、正しいカーブにしていく。

三　［換気孔を通す］空気が逃げるように、切妻に換気孔を通す。できるだけ高い位置に取る。

四　［配筋する］ブロック穴の高さいっぱいまで鉄筋を入れる。

五　［穴を充填する］

14　電気回路の配管

一　［配線回路を計画する］どの住宅も少なくとも四つの回路が必要になる。台所用、冷蔵庫用、居間用、そして寝室用。

二　［中継ボックスをつなぐ］バスケットの梁側のところで、立ち上がり配管の頭を中継ボックスにつなぐ。

三　［ボックスを固定する］管を曲げながら、中継ボックスをバスケットの基部近くに設置する。開口面を下に向けておくこと。次の屋根作業の間に中継ボックスがずれたりしないように、バスケットの内側に平らな木片を当ててワイヤーで結んでおく。

四　［天井ボックスをつなぐ］スイッチを経由させてから、天井面に付けるボックスと中継ボックスを接続する。

五　［分電盤を設置する］

六　［バスケットの上に導管を取り付ける］中継ボックスを一／二インチの導管で分電盤に接続する。

15　屋根の下地面をつくる

一　［麻布を切る］ダイヤモンド・ラチス形をぴったり覆うように細長く麻布を切る。

二　［麻布をとめる］ラチス材にとめる。

三　［金網を切ってとめる］金網の層も同様にする。金網は梁の中にしっかり定着させる。

四　［コンクリートを練る］パーライト四割の超軽量コンクリートを練り始める。

五　［コンクリートをこてで塗る］頂部から両端へ向けて、全体がほぼ三／四インチ厚の層になるように、こてで押さえていく。

六　［必要な所には支えを入れる］屋根の一部がたわみそうなら、板や二×四材で支えておく。

七　［コンクリートを養生する］少なくとも三日間、一日三回コンクリートを湿らせること。

16 屋根の仕上面をつくる

一 [軒蛇腹を釘止めする] 梁の天端の外側に沿って一×四材を釘付けして、軒蛇腹とする。

二 [軒先の型枠を釘止めする] 軒蛇腹の外側にさらに木材を釘付けして、軒先部分の型枠にする。

三 [配筋する] 五番鉄筋を梁の外側に入れる。

四 [たて筋を曲げる] 壁からのたて筋を曲げて、梁の横筋に重ねる。

五 [水糸を張る] 屋根の水平、鉛直ラインが正確になるように、水糸を張る。

六 [コンクリートを練る] 砂三、軽石六、セメント一の軽量コンクリートをつくる。

七 [コンクリートをこてで塗る] 下地の上に約一・五インチ厚に仕上げを塗る。

八 [こてで押さえて平滑に仕上げる]

17　窓枠の取り付け

一　［光をチェックする］各部屋の光の量を確認する。

二　［窓開口を広げる］必要であれば、ブロックを切って窓を広げる。

三　［開口を測る］

四　［材料を注文する］

五　［部材を切る］

六　［窓台を削り、平らにする］

七　［枠を組み立てる］完全な方形を保つために、対角線に筋かいを入れて枠を釘付けしておくこと。

八　［木煉瓦とくさびを付ける］木煉瓦をがわ梁の下面に釘止めする。

九　［枠を付ける］たて枠を垂直に保ちながら、正確に釘止めする。

18　窓の製作、取り付け

一　[窓型を選ぶ]　それぞれの窓の型を決める。横桟、たて桟、ガラス面の大きさなど。
二　[窓を測って、部材を割り出す]　割り出すには測定用のシートを使う。
三　[部材を切る]　$\frac{3}{8}$、$1\frac{1}{8}$、$1\frac{1}{2}$インチといった大きさの持ち合わせの部材から、正確な長さに机上ジグで切り出す。
四　[框を組み立てる]　上、下、両側の四つの部材を接着し、釘止めする。
五　[接着し固定する]　C型止め金具を使って、特に直角に気をつけながら四隅を接着し、固定する。
六　[桟を入れる]
七　[釘を打つ]　釘を打ち込んで、パテで穴をふさぎ、やすりをかける。
八　[框にかんなをかける]　窓枠にぴったり合うように、框にかんなをかける。
九　[窓を吊る]　丁番の位置に印をつけてのみで削り、きりで穴をあけて、ねじで止める。

19　ドアを製作し、取り付ける

一　[ドア型を選ぶ]　ドアの型、小窓の大きさ、らんま枠の高さを決める。
二　[寸法を測り、切る]　たて框、横框、らんま枠には一×六の材を選び、長さに切る。
三　[組み立てる]　これらの主要な部材を組み立てて接着し、締め付ける。
四　[パネル止めの桟を取り付ける]　一×一材で桟をつくる。
五　[合板パネルを切り、はめ込む]
六　[ガラスを切り、はめ込む]
七　[丁番を取り付ける]　上下の端から一二インチ（三〇㎝）のところに印をつけ、框に丁番を取り付ける。

八 [錠を取り付ける] ドリルで穴を開け、錠を取り付け、ハンドルを付ける。

九 [ドアを吊る] 枠に印をつけて丁番を取り付け、戸当りを付ける。

20 設備配管

一 [管の長さを割り出す] 管の長さが最短になるように、また管が廊下や戸口をなるべく横切らないようにして割り出す。温水には三/四インチの亜鉛メッキ管、冷水には三/四インチPVC管を用いる。

二 [管を入れる] 部屋の床下に給水管を走らせる。管はコンクリートブロックに金具でしっかりねじ止めする。

三 [引き込み地点に止水栓を設置する]

四 [引き込み水道管に接続する]

21 電気の配線

一 [一二番の絶縁銅線を使用する]

二 [長さに合わせて電線を切る] ボックスの中で接続できるように、端を六インチ(一五㎝)残しておくこと。

三 [電線を通す] 管の中にあらかじめ入れておいた鋼線を使って、電線を引っぱり出す。

四 [中継ボックスでつなぐ]

五 [器具を取り付ける] 所定の位置でスイッチ、コンセント、照明器具に配線し、固定する。

22 壁、屋根、枠の塗装

一 ［壁の下地処理をする］石灰プラスターを使って割れ目を埋め、壊れたブロックを補修し、表面を滑らかにする。ただし、割れ目が大きくて、見苦しいところだけに使うこと。小さな割れ目は逆に素材感を与えてくれるので、そのままにしておく。

二 ［色をテストする］壁、軒蛇腹、窓枠の色合いを決定するために、原寸で実験する。満足できる色の美しさが出るまで、切れ端の上で微妙な色の実験をする。

三 ［外部に水石灰を塗る］ここでは、眩しさを和らげ、軒蛇腹の青と緑に調和するように、緑の入った白の石灰塗料を壁に塗った。

四 ［内部を塗る］内部の壁には白の水性ペイントを用いる。

五 ［軒蛇腹を塗る］軒蛇腹の帯を塗るには、青の色違いとゴールデングリーンを用いた。

六 ［窓と枠にオイルを塗る］

23 歩道とアーケードの床に煉瓦を敷く

一 [範囲を決める] 舗装する範囲に正確に印を付ける。

二 [床高を決める] 室内の床スラブより数インチ低めに床高を設定し、目印を打つ。

三 [掘削する] 仕上げ高より四インチ(一〇cm)低く地面を掘る。

四 [ティエラリモで下地をつくる] ティエラリモを二インチ厚(五cm)入れ、湿らせてからきっちりしめ固めて水平にする。

五 [煉瓦を敷く] ティエラリモの上に、一般的な敷き方や、矢はず張り、網代張りなどで煉瓦を敷く。

六 [目地に砂をつめる] 目地に砂を入れて水を撒く。道の表層がしっかりしまるまで繰り返す。

この章を終える前に、許可に関する問題について述べておきます。通常は、建物が建築許可を受けるまでにディテールや仕様の完備した図面一式が必要です。

もちろん、私たちがここで述べているプロセスにとって、こうした手続きは必ず障害となり、自らを縛ることにもなります。住宅が一つ一つ違うので、それぞれに設計図書を作成していくと建設費用が著しく高くなってしまいます。さらに、もっと重大なことは、一つの図面を作成するということが必然的に製図者を図面の中に引き込んで様々な悪影響を与えてしまうということです。線を直線にしたり、凹凸を平らにしてしまうとか、ある「様式[20]」をちょっと付け加えてしまうとかです。すべては、製図者がその建物に対して「何か」やったと感じたいということの結果にすぎません。しかし、こうした「何か」は建物を家族の本来の意図から引き離してしまうだけです。大した意味などなく、ただ単に建物のレイアウトを悪くするだけです。

にもかかわらず、多くの市や地方自治体は住民を粗悪な仕事や危険な工事から守るとして、建築許可を下す権限を守り続けています。確かに、どの建物も確実に構造上の適正な基準に達していることがわかれば、コミュニティの住人も安心できるにちがいありません。

地域が求める建築許可の必要に答えながらも、建物にとっては費用がかさんで有害な図面作成の慣行を避ける一つの方法として、政府の建築調査局が建設［プロセス］（つまり私たちがここで定義したような一連の建設作業）に対して許可証を発行し、この作業手順に従って建設されていて設計の最小限の規定を満たした建物ならば自動的に認可していくことも、絶対に可能なはずです。

これはまさに、私たちがメキシカリでやったことです。私たちは公共事業局に建設の作業手順を説明した書類を提出しました。公共事業局の主任技術者は鉄筋の配置や間隔について細か

＊20 style; いわゆる「建築様式」のこと。

我々が開発した基礎工法

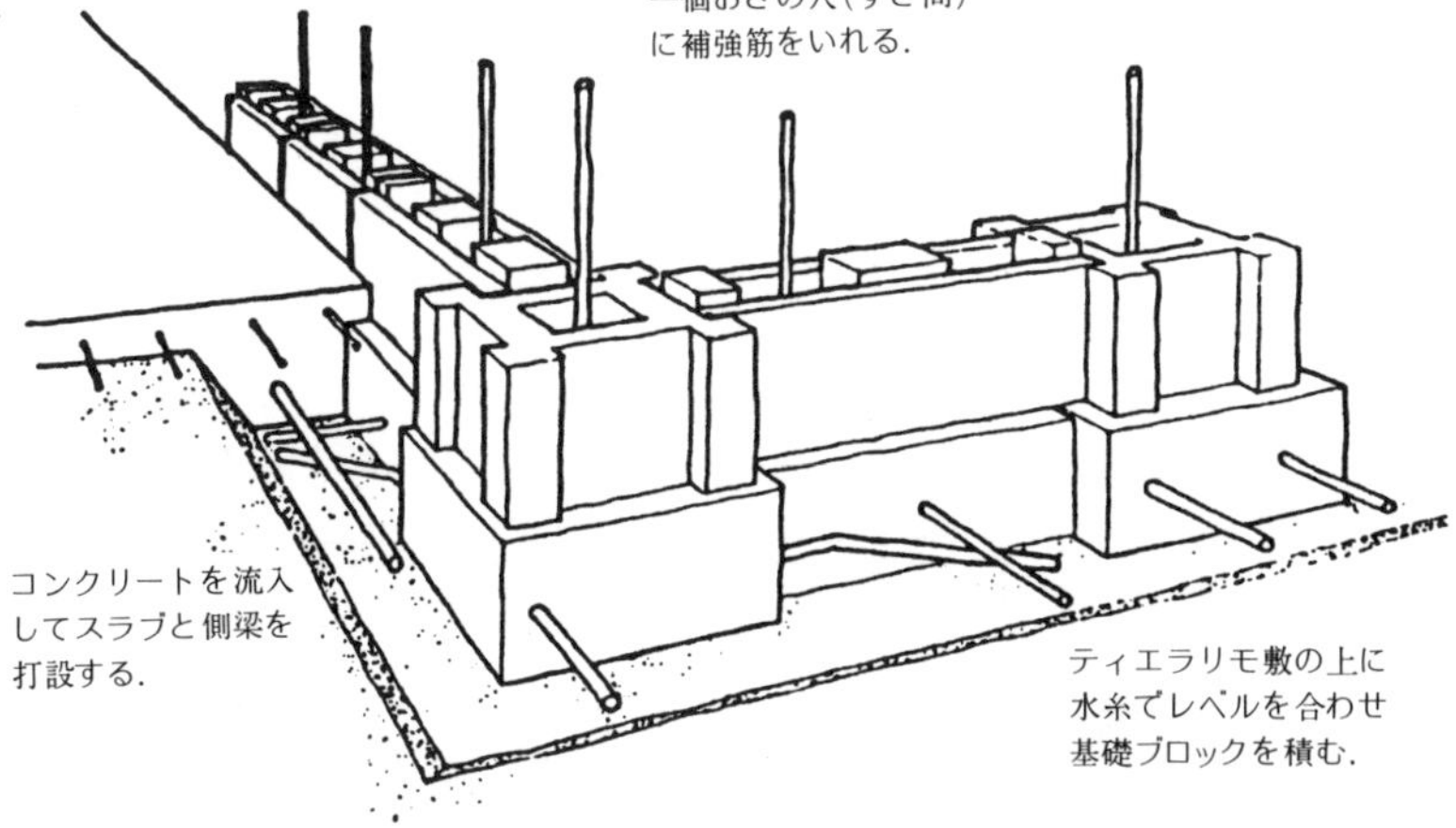
壁ブロックの一列目を置く
一個おきの穴(すき間)
に補強筋をいれる.
してスラブと側梁を

水糸でレベルを合わせ

改良後の基礎工法
—— 明解な手順の例

表土を取り除き，
柱ブロックを用いて
配置を決める.

平面の長さとブロック単位の長さを
調整して壁ブロックを置く.

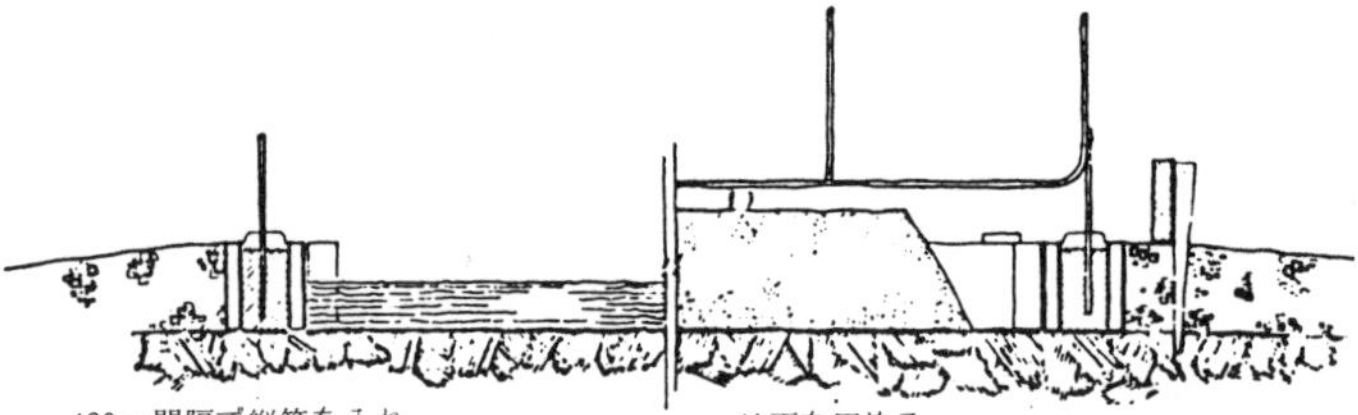

480㎜間隔で縦筋を入れ，
コンクリート詰めする.
埋め戻し，粘土のひび割れを防ぐため
石灰水をそそぐ.

地面を固める.
木とティエラリモでスラブの型をつくる.
鉄筋を固定する.

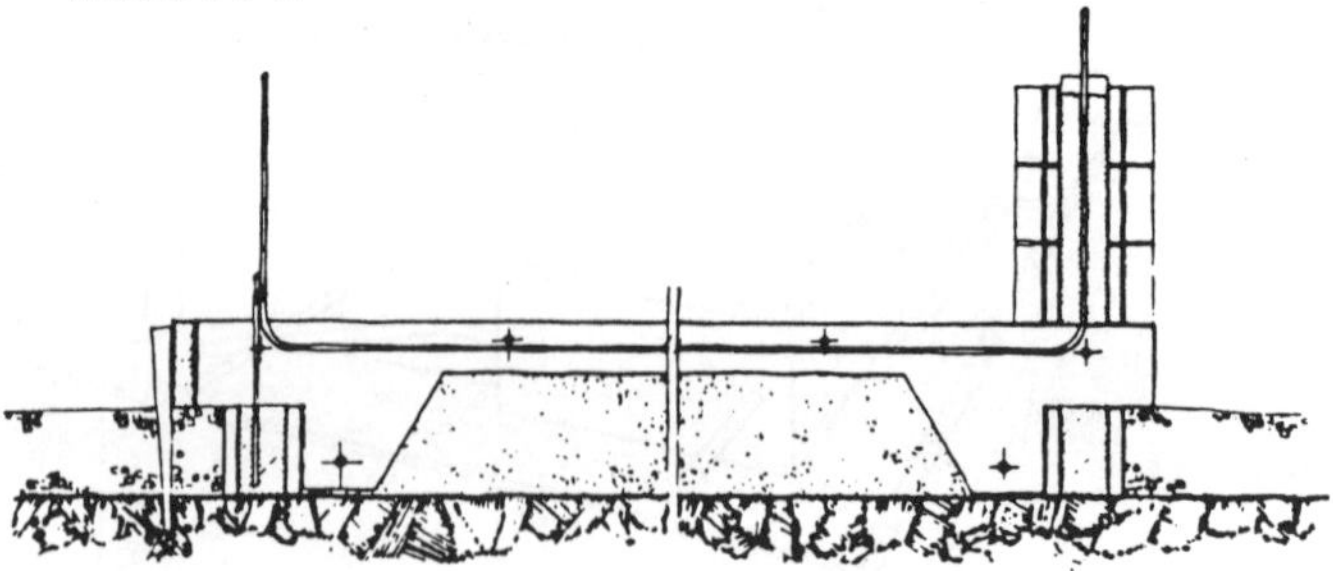

スラブを打設する

柱と壁をたてる

型枠の仕組み

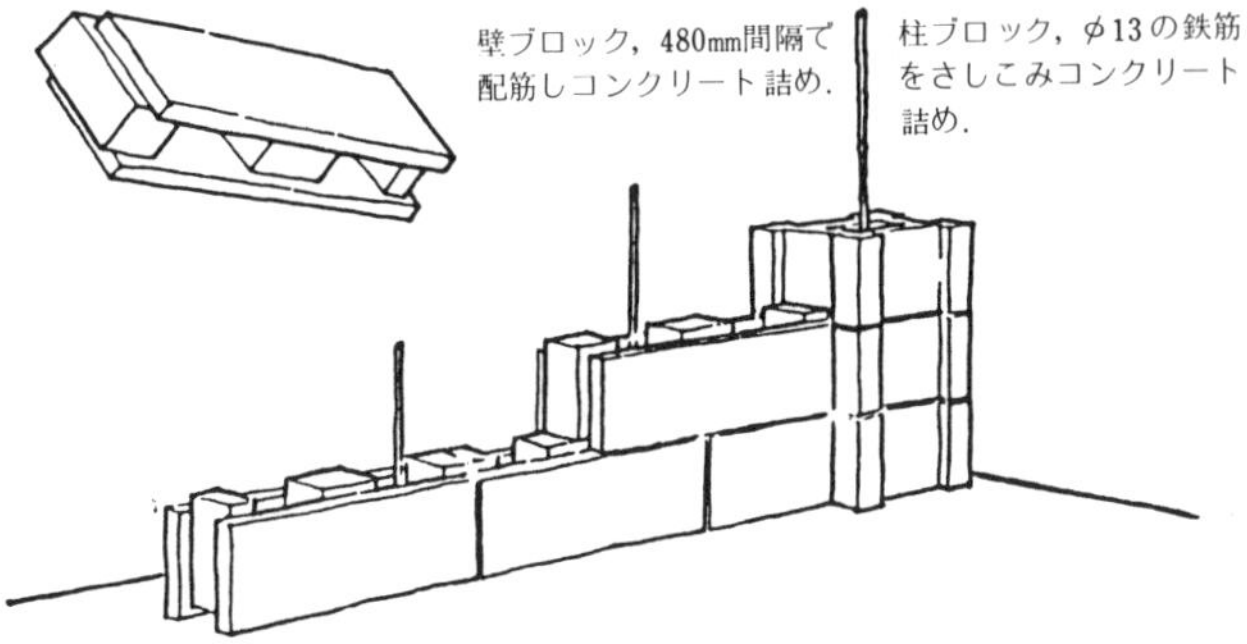
壁ブロック，480mm間隔で配筋しコンクリート詰め.
柱ブロック，φ13の鉄筋をさしこみコンクリート詰め.

既製ブロック製造機と
交換可能な部品説明図

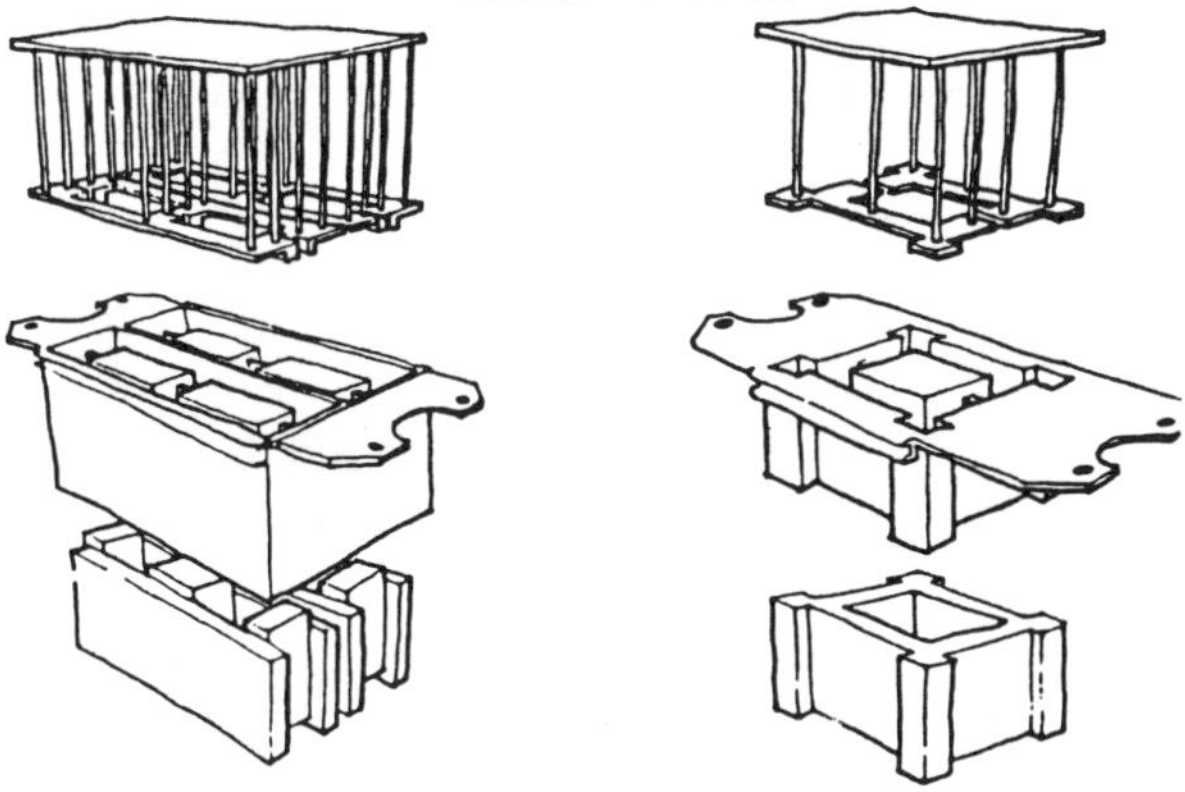

がわ梁

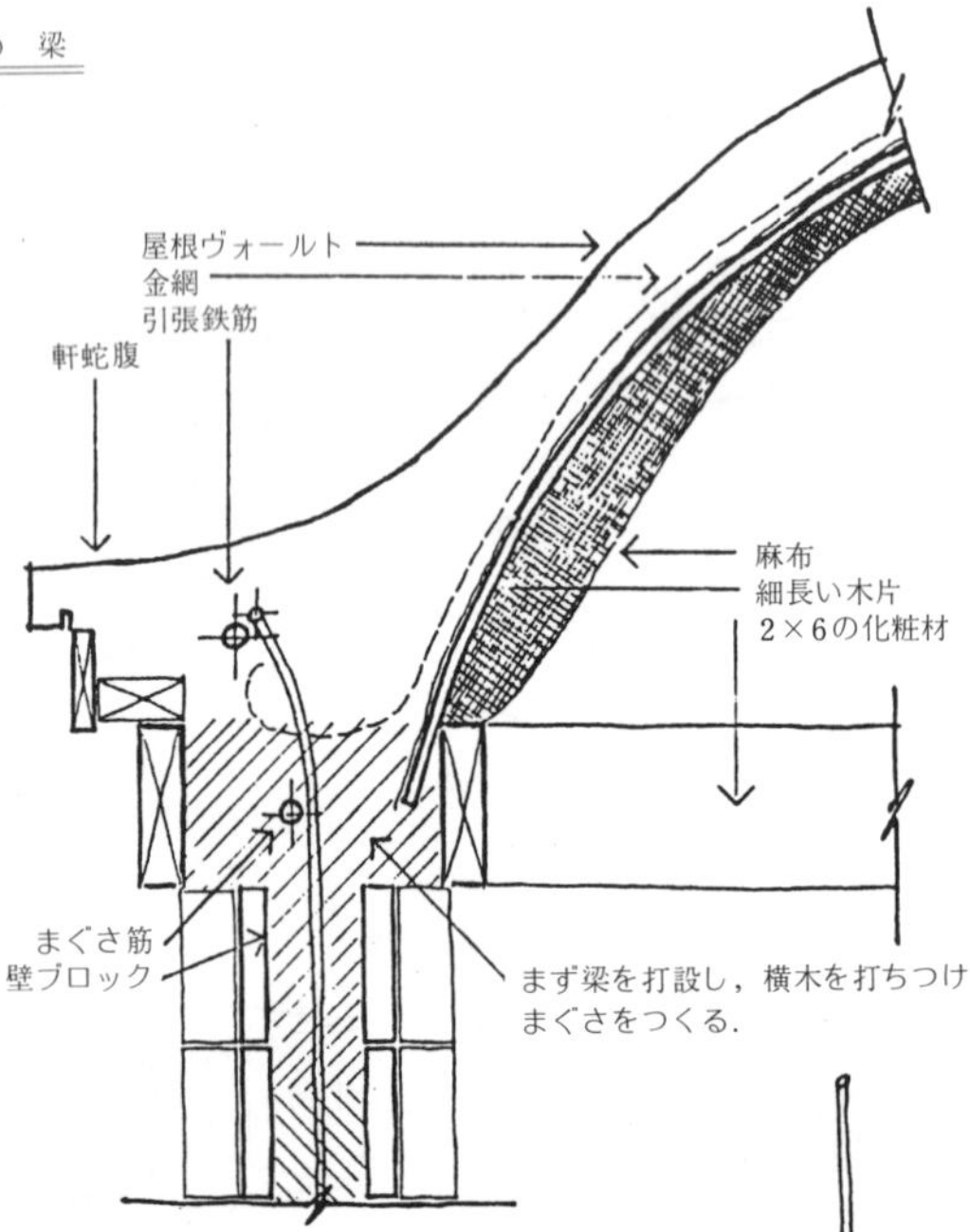

型ワク作りの手順：
平鉄板〝0″型を用いて2″×4″になるようにして水平に保持する.
1″×4″の木で梁の下部の型枠をつくり，打設後とり除く.

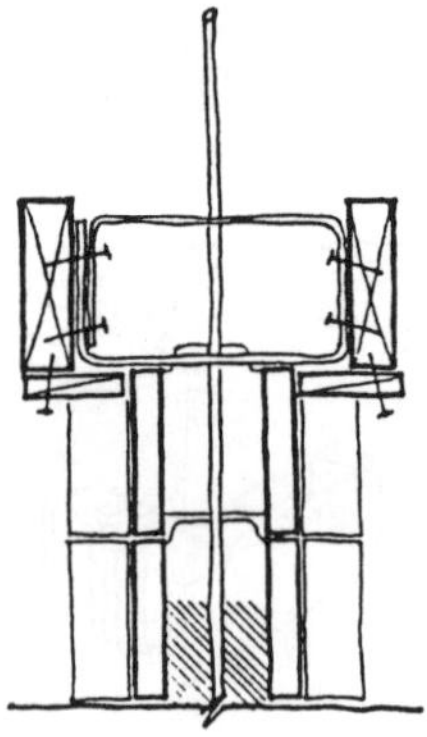

屋根ヴォールト

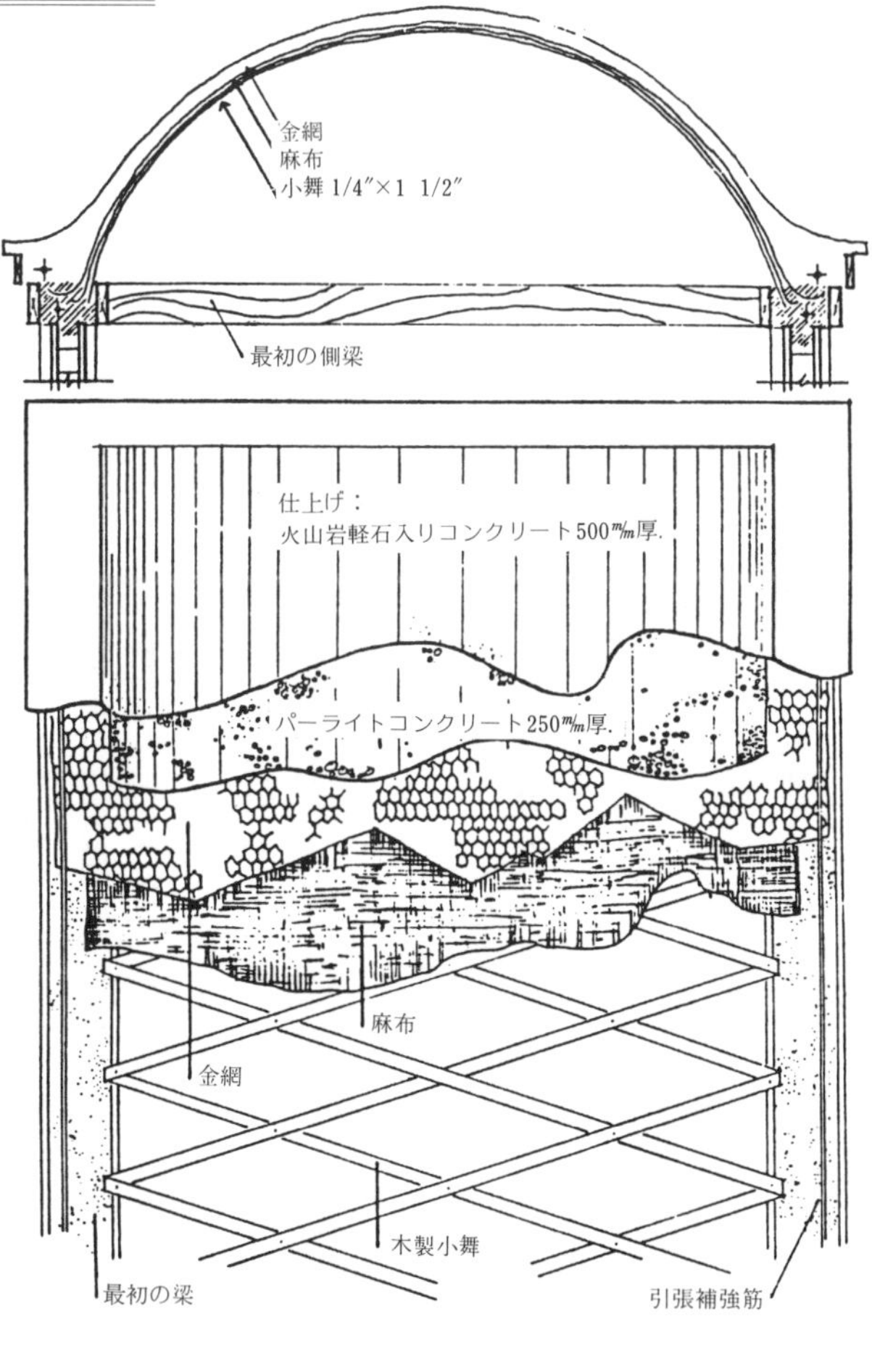
金網
麻布
小舞 1/4″×1 1/2″
最初の側梁
仕上げ：
火山岩軽石入りコンクリート500m/m厚.
パーライトコンクリート250m/m厚.
麻布
金網
木製小舞
最初の梁
引張補強筋

な修正を要求してきましたが、修正後はこのプロセスを許可しました。

この瞬間から、［個別の］建物に対する建築許可は不要になりました。ただし、設計は次の重要な条件を満たさなければなりません。（a）作業の中で説明した横断面の梁で壁のないところのスパンは六フィート（一・八m）以下。（b）ヴォールトのスパンは一五フィート（四・五m）以下。

しかし、それ以外は、個々の住宅やその設計に特別な許可を受けなくても住宅を建設することができました。図面の作成に多大なお金をかける必要がなくなり、図面を作ることが家族のレイアウトを歪めるという危険もなくなりました。

［このように、私たちのプロセスではどの建物も、レイアウトを始めてから数日のうちに着工するに至ったのです。］

さらに、私たち自身も、施工期間中に自分たちで使う住宅のプランや図面を一枚も作りませんでした。実際に住宅が建つまでは各々の住宅の細かいところはわからないし、図面を一式揃えることなど不可能だったのです。また、図面の作成や許可取得による時間の浪費は、プロセスを全く台無しにしてしまったことでしょう。

［このプロセスは、その成功の前提条件として、許可を個々の建物の計画にではなく建設の作業手順に与えるとする、地方自治体との合意が絶対に必要です。このことをしっかり認識しておくことが大切です。］

第六章　コストコントロール

コストコントロールの原則

［すべての住宅の形が違っていて、しかも建設が始まる前に明確な平面図などなく、建設が進むにつれて建物が変化、発展していく、という前提を基にして、新しいコストコントロールのシステムを提案しましょう。それは、施工中に変更や修正、新たな展開があっても、ある限度内にコストを維持しつつ、大きな豊かさを生んでいけるシステムです。

このコストコントロールは、材料と労働の両方に対する支払いを建設プロセスを構成する作業手順のシステムの流れに沿って、つまりプロセスの各段階ごとに一つ一つ相関させながらおこなうもので、この方法が確立すれば基本的には完成です。

私たちの経験では、このコストコントロールのシステムによって、建物のコストを同程度の仕上げの住宅にかかる標準的な坪単価よりも安く、安定した価格に下げることができるはずです。］

*

この章の標題をコストコントロールとし、しかも前章までに述べてきた他の原則と同じ重要度を与えていることは奇異な感じを与えるかもしれません。けれども、今日の社会、特に開発の進む宅地や都会に見る監獄のような住宅の均質さ、箱また箱のつまらない繰り返しのほとんどが、コストの問題から引き起こされていることは確かです。［コストの問題とは、つまるところコストをいかにコントロールするかという問題です。］

コストは明らかに重要です。コストを考えずに建物を建てることはできません。特に住宅の分野では、一般にコストを徹底して抑えることが大切です。

コストを抑える大きな手段は標準化だとされています。しかし、街並みの住宅がみんな同じになったからといってコストが下がるわけではありません。建物に使う材料が減るわけでもないし、住宅がすべて異なったとしても材料の総量は同じです。また、そのことが労働を減少させてコストを実質的に下げるというわけでもありません。作業が十分順調に進行するならば、労働のコストは作業の総量だけに関わるのであって、建物の形状にはよらないのです。（後段の議論を参照）

「低コスト」の住宅やアパートがいつも一様になるのは、すべてが異なっていると「管理」[1]のコストが大きく膨れ上がるからであり、率直に言えば、すべて同じであれば管理者が悩まなくてすむからです。

管理は設計[2]のコスト、許可申請[3]のコスト、現場管理[4]のコストの三つから成り立っています。

さて、私たちはすでに第四章で、私たちのプロセスによる設計コストは通常より高くなることはないということを示しました。なぜなら、「設計」は建築的な図面を完成させることでは

*1 administration

*2 design

*3 permission

*4 on-site administration

なく、ただ地面に杭を打って各ポイントを設定していくことであり、それは家族がおこなうからです。したがって、この部分のコストが高くなることはありません。

五章では、許可申請のコストも通常よりは高くならないということを示しました。許可は個々の図面に与えられるのではなく、「プロセス」に与えられるからです。ですから、個々の住宅がすべて異なっていても、許可申請のコストが増えることはありません。

しかし、最後に、施工の請負を管理し、コストをコントロールするという問題が残っています。同じような住宅、同じようなアパートならば安く建てることは簡単です。すべての建物が似通っていれば、コストをつかみやすく、コストコントロールの問題も扱いやすいからです。しかし、もしこれまでのコストコントロールのやり方で住宅一つ一つを違ったものにしようとしたら、管理はまさに悪夢です。これだけで建設作業は行き詰まってしまうでしょう。

「本書の建物が手ごろな値段で施工できた唯一の理由は、非常に柔軟で簡単な、多様さにも十分対応できるコストコントロールのシステムをプロセスに取り入れたからです。つまり、一つ一つの住宅が違っていても、一様な住宅の場合と同様に簡単に対処できるシステムです。」

コストコントロール・システムの肝要なところは、このシステムが前章で述べた作業手順のシステムと完全に一体化しているかどうかという点です。システムは作業手順に基づき、それに従うものであり、こうした作業手順の中でのみ意味をもつのです。この作業手順のシステムが現場の仕事をまとめるのに使われる時、コストコントロールの問題もこのシステムの中の単純で自然な仕事の一つになっていきます。つまり、コストコントロールのシステム全体が、前章に示した作業の一つ一つとそれに対する見積りとの密接な関係の上に成り立っているのです。

この関係を要約すると次のようになります。

まず最初に、各作業をそれ独自の単位で「数え」ます。例えば、基礎は長さを単位とし、m（長さ）で測り（または「数え」）ます。床は㎡（面積）で数えます。窓も㎡（面積）で測ります。ドアは個数（#）で数えます。意外なものもあります。例えば、壁は面積ではなく、m（長さ）で測ります。なぜなら、今回の建設においてはすべての壁が同じ高さだったので、窓開口を無視して長さで測った方が、壁の正確な面積を苦労して計算するよりも実用的だからです。

第二に、住宅一㎡当りの各作業の数量がどれくらいかを、住宅についての大まかな統計分析からつかみます。例えば、住宅一軒に対する壁長は平均で床面積一㎡当り〇・九七mです。もちろん、この数字は住宅の外形によってまちまちです。非常に長い外壁を持つ住宅の場合には実際に、一㎡当り一・一三mにもなります。コンパクトな住宅だと一㎡当り〇・八四m[*補1]のこともあります。けれども、パタンランゲージを使った一般住宅で面積が建設したものと同じくらい（六〇〜七〇㎡）の住宅を多く調べた結果、私たちは各作業の標準的な数量を設定することができたのです。これにより、一軒の住宅の各作業の量がその床面積の関数として簡単に算出できるようになりました。[*補2]

第三に、各作業ごとに必要な材料の合計を割り出し、金額に換算します。これは、各作業ごとの材料費を正確につかむためです。

第四に、各作業ごとに必要な労働費の合計も、熟練・未熟の両方から算出して正確な人工数[*5]として表わします。これで、各作業ごとの労働費を正確につかむことができます。

これらの数値は十分信頼できるものなので、住宅価格の詳細な見積りを面積の関数として簡単に出すことができるのです。この見積りは私たちが請負として入札[*6]する時にも十分信頼できます。つまり、家族が住宅のレイアウトをしたすぐ後に、その面積から簡単に建設費を割り出

＊補1　各施工方法で特殊に決める数値となる。

＊補2　㎡当り円（¥）は坪ごとの部位別単価として日本でも昔からよくやった方法。

＊5　man-hours; ある仕事に必要な労働の量を延べ時間数で表わす指標。人数×時間数で算定。

＊6　bid

すことができるということです。

このおかげで、メキシカリでは同じ住宅が一つも無かったのに、レイアウトのすぐ後に銀行に出す詳細な見積書を作成することができました。この見積りには、（家族が使う）道具のコストや、材料と労働のコスト、共有地の改良のコストまでが含まれていました。要するに、すべてが入っていたのです。銀行はこの見積りをそのままベースにして家族に要求分のローンを組んでくれたので、日を置かずに建設資金がおりてきました。

このプロセスが円滑でしかも確かなものであると知ったことは大きな収穫でした。通常なら、銀行は住宅一軒ごとに詳細な予算案を求め、建設会社も住宅ごとに別々の見積りを作成します。住宅それぞれが違った形をしているからです。そして、こうしたことすべてが繁雑さを引き起こし、住宅本来の多様性を失わせていくのです。しかし、私たちのプロセスは、この最初の段階を少しの遅れもなく、数日で完了できました。

この手続きを十分に理解してもらうために、次の表を用意しました。この中には、住宅の面積と各作業、コスト間の基本的な関係が示されています。

作業名が表の左に並んでいます。最初の欄には各作業を数えるための単位（m、m²、個数、等）が示してあり、次の欄にはその単位当りの価格がペソで示してあります。三番目の欄には住宅一m²に対する各作業の数量が示してあります。この数字は本章の初めで述べたように統計的に得られた値です。四番目の欄には住宅一m²当りに直した各作業の費用が示されています。（これは二番目と三番目の欄から計算できます。）最後に、五番目の欄は合計したコストに対する各作業ごとの比率です。

この表には各作業の一m²当りの費用が示してあるので、住宅の延面積とm²当りの費用を掛ければ、簡単にその住宅の材料費の合計を見積ることができます。

表1　施工のための作業（材料）

	単位	単　価 （ペソ）	住宅１㎡当りの単位数量	住宅１㎡当りの費用	全体比率 %
レイアウトと道具	戸	2800/戸		37.3	6
根　切	㎡	8.3/㎡	1.00	8.3	1
土　台	個	26.6 en	.53	14.1	2
壁基礎	m	19.2/m	1.05	20.2	3
スラブの準備	㎡	9/㎡	.77	6.9	1
スラブ下の配管	戸	600		8	1
スラブ	㎡	18/㎡	.77	13.9	2
柱	本	41 en	.53	21.7	4
壁	m	93/m	.97	90.2	15
ドア枠	本	120 en	.08	9.6	2
がわ梁	m	30/m	1.10	33.0	6
屋根バスケット	㎡	38/㎡	1.00	38.0	7
切妻壁	面	112 en	.08	9.0	2
電気回路	室	110/室	.10	11.0	2
屋根下地	㎡	66/㎡	1.00	66.0	11
屋根仕上げ	㎡	44/㎡	1.00	44.0	8
窓　枠	㎡	121/㎡	.18	21.8	4
窓	㎡	148/㎡	.18	26.6	5
ド　ア	本	250 en	.08	20.0	3
給排水設備	戸	3300		44	8
電気設備	室	85/室	.10	8.5	2
塗装	㎡	10/㎡	1.94	19.4	3
舗装	㎡	20/㎡	.30	6	1
共有地	戸	500/戸		6.7	1
		合　計	（ペソ）	584.2	

このコスト分析はそれなりに正確ですが、やはり近似的なものでしかあり得ません。例えば、非常に細長い住宅の場合には、㎡当りの周長が平均よりもいくらか長くなるはずです。そうすると、この場合の壁のコストは表にあるよりも大きくなります。

しかし、このような問題に対しても、施工プロセスの段階で次のような現場での手続きを用いて何とか対処できました。

最初のクラスターの住宅はすべてが一斉に建てられました。これは、同じ作業が同時に、すべての住宅で実行されたということです。

プロセスがある作業段階にきた時、アーキテクトビルダーはそこで必要とされる作業の総量を決めるために各住宅について実計測します。作業#8[*7]の時には住宅の柱の本数を数え、作業#9の時には壁の全長を、作業#17に対しては予定の窓の総面積を測るわけです。

いずれの場合でも、各作業の［実際の］数量と表から割り出した理論値とを比較し、実際の

＊7　二〇〇ページにある作業のナンバー。これは一六五ページから一八五ページまでの作業詳細と一致する。

表2Ａ　フリオ・ロドリゲスの住宅：
75.2㎡（材料のコスト）　単位：ペソ

	見積り	＋追加分	実際の費用
レイアウトと道具	2,800		1,048
根　切	624		277
土　台	1,060		910
壁基礎	1,519*	＋208	1,356
スラブの準備	519		724
スラブ下の配管	602		843
スラブ	1,045	＋417	1,458
柱	1,632	＋41	1,141
壁	6,783		6,416
ドア枠	722	＋38	808
がわ梁	2,482		3,494
屋根バスケット	2,858		2,719
切妻壁	677		907
電気回路	832	＋60	891
屋根下地	4,963		3,610
屋根仕上げ	3,309		2,403
窓　枠	1,639		1,813
窓	2,000	＋322	2,267
ド　ア	1,504		1,360
給排水設備	3,309	＋100	3,760
電気設備	639		1,560
塗　装	1,459		990
舗　装	451		305
共有地	504		1,380
合　計	43,932	＋1,186	42,440

注　例えば 75.2（m^2）×20.2（ペソ/m^2）＝1,519（ペソ）。

表２Ｂ　エンマ・コシオの住宅：
84.6㎡（材料のコスト）　　単位：ペソ

	見積り	＋追加分	実際の費用
レイアウトと道具	2,800	＋24	1,184
根　切	702		313
土　台	1,193		1,029
壁基礎	1,709	＋147	1,474
スラブの準備	584		851
スラブ下の配管	677		986
スラブ	1,176	＋209	1,714
柱	1,836		1,290
壁	7,631	＋66	7,250
ドア枠	812	＋77	921
がわ梁	2,792	＋185	3,948
屋根バスケット	3,215		3,061
切妻壁	761		1,028
電気回路	931		1,042
屋根下地	5,584	＋326	4,061
屋根仕上げ	3,722		2,703
窓　枠	1,844		2,057
窓	2,250		2,571
ド　ア	1,692		1,543
給排水設備	3,722	＋38	4,230
電気設備	719		1,356
塗　装	1,641		1,129
舗　装	508		349
共有地	500		1,380
合　計	49,001	＋1,072	47,479

数量がその値よりも少なかった時には、余った材料分を次の作業の時にその家族に支給し、逆に実際の数量がその値を［超えて］しまった場合には、余分に消費した材料の追加分をその家族が負担するようにしました。こうすると、平均以上に材料が必要な特殊な形態の住宅では、家族が追加分を支払わなくてはなりません。私たちは銀行との合意の中で、追加金額も家族への貸付け枠に入れておきました。結局、建設計画の当初におおまかに設定した借入額は、建設プロセスの途中で各家族が消費した追加分を含んで、いくらか増加していきました。

表２Ａ～２Ｅ[＊8]は、各住宅ごとに二四の各作業に使われた材料のコストを示しています。最初

＊8　表中の数字を計算すると「見積り」＋「追加分」＝「実際の費用」にはならない。「見積り」は計算上の理論値で、「追加分」と「実際の費用」は実際に掛かったお金の動きであり、この間にいくつかの項目がある。実際の経費が多いときも少なくなるときもある。

の欄は各作業がm²当りの費用から算出してどのくらいになるかを示しています（ペソで表示）。これは住宅の延面積にm²当りの各作業の費用（表1の第四欄）を掛けることで得られます。第三欄は各作業で実際にかかった費用を示しています。

この計算システムだと、各作業ごとに費用と作業内容が明確に結びついているので、材料を無駄にすることはありません。各家族は住宅に必要な分の材料を正確に与えられ、それで住宅を建てるように求められます。また、各材料が建物にきちんと納まるまでは、それを管理する責任もあります。

表2C　リリア・デュランの住宅：
65.5m²（材料のコスト）　単位：ペソ

	見積り	＋追加分	実際の費用
レイアウトと道具	2,800		890
根　切	543		235
土　台	923		775
壁基礎	1,323		1,108
スラブの準備	452		616
スラブ下の配管	524	＋204	816
スラブ	911	＋111	1,235
柱	1,421	＋41	970
壁	5,908		5,453
ドア枠	629	＋43	677
がわ梁	2,162	＋171	2,970
屋根バスケット	2,489		1,413
切妻壁	589		766
電気回路	720	＋50	680
屋根下地	4,323		3,144
屋根仕上げ	2,882		1,797
窓　枠	1,427		1,533
窓	1,742		1,916
ド　ア	1,310		1,151
給排水設備	3,300		3,275
電気設備	557	＋42	975
塗　装	1,271		925
舗　装	393		287
共有地	500		1,380
合　計	39,099	＋662	34,988

表２Ｄ　マカリア・レイエスの住宅：
76.0m²（材料のコスト）　　単位：ペソ

	見積り	＋追加分	実際の費用
レイアウトと道具	2,800		890
根　切	543		235
土　台	923		775
壁基礎	1,323		1,108
スラブの準備	452		616
スラブ下の配管	524	＋204	816
スラブ	911	＋111	1,235
柱	1,421	＋41	970
壁	5,908		5,453
ドア枠	629	＋43	677
がわ梁	2,162	＋171	2,970
屋根バスケット	2,489		1,413
切妻壁	589		766
電気回路	720	＋50	680
屋根下地	4,323		3,144
屋根仕上げ	2,882		1,797
窓　枠	1,427		1,533
窓	1,742		1,916
ド　ア	1,310		1,151
給排水設備	3,300		3,275
電気設備	557	＋42	975
塗　装	1,271		925
舗　装	393		287
共有地	500		1,380
合　計	39,099	＋662	34,988

原則的には、各作業に必要な労働も全く同じようにして計算されます。表3には、統計的にみた各作業の労働コストが示されています。最初の欄には各作業の単位、二番目の欄には単位当りの労働費が示されています。単価は熟練工と未熟練の労働者の共同作業を基本にして、ペソで算出してあります。この章の他とも同様に、このコストもすべて一九七六年当時の賃金物価に基づいています。未熟練の労働には一時間当り二〇ペソ、熟練した労働には一時間当り三五ペソです。三番目の欄は住宅の一m²当りの各作業の単位数量です（表1参照）。

四番目の欄にはやはりペソで住宅一m²当りの各作業ごとの費用を算出してあります。これらは表1と同じく、見積りにも使える標準的な数値です。以下に見るように、これらの数値はどんな住宅に対しても適切なコストコントロールが可能なほど、十分信頼できて正確なものです。

ただ、実際のメキシカリの実験では、労働コストに対してこのようなアプローチはとっていません。すべての仕事を家族自身と私の指導する大学の実習生とが一緒になっておこなったからです。

にもかかわらずこの表を取り上げたのは、先にも述べたように、私たちの提案してきた生産

表2E　ホセ・タピアの住宅：
73.7㎡（材料のコスト）　単位：ペソ

	見積り	＋追加分	実際の費用
レイアウトと道具	2,800		1,027
根　切	618		271
土　台	1,039		892
壁基礎	1,489	＋92	1,279
スラブの準備	505		734
スラブ下の配管	590	＋14	857
スラブ	1,024		1,488
柱	1,599		1,118
壁	6,648	＋103	6,287
ドア枠	708		649
がわ梁	2,432	＋292	3,424
屋根バスケット	2,801		1,587
切妻壁	663		862
電気回路	811		775
屋根下地	4,864		3,538
屋根仕上げ	3,243		2,022
窓　枠	1,607		1,725
窓	1,960		2,155
ド　ア	1,474	＋250	1,293
給排水設備	3,243		3,685
電気設備	626	＋42	1,365
塗　装	1,430		1,032
舗　装	442		326
共有地	494		1,380
合　計	43,110	＋793	39,771

表3　施工のための作業（労働）

	単位	単価（ペソ）	住宅1m^2当りの単位数量	施工1m^2当りの労働の価格
レイアウトと道具	戸	——		
根　切	m^2	24.4	1.00	24.4
土　台	個	36.8	.53	19.5
壁基礎	m	14.0	1.05	14.7
スラブの用意	m^2	38.1	.77	29.34
スラブ下の配管	戸	640		
スラブ	m^2	38.1	.77	29.34
柱	本	37.0	.53	19.61
壁	m	41.5	.97	40.26
ドア枠	本	122.5	.08	7.8
がわ梁	m	33.3	1.10	36.63
屋根バスケット	m^2	36.6	1.00	36.6
切妻壁	#	305.0	.08	24.4
電気回路	室	147	.10	14.7
屋根下地	m^2	24.4	1.00	24.4
屋根仕上げ	m^2	24.4	1.00	24.4
窓　枠	m^2	101.7	.18	18.31
窓	m^2	254.4	.18	45.79
ド　ア	本	191.3	.08	15.30
給排水設備	戸	1800		
電気設備	室	214	.10	21.4
塗　装	m^2	12.6	1.94	24.4
舗　装	m^2	30.7	.30	9.21
共有地	戸	1000/戸		

のプロセスはどんな一般的な条件下でもうまく機能するものであって、家族が自力で住宅を建てようとする場合に限ったものではないということを示すためです。

そこで次に、今回の住宅建設に本当なら必要であったはずの労働の合計を見積もってみましょう。それにはまず、家族の労働を熟練していない労働、実習生の労働をいくらか熟練した労働、そして（プロジェクトの終わり近くで一、二の作業の仕上げに使った）職人の労働を熟練した労働として想定します。次に、このカテゴリーに沿って計算してみると、実際に消費した労働が理論上の表の限度内にうまく納まっていることがわかりました。表4は、ある住宅（デュラン邸）で、理論表から見積もった数値と、建設プロセスの中で実際に彼の家族と実習生がかけた労働を未熟練の労働と準熟練の労働として時間給で算出した数値とを比較したものです。

表4　リリア・デュランの住宅：65.5 m²（労働のコスト）

	家族（20ペソ/時として）	実習生（26ペソ/時として）	熟練工（35ペソ/時として）	労働コストの理論値	実習生と熟練工にかかった実際コスト	全労働に支払うとした場合のコスト
根　切	456	967	—	1,599注	967	1,423
土　台	384	499	—	1,277	499	883
壁基礎	288	575	—	963	575	863
スラブの準備	960	1,248	—	1,921	1,248	2,208
スラブ下の配管	320	416	—	640	416	736
スラブ	960	1,248	—	1,921	1,248	2,208
柱	576	468	—	1,284	468	1,044
壁	720	1,248	—	2,637	1,248	1,968
ドア枠	144	280	—	642	280	424
がわ梁	960	2,808	—	2,399	2,808	3,768
屋根バスケット	600	1,872	—	2,399	1,872	2,427
切妻壁	480	642	—	1,598	624	1,104
電気回路	288	374	—	963	374	662
屋根下地	800	1,040	—	1,598	1,040	1,840
屋根仕上げ	800	1,040	560	1,598	1,600	2,400
窓　枠	400	1,040	1,120	1,199	2,160	2,560
窓	480	936	—	2,999	936	4,776
ド　ア	—	400	700	1,002	1,100	1,100
給排水設備	—	468	1,785	1,572	2,253	2,253
電気設備	—	624	—	1,402	624	624
塗　装	600	260	1,050	1,598	1,310	1,910
舗　装	200	260	630	603	890	1,090
共有地	144	468	362	871	830	974
合　計	10,560	19,163	6,207	34,685	25,370	39,290

注　例えば 65.5（m²）×24.4（ペソ/m²）=1,599（ペソ）。

最初の欄は家族の実際の労働です。賃金はペソで時給二〇ペソとします。この賃金は実際に家族に支払われたわけではありませんが、建てられたものの実際の値段や、未熟練労働者が同じような仕事をした時に支払われる賃金を予測するのに役立ちます。二番目の欄は実習生による実際の労働です。これもペソで算出し、ここでは時給二六ペソとします（これは準熟練労働者の相場です）。三番目の欄には仕上げ作業に参加した熟練工の労働が示されています。彼らの労働には時給三五ペソが支払われました。第四の欄には延面積六五・五㎡として各作業ごとの労働費の予想値が挙げられています（予想値は表3の数値に基づいています）。五番目の欄には実習生と熟練工による実際の労働コストが示してあります。これが実際にこの住宅を建てるのにかかったコストです。第六の欄にはこの住宅を建てるのに必要なすべての労働費を出しておきました。ここには家族の労働を未熟練とみなした賃金が含まれています。ここから、この住宅を家族の手伝いなしに、完全に賃金労働者だけで建てた場合の労働コストがわかります。もちろん、これは一九七六年の相場です。

*

労働のコスト

以上のように、私たちのコストコントロールの方法は、材料と労働の両面でコストを調整するのに有効でした。事実がそれを物語っています。しかし、私たちの得たこの結果にはさらに説明や議論が必要です。住宅が大量生産される現状では、労働コストが生産問題の鍵であることは明白です。それはまた、複雑さや多様さに対するコストが常に労働コストを引き上げるということでもあります。ですから、ごく普通の建設のやり方では、私たちの望むデザインの多様性や個々の住宅の独自性が確実に労働コストを増加させるということになってしまうのです。

[それでは、私たちのプロセスが労働コストを上げない理由はどこにあるのでしょうか。]

まず、非常に単純なところで、複雑さにかかるコストを考えてみましょう。

建築家が非常に込み入った住宅を設計しようとすると、たいていは次のような理由からコストが上がります。

一　設計費が上がる。
二　あらゆる部分に特殊なディテールが求められ、それらが多くの労働力を必要とする。その結果、実際の施工段階でより多くのお金が必要になる。

私たちのプロセスでは、この二つのコスト増加の原因を次のように克服しています。

一　デザインがどれほど複雑になっても、それは家族の手になるもので、費用はかからない。
二　施工自体の複雑さと費用の増大は、すべての工事を部品の組み立てとしてではなく、[プロセス]として捉えることによって、最小限に抑えられる。

こうして、このプロセスが目立ったコスト増もなしに、状況に応じて、個々に独自な多様性を無限に生み出すのです。

例えば、大きさの違う窓はそれぞれがどんなに違っていても、単位面積当りのコストは固定されたままで作られます。屋根バスケットは編んで作るものなので、形が合理的で作りやすい程度の簡単なものであれば、値段を変えずにいろいろな形に編むことができます。それがどの程度のものかはアーキテクトビルダーの専門的知識にかかっていて、不可能な形をレイアウトの段階で間違いなく排除していくのが彼の大切な任務です。

訓練された職人が次から次へと機械的に現場を移動する現行の大規模な住宅建設のプロセスを考えてみましょう。そこではいつも同じ家並みが生み出され、全く同じことが何度も繰り返されています。彼らの効率の良さのほとんどは明らかに同じ作業を何度も繰り返すところからきています。彼らは釘を打つ時のコツは十分心得ており、経験的に、誰かが何かを止めるのに釘を打とうとする場合には、いつ集まってどこで手を貸せば良いのかといったことを正確に知っています。

しかし、もちろん、私たちのプロセスでは壁は標準化されていません。住宅内部のレイアウトもそれぞれに異なっています。けれども、［作業］は標準化されています。つまり、私たちのプロセスはある種の繰り返しを[*9]［プロセス］の中に持っているわけです。作業の手順や仕事の段取り、一つ一つの作業を仕上げていく人間的な動作には高度な繰り返しがあります。だからこそ、職人たちは何度も何度も繰り返すことで、このプロセスを細部に至るまで学ぶことができるのです。こうして、今日の大規模生産プロセスにみられる大がかりな繰り返しと同じだけのスピードと能率が得られるのです。

問題は次のようなところです。経験した上で確かな解答を得る必要があります。つまり、作業としては同じことを繰り返しながらその時々で生まれる形は違ってくるように修練を積んだ職人は、同じ作業を何度も繰り返していつも同じ形のものを作っている職人と同じ速さで作業をできるものなのでしょうか？

この疑問にはっきりと答えるために、コンクリートブロックの壁を積む四人の石工を例にして考えてみます。

石工1は五つの壁を等しい高さ、等しい長さで積むとする。高さは四フィート、長さは一〇フィート。

＊9　repetition；第七章「プロセスの人間的なリズム」参照。

石工2は五つの壁を違う高さ、違う長さで積む。しかし、各壁の面積は四〇平方フィートで同じとする。

石工3は五つの壁を等しい高さ、違った長さに積む。その長さは半ブロックの整数倍でも割り切れない長さとする。

石工4も、五つの壁の総面積は前と同じになるように積むが、各々の長さと高さはどれも異なり、しかもブロックの非整数倍とする。さらに、各壁の頂部には様々な形、コーベル（はり出し）型や丸型を施す。

四人の石工が作業をする速さを考察すれば、問題全体をはっきりと把握できます。

石工1と2はほぼ同じ時間に作業を完了するでしょう。石工1が同じ壁を五つ作り、石工2が、異なった壁を五つ作っても、面積が同じで全く同じ作業をしたのだから、費やした時間も同じになるはずです。

一方、石工3と4の場合には、間違いなくより長い時間がかかるでしょう。石工3は一つの余分な作業をすることになります。どの壁でも端のブロックを切り揃えなければならず、余分な時間が必要です。石工4は二つの余分な作業をやらなくてはなりません。ブロックを切ることと、壁の頂部にいろいろなものをのせていくことです。これにも余分な時間が必要です。石工3と4の場合、どちらも長い時間を要する分だけ壁のコストは増えていくでしょう。

［私たちの建設プロセスがコストを増大させることなく、一つ一つ違った住宅をつくれるとする根拠は、石工2で用いたプロセスと同じようなプロセスを基本にしているからです。このプロセスは標準的でごく普通の作業から成り立っています。その上で、形に無限の多様性を生み出すのです。余分な作業はなく、石工3や4のプロセスのように労働コストを上げることもありません。］

もちろん、どんな住宅にも一つや二つはこれと言えるような独特で魅力的なディテールがあることは大切です。ドアの横の造り付けの椅子、窓まわりの独特な縁飾り、出窓、小さな噴水、屋根の上の彫刻、等々です。[*10]

このような特別のディテールは、もちろん石工3や4のカテゴリーに入ります。しかし、私たちの描くプロセスでは、それは家族自身が作るものでもあるのです。施工をそれなりにやっていける家族たちにとっては、大切な場所や特別なディテールを作るために自らが労働することもきわめて自然なことになるでしょう。そこには絶え間ない愛情と忍耐が必要かもしれません。しかし、それはコストの計算には決して現われてはこないのです。

＊10 『パタン・ランゲージ』「(二四二) 玄関先のベンチ」「(二二三) 深い窓枠」「(二二二) 低い窓台」「(二三二) 屋根飾り」

＊

［この章を終えるに当たって、コストに関わる全く別の面、つまり建設作業自体の内容とコストの関係を論じることにします。］

これまで私たちは、もっぱらコストコントロールという視点から語ってきました。私たちの示してきたプロセスは、この本に述べてきたような人間的な多様性がいかに大きくなっても、確実に見積もられた値段の枠内で建物を建てることができるという確信を与えてくれました。

しかし同時に、建設作業を成し遂げていく行為そのものにも、たいへんな苦労が伴います。そうした作業の一つ一つができるだけ安く、できるだけ単純で質素なものでありながらも、建物は豊かに、楽しく、人間的なものになることが大切なのです。

建設プロセスのこの側面を正しく捉えるのは、建物が本来持っているはずの水準というものを今までとは違った視点から見直すことができるかどうかにかかっています。

簡単には説明できない不自然なやり方で、近代社会は私たちの物質的環境への態度を歪めてきました。もちろん、テクノロジー[*11]の驚異が生み出す素晴らしい新材料、目を見張るような新型の機械、便利さなどは、住宅により大きな快適さをもたらしてくれます。こうしたことへの欲求は自然であり、とても基本的なことです。例えば、快適な浴室や居心地の良いキッチンは近代的な生活には欠かせません。多くの国々で、人々はただ単に設備がとても素晴らしいというだけで、美しい伝統的な住宅から醜く小さい箱のようなアパートに引っ越していきます。これもちょっと滑稽に聞こえるかもしれませんが、ともかく人間的です。私たちには皆、こうした傾向があります。そこにはいくらかの真実があります。

しかし、このように自然とも言える傾向と並んで、ほとんどばかげているとしか言えない風潮もあります。サンフランシスコではつい最近、建物上部の装飾を禁止するという条例が通りました。地震の時に脱落して人が傷つくと言うのです。これは、構造的な安全に正常な注意を払っているようでいて、実際にはおかしな方向に向かっているのです。本来の精神が失われています。常軌を逸しているとさえ言えるでしょう。

同様に、近代住宅が直面する「標準化」も多くの局面において調和を失っています。標準化は寝室をやたらに大きくし、狭い階段を禁じ、クロゼットに小さなベッドアルコブを組み込んだりせず、ガレージの床には土を使わないように求めてきます。ありとあらゆるものに、建物のコストを倍にするような一定レベル以上の仕上げや衛生観、構造的な安全性、見かけの清潔さを押しつけてきます。

また、法規や規制や銀行や公的機関によって強要される非常に高いレベルの標準化にも、人々が住宅に対してつくり上げてきた態度と同じような狂気が含まれています。

ひと昔前の人々はポーチの床にとても素晴らしい荒っぽい感じの煉瓦を使いましたが、今の人はポーチの表面をたとえ一ミリでも平らにしなければ気が済みません。人々は機械がもたら

*11 technology

した仕上げのレベルを要求しますが、住宅の快適さには何の意味も必要性もありません。壁は完全に平滑でなくてはならず、ドアは全くなめらかで、塗装は完全に均一な色に、タイルは髪の毛一本の狂いもなく一直線に貼られていなければなりません。しかし、こんなことには何の意味もなく、どれも建物を快適にするものではありません。ただコストを大きく引き上げるだけです。

私たちはそういう一般的な態度に敢えて背を向けてきました。私たちが試みてきたことは、安全で堅固でしかも清潔できちんとした建物を適正な費用の枠内でつくっていくための建設の作業手順を定義することです。そうすれば、建設の費用を引き上げなくてもよいはずです。この実現のために私たちは、実際に建物の住み心地を良くするような仕上げの基準とレベルはどれくらいなのかを考えて、議論を進めてきました。逆に、イメージだけから出てきて地に足が着いていなかったり、現実性や日常の生活の快適さとは何の関係もないような水準などは忘れようとしてきました。

例えば、担当の技術者が最初に床スラブを設計した時には、地盤がたいへん軟弱な粘土層で沈下しやすいという理由によって、「正しい」技術設計による床の費用が全建設費の三五パーセントになってしまいました。全く信じがたいことです。一体どうなっているのでしょう。現行の技術的な原則やそこから導き出された銀行や建設会社の規定によっていては、何一つ解決されません。本当の問題は、三、〇〇〇ドルの住宅を建てるという必要にせまられた時に、スラブにどのくらいを割り当てるのが適切かということのはずです。

この問題を解決するために、私たちは思い切って鉄筋の量を少なくしました。もちろん、それによって床に細かな亀裂が入る可能性も出てきます。しかし、それはごくわずかの確率でしょう。同じお金をかけるなら、ミスを一パーセントに抑えて五〇〇軒の住宅を建てるよりも、五パーセントの範囲内で一、〇〇〇軒の住宅を建てる方が良いと思います。これは明らかです。しかし、こんなことを計算に組み入れた技術設計の理論はまだどこにもありません。

私たちは同じ考え方を建物の設計全般にわたって採用し、何とか本来の人間的な快適さを失うことなく、劇的に費用の下がる材料を見つけようとしてきました。

例えば、噛み合わせブロックを用いた理由の一つは、モルタルなしで積むことができるからでした。設備工事では給湯にのみ亜鉛管を用いて、給水や排水には塩化ビニルパイプを使いました。がっちりした屋根バスケットをつくろうとしたのは、底面に手の込んだ型枠をつくると手間と材料の両面で費用がかさむことを考えたからです。鉄筋の代わりに竹とヤシの枝を用いて費用を削減しようとしたこともありました。

高価なタイルや煉瓦を使わずに、しかも楽しい感じの床を作るためには、ベンガラとセメントを混ぜて使いました。床を打設する時にそれを撒くと、暖かい感じの赤い床になります。窓枠は建物の飾りであり見せ場ですが、ここでも材料と時間の両面から考えてできる限り簡素にしました。同じことは窓やドアにも言えます。軒蛇腹は建物の見栄えを良くするためにデザインされたものですが、がわ梁を技術的な最小の設計断面以上に太くしないためでもあります。

全体的に見れば、このような決定は建物を美しく見せています。しかし、今までの建物に比べると細かなところで粗さが目立ちます。この点から言えば、たぶんひと昔前の住宅の方に似ているかもしれません。しかし、一軒が七五、〇〇〇ペソで建てられたことを思い出してください。それは、当時のメキシコで工場生産や政府援助で建てられた同じ大きさの標準的な住宅の半額です。

この住宅は驚くほど安価に出来ています。実際に住宅にかかった費用は四〇、〇〇〇ペソ（三、五〇〇ドル）で、これは材料代として支払われました。家族の労働と、通常なら必要なはずの賃金労働者に代わってアーキテクトビルダーとして家族を助けた二人の実習生の労働を含めても、七五、〇〇〇ペソ以下にしかならないでしょう。一九七六年の同じ大きさの住宅の実勢価格あるいはINFORNAVID[*12]の政府設定価格は約一五〇、〇〇〇ペソでした。私たちの住宅のちょうど二倍です。

もし、同じだけの資金を使って政府の二倍の住宅を建てることができ、しかもそれがより美しく、精神に満ちあふれたものだったとしたら、議論の必要などないでしょう。

＊12　Infornavid; メキシコでの住宅公団に当たると思われる。

第七章　プロセスの人間的なリズム

人間的なリズムの原則

［最終的には、建設プロセスそのものが人間的なリズムを持った人間的なプロセスになることが大切です。それは、事前に設計された建物を組み立てるだけの単なる機械的なプロセスではありません。まさに人間によるプロセスであり、精神やユーモアや情感をその内に持ちながら、建物にもそれらを織り込んでいきます。その結果、建物そのものがそのリズムによって生み出された結晶として感じられるのです。］

*

今日の住宅生産では、現場での施工作業がまるで工場の作業のようになっています。労働はすべてお金を通して建設プロセスにつながっています。施工者の心は住宅から離れたところにあり、家族はいかなる形でも建設プロセスに加わることができません。家族の自由なリズムが労働者のお金中心の工場的リズムとは相容れないからです。

現場は、職人同志が時折かわすジョークの他は、賃金を得るために仕事に取り組む厳格なビジネスの場になっています。根元的な人間経験の場としての建設現場、人間生活の基本的な一部としての住宅建設のプロセス、こういう生き生きした経験すべてが技術の発達によって失われていきます。

こうしたことが起こるのは、現場がどうしても大手請負業者や建設監査官、安全監査官らによって管理されているからであり、重機や機械類の大規模な使用という制約の下にあるからです。

しかし、理念的にみれば、住宅の成長[*1]は子供の誕生と同じくらい人々や家族の生活にとって重要な出来事です。……それは人々のエネルギーがある新たな調和に達する時であり、その家庭に育んできた年月を振り返る時なのです。しかし、そうあるためには、家族との密接な関係を持った地元のビルダーの助けを借りて、現場での人間的な出来事を人々の手に取り戻さなければなりません。

そこで私たちは、現在の生産システムの機械的な建設作業をより人間的な作業に転換することを提案します。人間的な作業にとっては建てることの喜びが最も大切です。ビルダーは仕事そのものに対して、あるいは住宅やその建つ場所、そこに住む人々に対して直接に人間的な関

＊1　the growth

わりを持ちます。また、家族自身が希望に応じてプロセスに参加できることも大切です。その結果、建設プロセスがそこで成し遂げたこと、人間的な苦労の思い出、記憶、人生のある瞬間の記録が住宅に刻み込まれるのです。その後もプロセスは止まることなく、住宅をゆっくりと改良、発展させ維持していきます。やがて、住宅はコミュニティの中で生活の場あるいは生命の源として根づきながら、社会性を獲得していきます。

*

メキシカリ・プロジェクトでは、人間的な出来事は主に現場において起きました。終わってみれば、プロセスのリアリティとは、アーキテクトビルダーや住宅クラスターといった原則、コスト計算などとは全くかけ離れた日々の出来事であり、建設が終わってからもみんなの心に残っている何かだったのです。

日が昇り始める頃、帰りを急ぐ夜警が窓のそばを歩いて行く。ほこりっぽい太陽がいつの間にか私たちの部屋を照らし始めている……砂と砂利を運ぶ男たちは二日ごとにやって来る。大きな砂利の山がトラックから滑り落ちる。勘定書を書く。週ごとにそれをチェックする……電気用品を買いに車で近くの町に行く。冷たい水を飲みながら、金物屋の店先で電気技師と一緒に待つ。管材や付属品をトラックに積み込む……。

屋根の打設は印象深い出来事でした。現場にいる全員が丸一日、一つの住宅にかかり切りになるのです。午前七時頃から現場に人が集まり始めて、七時半か八時には作業全開です。気温は三〇度。男二〜三人を一組にして、一番目のチームがコンクリートを練ります。バケツで砂と砂利を計り、袋の半分のセメントをまぜ、水を加え、コンクリートをつくり続けます。彼らは濡れたマスクをつけてコンクリートの粉から肺を守っています。別のチームは一輪車を使って、練ったコンクリートをミキサーから打ち込む場所まで運びます。さらに別のチームが屋根の下にいて、コンクリートをバケツに入れて四番目のチームに持ち上げます。そのチームは屋根の上にコンクリートを流し込み、再びコンクリートを入れてもらうために空になったバケツを下に戻します。

五番目のチームはコンクリートを均して、こてで押さえていきます。作業が進行している間は、合計一五〜一八名にもなる五つのチームが時計仕掛けのように一緒になって働きます。時刻は午前九時半、気温三五度。一〇時半には作業も三時間を経過し、屋根のほぼ三分の一がコンクリートで覆われました。誰かが燃えるような太陽の下、ほこりまみれの道路を歩いて小さな食料品店「アバローツ、アシ・エ・ラ・ビラ」[*2]に行って、コカコーラやチェリーソーダ、パイナップルソーダを一ダースほど買ってきました。この頃には気温は三八度か四〇度になっていたでしょう。時々ソーダをすすりながら働き続けます。両手はコンクリートにまみれても、口からはたくさんの冗談や歌（ノーグヤクノームーチョ・・・）[*3]までが飛び出します。何ものもこの作業の手を止めることはできません。ただ一つの例外は、いつもの場所で山羊肉のタコス[*4]、皮をむいたキュウリ、「ジカマ」[*5]の大きなスライスなどを一ペソで売り始める屋台の行商人だけです。休憩時間には三分の二が終わっていました。気温四三度。みんなは路上に集まり二〇分ほど休んでから、再びコンクリートを屋根に持ち上げたり、シャベルでミキサーから取り出す作業に戻りました。二時半か三時にはすべて完了です。また一つの住宅に屋根がかかりました。ミキサーや道具は水で洗い、屋根は濡れたままにして、みんなは日陰に集まって休息や昼寝をとります。

ブロックを作る者にも彼らなりのリズムがあります。一人が材料を混ぜ合わせ、一人は機械、一人はブロックを運んで乾かします。これが毎日、現場の一角で続けられます。

*2 "ABARROTES * ASI ES LA VIDA"
*3 "No gagno mucho dinero…"
*4 tacos: メキシコの代表的料理
*5 jicama

壁を建てる仕事は女性や子供でも手伝うことのできる簡単な作業の一つです。それでも、たいていの家族は最初何をすれば良いのかわからず、まずこちらでやって見せなくてはなりませんでした。私はフリオ・ロドリゲスにブロックの積み方を説明したり、窓がどこにあれば良いかを一緒に考えたり、窓の開口部を決めていった時のことを思い出します。

このプロジェクトは近所の関心の的でした。最初のうちは、多くの人がこれを教会だと思っていました。また、ほとんどの人はこの住宅を気に入ってくれましたが、自分たちには値段が高すぎると思ったようです。しかし、ブロックなどの材料を購入したいとか、このような建て方に関する問合せも多くありました。

家族との第一回目の会合を現地でおこなった時には、フリオ・ロドリゲスがみんなで飲もうとテキーラのビンを一本ポケットに忍ばせてやって来ました。この日は家族がお互いに自分の区画を選び、基本となる境界線を引くことになっていましたが、実際に会合が始まったのは、みんなが少しずつテキーラを飲んだ後からでした。

もちろん、いつも物事がうまく運んだわけではありません。ある日、メキシコの次期大統領ホセ・ロペス・ポルティロがこの三週間のうちにメキシカリを訪問し、私たちのプロジェクトを見に来るという話が持ち上がりました。ここの自治体が新しい住宅建設プログラムの出来栄えを次期大統領に見せようとしたからです。もちろん、私たちもこのプロジェクトをできる限り良く見てもらえるよう、また、できるだけ建設が進んだ状態を見てもらえるようにしたいと考えました。私たちははりきって時間外も働き、ヴォールト屋根を打設し、窓をつくり、塗装し、煉瓦で舗装しました。訪問予定日の朝、ここは美しく輝いていました。家族やプロジェクト関係者たちは着飾って現われ、訪問に大きな期待を寄せていました。しかし彼は来ませんでした。スケジュールの都合がつかず、訪問を見送ったのです。この日はとても失望しました。

もちろん、このプロセスの持つ人間的な質は、［どんな］建設プロセスにもあるというものではありません。また、人々が一緒に働くからといって、自然に人間的な質が生まれるものでもありません。それは、その場所に根づいてこそ育っていくものであり、平面を計画したりコンクリートを練ったりするのと同じくらいに注意深く、かつしっかりとプロセスの中に位置づけていかなければなりません。

＊

少なくとも私たちの経験から言えることは、この独特な特質は施工プロセスにおける次のような特定の観点から生じるものだということです。

1　人々は毎日、一定の時間、一緒に働く。
2　各家族は、少なくとも何らかの具体的な労働に携わる。
3　毎日、何かが明確に達成される。
4　大きな作業の中では、お互いに助け合う。
5　作業が一つ終わるごとに、祝杯[*6]がある。

1　人々は毎日、一定の時間、一緒に働く

家族が参加するプロセスの本質は、人間的であるということです。そこではまず、彼らに自分たちのやるべき仕事量をしっかり把握させて、それをやろうという気にさせなければなりません。さらには、それがお祭りやパーティーと同じように素晴らしい時間なのだということも彼らに伝えておかなくてはなりません。

ここに、私の残したノートがあります。

＊6　a celebration

今日は契約後の初めての会合なので、明日から仕事を始めるに当たっての話を家族たちにした。

「最も大切なことはスケジュールをちゃんと守るということです。そして、私たちではなく、あなた方がそれに関する最終的な責任を持つ、ということを理解しておいてください。作業にはそれぞれに必要な日数が決まっていて、その時間内に終えなければなりません。もし終わらないようなら、私たちがあなたがたのお金で余分に人を雇って、仕事を迅速に済ませ、時間に間に合わせることになります。」

「実習生はあなた方のそばで一緒に手伝いながら、いつでも役に立ってくれるでしょう。しかし、彼らだけで仕事が進むわけではありません。スケジュール通りにいくかどうかはあなた方次第で、成功の決め手もあなた方なのです。」

「つまり、もしある作業が時間までに終わらないと、完成するまで徹夜で仕事をすることもあるということです。こんなことはめったにないけれど、そうなった時には、私たち全員がここに残って作業をしなければなりません。」

「忘れないでほしいのは、これがあなた方の人生でたった一度の出来事だということです。二〜三週間は大変かもしれませんが、それも思い出になるでしょう。しかし、それは同時に、パーティのような楽しい時であるかもしれません。もしそうできたら、なんと素晴らしいことでしょう。」

すぐにフリオが、早いうちにカルネ・アサダ[*7]で着工式のパーティをやろうと提案してきた。私たちはその計画を練り始めた。

2　各家族は、少なくとも何らかの具体的な労働に携わる

私たちはこれまでに何度か、家族が自分で住宅を建設することが重要なのでは「ない」と主張してきました。デザインをするだけでも良いのです。

＊7　Carne Asado; Carne ＝肉　asado ＝炭焼き。炭焼き肉料理。

この意味で、「自力[*8]」ということがこの本で定義するプロセスにとっての本質ではありません。この生産システムで建てられる住宅は、初めに家族によってレイアウトされたものであれば、プロの職人の手だけで建てられても良いのです。

しかしながら、プロセスの精神や住宅の本意を考えるなら、家族はせめてわずかでも、自分自身がプロセスを肌で感じるくらいは、具体的に関わっていくべきです。

たとえ部分的でも住宅の施工に身体的に関わることは、人間の意識に驚くべき効果をもたらすでしょう。単なる「買い手[*9]」という立場とは全く違った関係も生まれます。バークレーでのプロジェクトの話ですが、私たちはある小さな工場の増築をしていました。従業員用の食堂です。工事は主に工場が閉まる夜に、工場の操業に影響しないようにおこなわれていました。ほぼ完成という時になって、一人の従業員が私の作業している棚の前にやって来ました。そして突然、とても不機嫌な声で、「おまえのカウンターではなく、[あなたの] カウンターにしみがついているぞ」とどなりました。私は振り返って、「これは私のカウンターではなく、[あなたの] カウンターですよ。もし、しみを見つけたなら、ここにサンドペーパーがあるから、どうぞ」と言って、彼にサンドペーパーを渡しました。彼は五分間、その汚れをこすると、すっかり態度を変えました。彼は微笑んでいました。彼は「それに参加した」のです。一つの小さな、二インチ四方の汚れを紙やすりでこすり取ることが、一、〇〇〇平方フィートの新しい建物全体に対する彼の関係を変えたのです。今ではそれは彼のものです。

メキシカリの住宅では、家族たちはそれよりはるかに大きい役割を演じました。施工のほぼ半分の労働を担ったのです。時には苦しいこともありましたが、そこには活気が満ちあふれていました。私のノートに次のような記載があります。

＊8　self-help

＊9　buyer

［一日の終わりに］
掘削はとてもうまくいった。多くの人が一丸となって働いている光景は、美しい。
三つの住宅で根切りが完了。二つの住宅はまだ。どうするか。
マカリアの家族は遅れている。彼女の夫は昨日一日暇だったのに、ちっとも来ないからだ。リリアの家族は一生懸命働こうとしない。彼らはとてものんびりしていて、働かずに眺めてばかりいる。しかし、たとえそうでも、私たちは彼女らを助けよう。昨日はリリアにシャベルを渡したが、彼女には多くの励ましと助けが必要だ。

3 毎日、何かが明確に達成される

これは当たり前のことのように聞こえます。しかし、現実には少しも当たり前ではありません。おそらくこれは、この五つのポイントの中でも最も重要で、中心的なものです。しかも、一般的な建設プロジェクトの場合にはほとんど見られません。

今日普及している建設方式では、人は時計に従って働きます。家に帰る時間がくれば、仕事の手は止まります。しかし、このようなプロセスを止めるタイミングは全く便宜的なものであって、何かが完成したという具体的な感覚はありません。ただ、時間が過ぎたという感じだけです。

これとは反対に、私たちのプロセスでは、現場の作業すべてにリズムがあります。

土を掘る：数秒ごとに一回、シャベルを入れる。踊るような速度で。

ブロックを積む：三分に一個。繰り返し、正確なリズムで。

さらに、作業は一週間を一区切りとし、完了のその日は最高潮に達します。それは日曜日です。

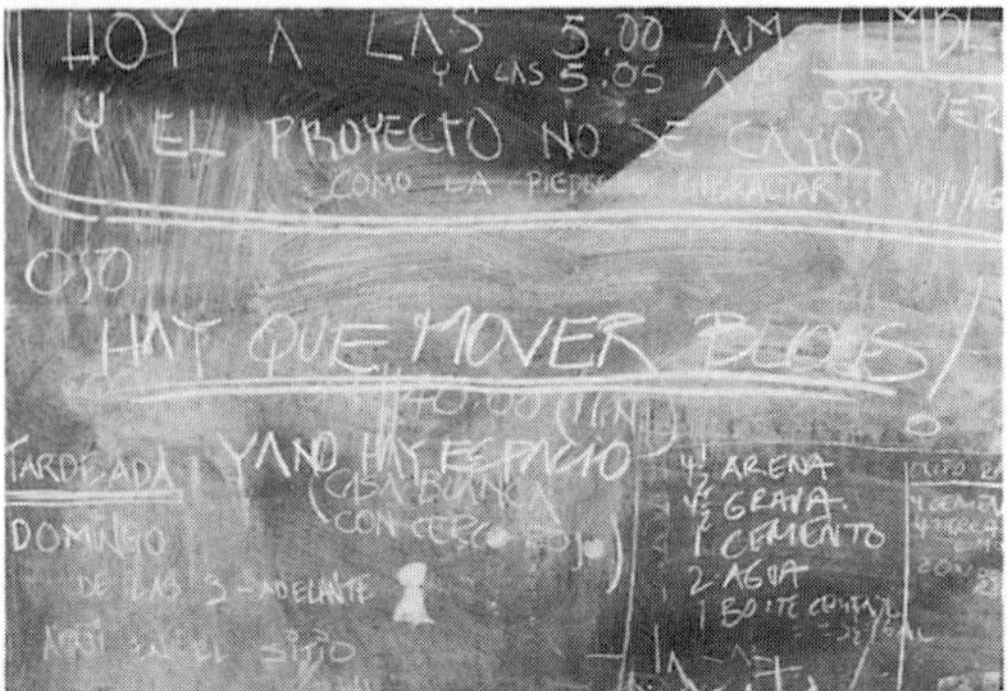

このリズムを壊したら仕事になりません。仕事は遅れ、行き詰まってしまいます。けれども、このリズムが維持される限りはうまく進みます。

リズムを守るために、朝の三時まで敷地に石灰と水を撒いた夜もありました。そのおかげで、その後もリズムを維持できたのです。

それはまるでダンスのようです。建物とのダンスです。これは施工という芸術です。ばらばらな動きは何もありません。

プロセスのリズムは、作業手順が小さな単位に分かれているだけでなく、一つ一つの作業やその単位が一日ごとに実質的な完成目標を持っているかどうかにかかっています。そこから私たちは、今日も新しい何かを達成したという思いを抱いて家に帰ることができるのです。

4　大きな作業の中では、お互いに助け合う

コミュニティに対する意識やリズムは、毎日同じ時間に一緒に働くことから生まれてきます。彼らは他人の仕事を見合いながら、お互いに協調し、お互いのペースで一生懸命働きます。逆に、一生懸命働いている他人の姿から同じように勇気づけられた人もいるでしょう。そうすることで、全体のペースを崩さないように仕事が続きます。

けれども、お互いの信頼がより明確に、ずっと具体的になるのは、実際に仲間の手助けが必要な作業になった時です。

ほとんどの作業は各々一人か二人の手で完成できます。柱を立てる、壁を建てる、窓を取り付けるなどの場合には、人々は別々に働いています。しかし、例えば敷地の水締め、レベル出し、スラブの打設、ヴォールトのコンクリート打ちなどの作業は非常に骨の折れる仕事なので、たくさんの人が一緒に働く必要があります。それは小さな部分に対しても同じです。この

時、各家族や職人グループはみんなで一つの住宅にその力を集中し、一つまた一つと順々に進めていきます。

もちろんこれは、クラスター内のどの住宅にも全員の痕跡が残り、働いてくれたお互いが感謝し合うということにもつながります。

ここまでくれば、クラスターは単なる物理的な場所以上のもの、つまり労働や苦労によって一つに結びついた人間の集まりと言うことができます。これこそ、プロジェクトをまとめていく唯一のものです。

5 作業が一つ終わるごとに、祝杯がある

当然、それぞれの作業の終わりにはビール樽が必要です。ほとんど必然と言っても良いでしょう。出来たという喜びはそれほどに大きくて自然なものだからです。

時には全員が参加する大きなパーティもあり、明け方の二時三時までビルダーズヤードのロッジアでダンスをしました。

普段はカルネ・アサダ（北メキシコの名物料理）による宴が中心です。牛肉の薄切りを直火で焼き、小さく刻んで胡椒をかけ、とうもろこしを薄く延ばした皮で包んで食べます。

フリオ・ロドリゲスがギターを持って来て、火を囲んでみんなで歌ったこともあります。彼が仕事帰りのギター仲間を連れて来た時には、いつものレコードではなく、ギターの生演奏でダンスをしました。

ちょっとした時にもビールの樽だけは出てきました。例えば、コンクリートの柔らかさを保つために日射しが最も強くなる時間を避けて朝早くから始めたスラブ打ちが終わった時です。六時一五分前に始まって正午か一時に終わると、ビールの樽が出てきます。彼らは唇を濡らし

ながらまるでレモネードか何かのようにビールを飲み干し、ほろ酔い気分になると、こてで仕上げたばかりのスラブの隣りで足を思いきり伸ばして横になります。ほこりにまみれていても、気分は王子様です。

*

メキシカリでのこの人間的なプロセスの重要性は、私のノートの次の一節を読めばよくわかると思います。

昨夜、五家族による基礎の完成を祝うフェスタ[*10]の時、ホセ・タピアが私の所へやって来た。ほとんど名状しがたい興奮と熱情にかられて話してくれたことは、「このプロセスは今まで経験した中で最も素晴らしいものだ。もっと働きたいという思いにかられている。他の家族の住宅の完成にも手を貸したいし、五つの住宅が完成したあかつきには、他の家族たちにも自分らと同じ経験を持てるようにしてあげたい。このプロセスに参加できたことは自分にとって名誉であり、素晴らしいことだ。心の底から繰り返しあなたに感謝したい。しかし、こうした言葉では自分の気持ちを十分に表現できない。」ということだった。

ホセの家族は一番よく作業が進んでいる。週末には彼の弟が一緒に働きに来るのでどの家族よりも早く作業が終わる。昨夜、彼は火のまわりで歌いながらだんだん夢中になり、各フレーズの終わりに感極まる喜びの声を発した。まさに自由の叫びだ。

*

この地を離れて五カ月後、私たちは再びこの地を訪れました。しかし、私たちは敷地を前に

*10 fiesta; 宗教上の祝日。個人的な祝日をも意味する。

して、すぐには道路を横切って住宅を見に行けませんでした。クラスターの建設にどんなに長く関わっていたとしても、もはやその住宅は私たちの領域ではないと感じたからです。私たちはホセに招かれてやっとそこに入り、新しい住宅に住んでみてどうですかと聞いてみました。そして彼に、このプロジェクトを経験したことで何らかの社会的変化や自分自身の変化、より大きな自由や可能性といったものを現実に経験できたかどうかと尋ねました。最初、彼はちょっとわからないといった感じでした。質問が少し抽象的すぎるようでした。しかし、彼の具体的な経験を尋ねていることがわかると、とても注目すべきことを話してくれました。

「そうだね。プロジェクトが自分の仕事に影響したとか、社会への態度が特に変化したとは思わないけど、今の家では、以前の住宅にいた頃とは全く違ったことをしているね。前の住宅だと、仕事から戻ると、映画に行ったり、飲みに出かけたりというふうに余暇を過ごしていた。多かれ少なかれ、時間を浪費していたんだね。でも今は、ここにいるのが好きで、とても快適だし、この家がとても自分に合っているから、他にもやることがいろいろあることに気づいたんだ。ここでは、座って読書したり、勉強したり、何かを作ることもできるし、家の改修について妻と話すこともできる。弟と一緒に外の庭で何かやることだってある。そう、これは僕自身を変えてしまったんだ。僕自身の生活も変えて、自分の可能性をより強く感じるようにしてくれた。それは社会に対してと言うより、僕が毎日している小さな事につながっているね。家にいる時や仕事から帰って来た時、そう感じるよ。」

リリア・デュランもとても自分の家が気に入っていました。ある朝、私が彼女の家を訪れて、この家はとても素敵だと言った時、彼女は、それだけではない、この家は申し分なく私の家族に合っていると言いました。訪れる人は皆、小さいけれど必要なものは何でも揃っていて、本当に大切なものだけで出来ていると言ってくれるのです。私が、大変だった建設時期を終えて住むことができて、さぞうれしかっただろうと言うと、彼女は、そんなことは問題ではなく、家が家族とぴったり合っていることが重要で、この家には全然問題がないと語ってくれました。

次に、フリオ・ロドリゲスが昨年の一番思い出深かったことや、最も良かったことを語ってくれました。

「一番良かったことは、たくさんのことを学んだ、ということです。窓の取り付け方やドアの作り方、コンクリートの扱い方を学びました。以前はそんなことなど何も知りませんでした。しかし、何よりも、より良い暮らしの方法を学んだことが一番良かったと思います。私は快適に住む方法を学びましたが、以前から知っていたことは何一つありませんでした。ここでは、くつろぐことができます。ここは私に合っているのです。私たちが以前に住んでいたところには、下水も屋内のトイレも、皿を洗う流しもありませんでした。ここで、私たちはこれらすべてを学んだのです。」

私は言いました。「フリオ、君がこれらのものを［持った］と言わずに［学んだ］*11と話したことは、とても興味深いですね。」

彼は答えました。「ええ。この近所のほとんどの人は、私たちより金持ちです。彼らにはこういうものすべてを得るだけの金銭的余裕があります。しかし、実際には私たちの方が豊かなのです。私たちは学んだのですから。これからは少しずつ住宅資金を返済していくつもりです。昨年のペソ切り下げで、ローンは二五、〇〇〇ペソに増えるはずです。妻はそのために仕事を始めました。でも、これは成功です。ここ、つまり私自身の家にいるということは素晴らしいことです。」

私たちはマカリアに、全プロセスのうちで［彼女が］一番好きだったことは何かを尋ねてみ

*11 learning

ました。

「そうね」と言ってから、彼女は、「どれもがとても素晴らしかったので、一つだけを取り上げることはできません。私がこんな経験をしたのは生まれて初めてでした。壁や柱を立てたり、土を掘ったり、釘を打ったり、すべてが初めてのことでした」と答えました。

「でも、敢えて一つを取り上げて人に奨めるとしたら、何を選びますか？」

「やっぱりわからないわ。でも新しい経験はとても楽しかった。自分にこんなことができるとは考えもしなかったのです。どうしてもどれか一つを選ぶとしたら、柱ですね。とても簡単で、すぐ立ち上がり、出来上がった時には住宅の大まかな姿がわかったから。けれどシャベルで土を掘ったりした作業も、どれも好きでしたよ。すべてをやり遂げたことには驚いたわ。」「あなたの住宅が他の住宅以上に申し分なく、完璧に出来上がったことについてはどうですか？」

「ええ、私はたっぷりと時間をかけました。エンマと私はどんな時でも一緒になって働きまし

た。」「あなたは五家族の中で、実際に建設の大部分をおこなった唯一の女性でしたね？」「ええ、そうです。でも、一つにはホセ・ルイスが作業に従事できず必要に迫られたからで、もう一つは、エンマがとてもよく助けてくれたからです。私はこんなことが女性にできるとは思ってもいませんでした。でも、どの作業もできる限りのことはやろうと決めていました。私たちが廊下の上に大梁を架けようとした時のことを覚えていますか？　梁が曲がってしまって、完全に真っすぐになるまで何度も何度もやり直したんですよ。」「おそらく、エンマと私は二人とも女性として同じような経験をしているでしょう。やってみるまでは、こんなことができるなんて全く想像していなかったんです。でも、とても素敵なことだったので、どの作業の時でもできる限りしっかりやろうと決め、実際にやったのです。私たちはどんなに些細なことでもきちんとできるように、お互いに助け合いました。」

「今住宅の建っているところがほこりや泥だったかと思うと不思議な気がします。まだ泥土だった頃、ここにつるはしを持って立ち、基礎梁の穴を掘り出した時のことを覚えていますか？今ここには、こうしたすべてを備え、どこもが私の望んだ通りの、とても素晴らしい私の家があります。」

「私たちが作業を始めた時にはほこりと泥しかなかったことを思うと、信じられないですね。」

マカリアの住宅の作業を最後まで面倒を見ていた実習生のエンマとチノは、今、マカリアから住宅の鍵を渡されています。好きな時にいつでも自分たちの家として使うことができるのです。二人はマカリアや夫がいるかどうかにかかわらず、そこでコーヒーを飲み、昼食をつくっています。彼女たちがドアをノックしようとしたら、マカリアは、「なぜノックするの」と言うでしょう。家を建てるために数カ月間一緒に働いたからこそ、二人は家族の一員として扱われているのです。

マカリアの家はクラスターでの共同生活の中心になっています。彼女は一日中働いているためにトーティーヤ[12]を焼く時間がありません。そこで、フリオの妻やエンマ・コシオが夕方にトーティーヤを届けてくれます。クラスターの他の家族もマカリアの家に集まってビールやコーヒーを飲み、テレビを見ます。私たちはマカリアに、以前住んでいた近所でもこんなふうだったのかと尋ねてみました。

「いいえ。私が昔いたところでは、夕方に近所を尋ねる人なんて誰もいません。みんな自宅にいました。でも、ここでは全く違います」と彼女は答えました。

この話は家族が自分の住宅に移り住んでようやく一カ月程たった時のもので、彼らもまだ、住宅を仕上げるためにペンキや漆喰を塗ったり、外部の共有部分を仕上げていた頃です。すべてが完成した時のために、大きなお祝いのフェスタが計画されました。銀行の頭取や州知事も

*12 tortillas; とうもろこしのパン

招待され、みんながそれを楽しみにしていました。

「家族が自分たちの住宅に持っている情感と、政府の役人が住宅というものに持っている情感とを比べると、たいへん重要なことがわかります。」

全プロセスを通して、私たちは多くの政府の役人から様々な反発を受けました。彼らはこの住宅の「出現」を望んでいなかったのです。彼らは平面がうねっていることを好みませんでした。いくつもの住宅の境界が不明瞭であることも、住宅それぞれがユニークで全く異なった性格を持つことも好みませんでした。また、ブロックの生産に技術的な困難が伴うことも嫌いました。

こうした反応は悪意から出たものではありません。このプロセスが革新的で、「一般の」住宅プロジェクトとは違うということがわかれば、きっと理解してもらえたでしょう。もちろん、いつも全く同じ型のプレハブ方式で建てられた膨大な量の住宅に許認可の印を押し慣れている人々が、このプロジェクトに奇異な感じを持つことも当然です。また、国際的に知られた建築家のグループがメキシカリに来て何カ月もたつのに、五軒の住宅しか建てなかったことにもどかしい気持ちを持つこともわかります。確かに、この本に述べるようなプロセスをつくり上げる時に生じる変化の根源的な特質や困難さは、プロセスについて注意深く考えない人にとっては理解し難いものでしょう。

しかし、誰も異議を唱えることのできないものが一つあります。それは、家族自身がこの住宅の中で満たされ、夢のように幸福だという事実です。このことは誰も否定できません。

彼らは満足し、幸せです。彼らは十分な住宅を持てたと感じています。これは本当に彼らのものなのです。彼らの汗はモルタルに混じっています。この住宅は彼らの身体の一部です。

「政府の役人のこり固まった不満と、家族の明確なリアリティや喜びとを比べた時、私たちは、たとえ家族が自分たちの家を愛し完全に満足していることをわかった上でも、役人は反対し続けるということを思い知らされました。自分たちの意見を変えようとしない、恐るべき役人の傲慢さには驚かずにはいられません。」

現行の住宅生産は全くのゲーム[*13]となり、その住宅建設ゲームを人の感情を全く無視する銀行や不動産業者、建築監査局が弄ぶという図式がこのことによって端的に示されています。彼らは明らかに、住宅を愛する家族のきわめて深い満足から何の影響も受けなくなってしまったのです。

私はこの五家族の住宅やクラスターを眺めながら、現代社会においても社会的な活動がもたらすことのできた、一種の宗教的な情感に似たものを感じます。

ここには、自分自身の手で自らをつくり出し、社会が課した泥沼から自分自身を開放した五家族がいます。あたかも、幻影の洞穴から太陽の光の中へ歩み出たかのようです。彼らは自分のものを自らつくり出し、世界の中に自らをしっかりと位置づけ、自分自身をつくり上げたように、その世界をもつくり出したのです。そして今、自らがつくり出し、変え、開放し、力を与え、喜びへと開放した世界に住んでいます。彼らは足を踏みしめ、共有地の水を眺め、隣の子供たちの世話をしながら、友人たちが同じようにプロセスを実行するならいつでも手を貸そうと待ちわびています。それはこの土地の中かもしれないし、どこか他の街角かもしれません。

彼らははっとするほど積極的になり、力強く生きています。彼らは自らの手で自らの生活をつくり上げました。それは、私たちの誰もがやっているような無自覚で閉鎖的で内的な方法によってではなく、意志を持ってはっきりと、自らの土地に立脚したものです。彼らは生き生きとして、自らの住宅の息づかいを感じています。

＊13 games; 狭い規則と少ない選択肢、決められた方向性と全体に通底する資本の論理、逸脱を許さない閉じたシステムなどは、建築に限らずあらゆる社会活動をゲームとしてしか扱えなくしているのかもしれない。

第三部　大規模な生産に向けて

*

これまで私たちは、新しい生産プロセスのある特殊な一例を見てきました。メキシコにおけるたいへん特殊な状況での事例です。このプロセスを支える七つの原則はこの特殊な場面の中で具体化されました。しかし、これだけでは、このプロセスが異なる文化、異なる経済状況などの様々な条件に対応できるだけの広がりがあると確信する根拠はありません。要するに、このプロセスが完全に普遍的であるという根拠はまだ何もないのです。しかし、このプロセスは北メキシコだからうまくいったのではありません。世界中のあらゆる住宅建設プロセスの基盤になり得るのです。また、そうでなくてはなりません。

第三部では、この単純なプロセスがありとあらゆる種類の住宅生産にまで拡張可能で、世界中の住宅生産の核になり得ることを示そうと思います。そうすれば、私たちの述べてきたことが、単に北メキシコでの特殊なプロジェクトに対するものではなく、住宅生産の普遍的なモデルであり、この本のタイトルがまさに的を射たものだということがわかるでしょう。

そのためには、私たちの普遍的な原則が今まで述べてきた特定の物的条件や特殊な経済状況によるものではないということを立証しなければなりません。また、世界中に広がった住宅生産の完全なネットワーク[*1]を想定し得るということも示さなければなりません。そこでは、今ある無数の様々な住宅生産プロセスのすべてが、最小限の核としてここに述べた七つの原則を含むようになっているでしょう。もちろん、この単純なプロセスがあらゆる文化や人口密度、さらに融資施策までを広範囲にカバーできることも確かめなければなりません。

ここで大切なのが経済[*2]です。そこで次に、ビルダーズヤードを維持し、アーキテクトビルダーを訓練し、施工効率を上げていくのに必要な実質的経済条件を簡単に述べていきます。そう

*1 network：アレグザンダーの目指すものが有機的な関係性であり、セミラチスである以上、あらゆる場面でネットワークは絶対条件だが、具体的なネットワーク形成の手法はまだ端緒についたばかりである。例えば、センタリングプロセスはパタンや形にある中心を相互作用的にネットワークする手続きを示しているということもできるだろう。

*2 economic

すれば、このプロセスを様々な形で世界的に適用した時に、住宅生産プロセスは現実にどのような姿になるのかがつかめるでしょう。

＊

確かに、私たちがメキシコで建てたような住宅は、小さな規模で限られた数でならほとんどどこでも建てることができます。小規模のやり難さを口実に誰も挑戦しないだけです。しかし、「住宅問題」の解決には一般に理解されているように何百万戸という数の住宅の建設が必要です。しかも、この何百万という住宅を素早く建てなければなりません。そして、誰にとってもこの点こそが問題なのです。彼らは主張するでしょう。「確かに、ここで述べた方法でも一握りの住宅を建てることはできるでしょう。しかし、私たちが知るべきことは、そのようなプロセスが大規模な建設にも確実に適応できるかどうかであり、このような住宅が何千何万も建つのか、大規模に実行しようとした時でもそのようなプロセスが明白な利点をもち得るのかということです。」

このような典型的な反対意見は別の形でも現われてきます。先にも述べたように、小規模でならうまくいく素晴らしいプロセスをいろいろと提案することは可能ですが、生産を拡大し、短期間で高い生産性を維持しようとすると、すぐに住宅生産の「現実」[*3]が入り込んできます。こうした現実、すなわち部品生産の現実、労働の現実、組合の現実、財政の現実といったものは、工場生産された膨大な組立部品を用いて現場での時間を最小限にするという高度に機械化された工業化プロセスによって住宅を生産するように要求してきます。

これは住宅の専門家が四〇年以上もの間主張し続けてきたものです。この主張が信頼をかち得てしまった結果、多くの人は何の疑問もなく、それが妥当だと思い込んでいます。心に刻み

＊3 realities

込まれた大量生産プロセスの基本的なイメージに合わないと言うだけで、私たちの述べてきたプロセスは大きな規模でうまくいくはずがないと決めつけてしまっているのです。

［住宅の大量生産に対する無意識の確信を正すためにも、私たちは、私たちのプロセスがどんな条件で、どれくらいのコストでなら大規模に展開でき、たった一握りの住宅だけでなく年に何千戸もの住宅を、地域的条件に関わりなくつくっていけるのかを厳しく問わなければなりません。］

ここで答えるべき疑問は次のようになります。

一　このようなプロジェクトを管理するのに、トップレベルのアーキテクトビルダーは何人必要か？

二　それだけのアーキテクトビルダーを教育するのに、どのくらいの期間がかかるか？

三　管理のコストはどれくらいか。それは正当な限度内か？

四　先に述べたようなクラスターとビルダーズヤードとの関係は実現可能か？

五　プロセス全体としては何人のアーキテクトビルダーが必要か？

六　資金はいくら必要か？

より具体的にするために、まず、典型的な大都市圏に必要な年間の総生産戸数を見積もってみます。

アメリカは全体で約八、〇〇〇万戸の住宅ストック[*4]を持ち、一年に約八〇万戸の住宅が新築されています。メキシコでは約三、〇〇〇万戸の住宅ストックがあり、一年に約五〇万戸建てられています。

一般的には、一つの地域でストックの補充、廃屋の建て替え、古い架構の改修、人口増加な

＊4　stock：住宅を社会経済的に捉えるときにはフローとストックに分ける。

どに対応するために、毎年、全住宅ストックの一～二パーセントの新築が必要です。

さて、世界のどこかに一〇〇万人の人口と二五万から五〇万戸の住宅ストックを持つ都市を想定してみましょう。このストックを保ちながら人口増加に対処するには、一年に約五千戸の新しい住宅が必要です。

そこで、一〇〇万人都市に年間五、〇〇〇戸の住宅を建設するには、これまで述べてきたプロセスをどのように組み立てればよいのか考えてみましょう。

プロセスが第一部で述べた七つの原則に従うならば、住宅群はクラスターを単位として構成されます。もちろん、クラスターは様々な大きさになりますが、二戸より少なくなることはないし、実際に機能するクラスターは人間的な視点から言って一ダース、約一二戸以上とは考えられません。一応の目安として、クラスターは平均五戸で構成されるとしましょう[*5]。そうすると、一〇〇万人の人口を持つ都市は年間一、〇〇〇の新しいクラスターの建設が必要となります。

すると、私たちは地域分散化に特有の、ある明白な困難に直面することになります。現行の大規模な集合住宅計画や大規模開発でなら、総計五、〇〇〇戸の新しい住宅をつくるのに年間二～三ダースの巨大プロジェクトしか必要としません。しかし、私たちの枠組みに従うと、毎年一、〇〇〇の独立した、あるいは部分的に独立したクラスターが、全く中央集権的な方法によらずに建てられると想定しなければなりません。

［これは、人的な面においてどのように組織化されるのでしょうか?］

問題の核心は、このプロセスに欠くことのできないアーキテクトビルダーが一時に莫大な数の住宅を管理しないし、できないというところにあります。大きな工業的住宅プロジェクトでは、一人の建築家が千戸単位の建設を管理をすることも確かにできます。同様に、一人の技術

*5 『パタン・ランゲージ』「(三七) 住宅クラスター」

者が千戸単位で管理し、工業技術を駆使する請負業者が千戸単位の住宅を生産することも可能です。これは純粋に機械論的[*6]な視点からみれば効率的かもしれませんが、そのことでひどい住宅が生まれることも確かです。もし、住宅生産をアーキテクトビルダーが管理するプロセスに変えれば（当然、彼は家族との個人的な関係や建物との個別的な関係を持つことができる）、生産する住宅の戸数に比例して多くのアーキテクトビルダーが必要です。具体的に、五戸からなるクラスターを一年間で一、〇〇〇生産するのに必要なアーキテクトビルダーの適正な人数を算出してみましょう。

ここでは、二つの限度の枠内で算出します。人間性や人間の適応性を考慮した下限と、経済的条件による上限です。

下限は次のようになります。以前に指摘したように、一人の人間が年間千戸の建設を管理すれば、明らかに非人間的な結果になります。これはきわめて明らかです。しかし、建物に人間性を与え、家族に自分の住宅をデザインさせて、生産上の問題をやりくりしながら、住宅の独自さから生じる必然的な多様性と複雑さを扱っていくには、一人のアーキテクトビルダーは年間に何戸までなら質を落とさずに管理できるのでしょうか。

逆に、一戸に一人のアーキテクトビルダーが付けば、たいへん人間的で素晴らしい結果になることも明らかです。しかしもちろん、これは全く不可能です。一軒だけで高度に熟練した専門家に給料を支払うことになるので、アーキテクトビルダーが飢えるか、あるいは住宅が非常に高価になってしまいます。一つの住宅に対しては適正な金額の範囲に収めながら、しかも自分の給料分のお金を得るために、アーキテクトビルダーはある数以上の住宅を生産しなければなりません。

最後にもう一つ別な理由、すなわち単純な実現性という観点から、あまりにも多くのアーキ

＊6　mechanical view point

テクトビルダーを必要とするプロセスは明らかに現実的ではありません。もし、百万人都市に年間五、〇〇〇戸の住宅が必要で、一戸の住宅に一人のアーキテクトビルダーを配すると、この都市には五、〇〇〇人のアーキテクトビルダーが必要です。つまり、二〇〇人に一人はアーキテクトビルダーということになります。これでは全く見込みもなく、実現は不可能です。しかも、彼らすべてを一夜にして養成しなければなりません。プロセスを現実的なものにするには、少なくともアーキテクトビルダーの数を養成の現実にほぼ見合うようにバランスさせなければなりません。そうすれば、このプロセスは五年から一〇年でうまく機能するでしょう。

それでは、この三点を数量的に算出してみましょう。これが現実にプロセスを組織する方法を示してくれるはずです。

まず、一人のアーキテクトビルダーが質を落とさずに管理できる最大の住宅戸数を割り出すことから始めましょう。

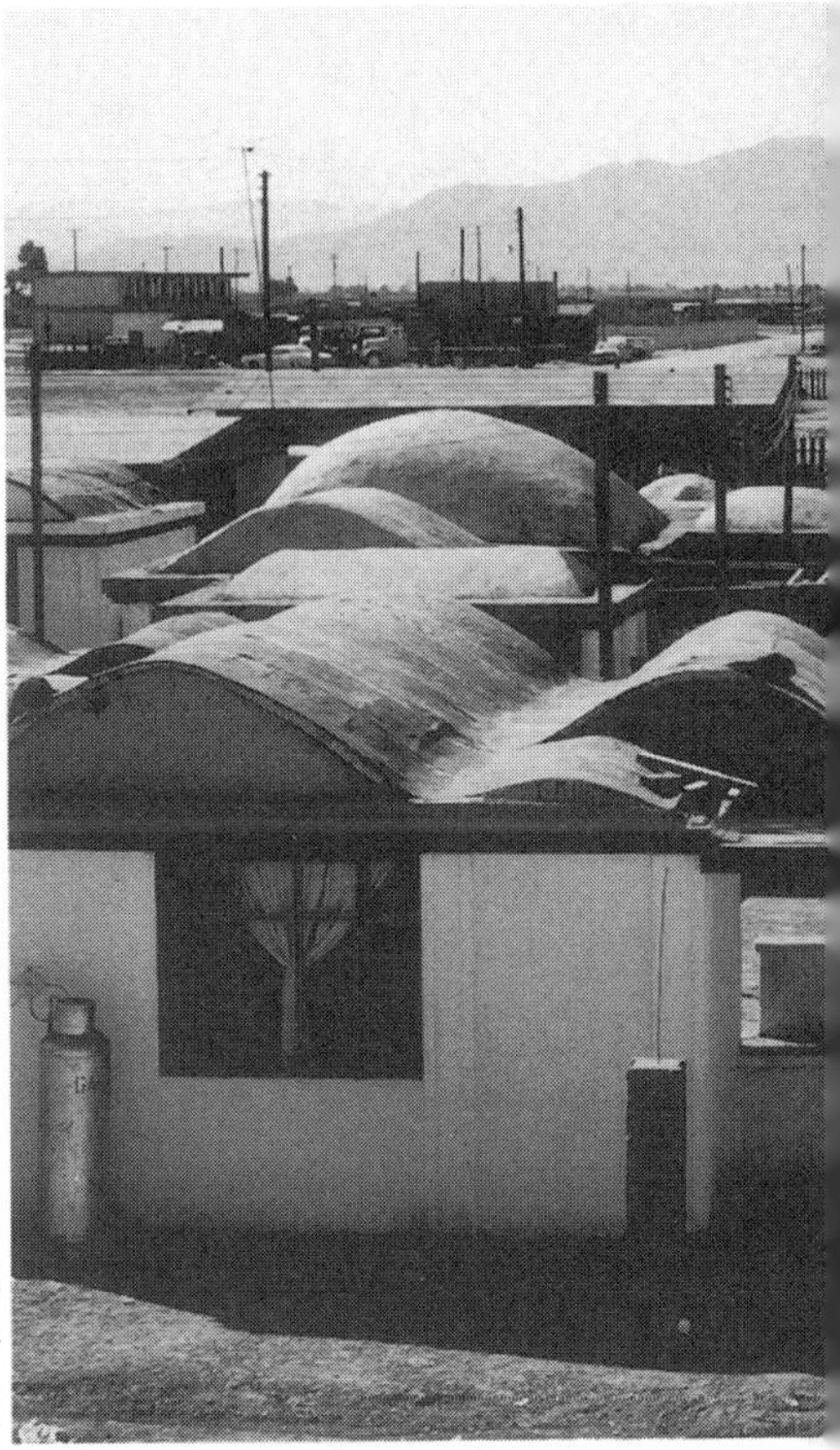

私たちの実験はこの計算に間接的なデータしか与えてくれません。今回はよく働いてくれた見習いのアーキテクトビルダーが通常よりずっと多かったからです。しかし、他の経験から私たちは、一人の人間が同時に二〇以上の家族と共に仕事をし、その上で配置計画やデザイン、施工をまとめていくことはできないという確信を持っています。

理想から言うと、住宅建設を最適な形でおこなうには、一人のアーキテクトビルダーが一度に一つのクラスターでのみ仕事をすることが良いと思います。もし、住宅が六カ月間[*7]（かなり正当な一般的平均値）で完成すれば、アーキテクトビルダーは一年間に二つのクラスターを管理できます。この条件なら、アーキテクトビルダーは家族や施工のプロセス自体と最も良好な関係を維持できます。もし、アーキテクトビルダーが二人の経験豊かな職人（例えば一人の大工と一人の石工）と一緒に働くならば、彼らは同時に二つ、一年間に計四つのクラスターを管理できるはずです。

＊7　この六カ月は日本においてもほぼ妥当な数字と言える。

つまり、質の観点からは、アーキテクトビルダーは［多くても］一年間に二〇戸の住宅を管理することしかできません。それ以上を管理しようとすると、おそらく現在の設計施工分離のような形へと悪化していくでしょう。建築家はデザインや設計を管理し、請負業者が施工を管理するようになるのは、工事の量が多くなりすぎて一人の人間では手に負えなくなるからです。

次に、コストと給料の観点から同じ問題を検討してみましょう。アーキテクトビルダーは建築家と一般の請負業者を合わせたのと同等の職務を果たすと仮定します。アーキテクトビルダーの本来の役割は作業手順を決め、技術を実地で教えたり、形や大きさや材料を決定することであって、直接的な生産労働はほとんどしません。そのため、彼の給料を建設費の一〇パーセント以上にするわけにはいきません。あるいは建築家の一〇パーセント[*8]と請負業者の一〇パーセント[*8]を合わせたとして、せいぜい二〇パーセントでしょう。これは実際の金額としてどの位になるのでしょうか。

メキシコで私たちが建てたタイプの住宅には（七〇㎡に対して）実質五、〇〇〇ドル、つまり一〇万ペソの建設費がかかります。この一〇パーセントは五〇〇ドルです。今、メキシコの若い建築家は約八〇〇ドルの月給、年給で一万ドルを希望しています。これだけの収入を得るには、建築家は少なくとも二〇の住宅（建設費の一〇パーセントとすれば）か、一〇の住宅（建設費の二〇パーセントとすれば）に携わる必要があります。

アメリカでは一一〇㎡の一般的な低価格住宅で標準的に五〇、〇〇〇ドル[原注]の建設費を要します。この場合だと建設費の一〇パーセントは五、〇〇〇ドルです。若い建築家は少なくとも年に一五、〇〇〇ドルの給料を望んでいるので、一年で三つの住宅を建てることが必要です。熟練したアーキテクトビルダーにふさわしい給料を組合加盟[*9]の大工や上級の建築家と同等とする

＊8　この一〇％という数字は日本の実際にも近い。

原注　この章とその他の章も同様であるが、米ドルとメキシコペソについての貨幣価値は、一九七六年を前提としている。

＊9　union: アメリカは組合の力が非常に強く、その仕事を正業にしている人はほとんどがその業種の組合に加盟している。

と、年に三万ドルとなり、一年間に少なくとも六つの住宅に携わることが必要になってきます。

バンコクでは一軒の住宅に二、〇〇〇ドル程度しかかかりませんが、若い建築家は年に六、〇〇〇ドル望むので、アーキテクトビルダーは一年間に少なくとも三〇軒（建設費の一〇パーセントとすれば）、あるいは一五軒（建設費の二〇パーセントとすれば）の住宅を管理しなければなりません。

つまり、このプロセスの実際上の数値は、国々の一般的な住宅建設費と一般的な建築家や施工者の給料との関係によって様々であることがわかります。しかしながら、アメリカのような特に好運な場合を除いて、アーキテクトビルダーが住宅のコストを高騰させずに暮らしを立てていくには、［少なくとも］年一〇軒の住宅を管理しなければならないこともわかります。

一年間に一〇軒を管理するという［最低］値は、質の観点から割り出した［最大］二〇軒という値に図らずも近いものになっています。かなり狭い範囲の数値に絞られてきました。もし、アーキテクトビルダーが年一〇軒以下の住宅しか担当しない場合、アメリカのように住宅がとても高価な国以外では生計を立てていくことができません。一方、年二〇軒以上の住宅に携わると、十分な対応を必要とする家族や注意深い仕事を必要とする建物に対して、親密で人間的な関係を維持できなくなってしまうでしょう。

それでは次に、私たちの設定した一〇〇万人の都市には、ビルダーズヤードがいくつ必要かを見てみましょう。例えば、一人のアーキテクトビルダーが五軒からなるクラスターを一年間に二カ所建設するとすると、一〇〇万人の都市には五〇〇人のアーキテクトビルダーが必要です。各アーキテクトビルダーが自分のビルダーズヤードを持つとすれば、都市の中には五〇〇のビルダーズヤードが必要なことになります。けれども、何人かのアーキテクトビルダーがチームで仕事をすることになれば、ビルダーズヤードの数はかなり少なくできるでしょう。それを検討してみましょう。

まず最初に、パタンランゲージの枠組みの中では、デザインや建設のプロセスは本質的に共有の経験[*10]から出来ています。多くは議論や討論から得られるものですが、何にも増して、作業や祝杯、困難や喜びを分かち合った時にこそ、最も楽しい経験となります。

第二に、もちろん、大きな道具や機材はすべて高価なものです。コンクリートミキサー、大鋸、かんな機、頑丈な研磨機、溶接機等の高価な機材は、アーキテクトビルダーが個人で簡単に購入できるものではありません。しかし、機材を共有すればこうした道具を買うこともできるでしょう。

第三に、経営の面でもいくつかの利点があります。材料の注文、市当局との交渉、コスト管理、在庫管理、道具の修繕等にはスタッフが必要です。一人のアーキテクトビルダーではその

＊10 a communal experience; アレグザンダーの思想の根本には、「何ものであれ誰もが共有するところがあり、そこにこそ一番根源的なものがある」という共有可能の思想がある。飛躍して考えれば、C・G・ユングの思想に近いものがあるとも言える。

ような人の給料を支払うことは容易ではありません。しかし、複数のアーキテクトビルダーが同じビルダーズヤードを共有して一緒に働いていれば、その費用も出せるようになります。

経費の他に規模から生じてくる混乱や現実の日常的混乱を考慮に入れた上で、理想的なビルダーズヤードは三〜四人のアーキテクトビルダーで構成されるという結論に達しました。

以上から、住宅生産の「理想的な」システムを次のように定義します。

一　このシステムはビルダーズヤードを中心に組織される。そこには三人のアーキテクトビルダーが一緒に働く。彼らは大きな機材を共有し、経費を分担する。

二　一人のアーキテクトビルダーはおよそ六カ月ごとに五軒のクラスターを一つ建設する。

三　一家族ごとに一人、専任で働く石工兼大工がつく。彼には各作業段階で家族を教えたり、指導したり、一緒に働いたりする責任がある。彼は自分が決定したことについての責任も直接にアーキテクトビルダーに対して負っている。
四　さらに、特殊な問題（給排水設備、電気設備などの）が生じた時にそれを解決するために、一連の専門的な工事を追加する必要がある。この種の仕事は実際には何種類かの専門家に別々に任せることになるが、全体量としては一つのクラスターに一人の専任者がつくのと同等だろう。
五　ヤードには購入に携わる専任の経理係一人と、材料の荷ほどきや道具機材の修理に携わる専任者一人が必要である。
六　ヤードには臨時の仕事や保守管理等に携わる警備員兼管理人が一人必要だろう。しかし、これは絶対ではない。
七　最後に、同じビルダーズヤードが一度に三つのクラスター*補1を受け持つので、経費（備品代、電気代など）や維持管理、道具や機材の補充のために一定の月間予算が必要である。

アーキテクトビルダーが三人、石工と職人が一八人、その他に三人、これだけのビルダーズヤードなら、一家族が丈夫な二人を一日に四時間建設作業に提供できるとして、六カ月で一五軒（三つのクラスター）の生産が可能です。
このように決めると、次に示すコスト（メキシコ、前出と同じ一九七六年価格）で住宅を建設することができます。

*補1　三人のアーキテクトビルダーが三つのクラスターをめいめい請負う。

ビルダーズヤードに必要な給与：一ヵ月分	
三人のアーキテクトビルダー一人当り：八、〇〇〇ペソ	二四、〇〇〇ペソ
一五人の石工　一人当り：四、五〇〇ペソ	六七、五〇〇ペソ
三人の管理係　一人当り：六、〇〇〇ペソ	一八、〇〇〇ペソ
一ヵ月の合計	一〇九、五〇〇ペソ
一軒当りに直した給与（六ヵ月分を一五軒[*補2]で分割） 一〇九、五〇〇×六／一五＝	四三、八〇〇ペソ
一軒当りの材料費	四〇、〇〇〇ペソ
一軒当りの土地代	一五、〇〇〇ペソ
このシステムによる一軒当りの総コスト	九八、八〇〇ペソ

*補2　五軒ずつの三つのクラスターで一五軒分。

これを一九七六年にINFORNAVIDが建てた同程度の大きさの住宅の一五万ペソと比較してみます。内容はほぼ同じ水準でできていますが、私たちの住宅にあるような特色はそこには何もなく、型通りに建てられたにすぎません。

＊

このようにして、私たちは住宅生産にとって本当に必要な地域分散化を実現するための、予備的ではあるけれど現実的な構想を手にしました。それは、「住宅問題」の解決を考える時に一般的に頭に浮かぶものとは全く違った構造であり、自由な組織[*11]です。しかし、これまで見てきたように、それは新しい質を持ちながら必要な戸数の住宅を建設することも完全に可能です。毎年一人のアーキテクトビルダーが建てる住宅の戸数は、住宅を使いやすく親密で美しいものにしていく微妙な人間的結びつきを維持できるように、適切な量に抑えられています。し

*11　informal

かし、アーキテクトビルダーが適正な報酬を得るには十分な戸数です。つまり、このプロセスは経済的に成り立っています。必要なアーキテクトビルダーの総数は一見多いようですが、きわめて適切なものであって、どんな社会でも、一〇年か一五年のうちにこのやり方で機能できるようになるでしょう。

[この段の終わりに、一〇〇万人の想定都市に戻って、そこにビルダーズヤードが普及したらどのようになるかを想像してみましょう。]

すでに見てきたように、百万人都市には住宅ストックの補充として毎年約五千戸の建設が必要です。

私たちの建設システムでは、およそ一五〇から二〇〇のビルダーズヤードに働く五〇〇人ほどのアーキテクトビルダーが必要です。

空間的にはこれらのビルダーズヤードは地域に分散し、都市全体に均等に点在していくことになるでしょう。一〇〇万人の都市の総敷地面積は一般に一平方マイル＝二五〇ヘクタール当り五千人として、約二〇〇平方マイル（約五万ヘクタール）なので、およそ一平方マイルに一つのビルダーズヤードがあります。どの方角にも一マイルごとに一つのヤードがあることになります。

もちろん、このように数多くのビルダーズヤードは、それぞれが少しずつ違ったものになるでしょう。この建設プロセスを紙上で十分に表わすことは不可能なので、それを他のヤードに強いることも、大きく広めることもできません。

しかし実際には、ビルダーズヤードでの建設プロセスは一つの[文化[*12]]といえるでしょう。つまり、口から口へ、手から手へと実践を通して広まっていくルールのシステムであり、知識やプロセスのシステムだということです。

*12 culture

たとえ、あるビルダーズヤードが他のビルダーズヤードのやったことを厳密に真似たとしても、決してうまくはいきません。彼らは結局、ランゲージの大きなパタンから細かな建設作業に至るまで、彼ら独自のやり方を展開するようになるでしょう。そして最後には、それぞれのビルダーズヤード、それぞれの近隣が自分たちの建築スタイルや建設方法を持つようになるのです。

しかし同時に、ある一つの都市の中では比較的似通ってくるものです。ある地域全体で見れば、建設される多くの建物はすべてある一つの建設プロセスの様々な解釈[*13]であり、絶えず進化した結果になります。一つのヤードが生み出したものは、一つの地域文化やその地域のアーキテクトビルダーたちが生み出したもののうちのある一つの表現であるにすぎません。

一つの都市にはお互いに異なる何百もの独自な伝統と、しかし全体としての一つの伝統があるように思います。もしかしたら、初めの頃は、何百という様々な伝統が地理的に近接した別々の地域の伝統として存在していたのかもしれません。

さて、このプロセスが都市全体に広がって、すべての住宅生産がこうしたプロセスの上に成り立つところまで来たと仮定してみましょう。

人口五〇万人のメキシカリのような都市では、一〇〇のビルダーズヤードがあって、毎年一、〇〇〇の新しいクラスターが出来てきます。

毎年一、〇〇〇の新しいクラスターが生まれる都市を想像してみましょう。各クラスターでは四戸か六戸あるいは一〇戸の家族が共に働き、共有地をデザインし、自分の住宅とその形態に責任を持ち、簡単なことでも協力し合いながら、しかも自らの独創力を自覚し、建物の立つ大地に純粋で深い関係を持っているのです。

これは社会的な革命[*14]です。あたかも社会自身の再生が今再び始まったかのようです。もし毎

*13 versions

*14 social revolution

日の生活に意識的で繊細な関係を渇望している人々がこのことを知り、それに参加できるようになれば、最終的には都市全体が生き返ってくるでしょう。そこでは、どの地域に住む人でも自らの存在を創造し、形を与えていこうとする躍動感に溢れています。

*

この実験から言えることは、このような大規模な革命の可能性は時代や場所や文化にはほとんど無関係だということです。この本ではある特定の状況下での特殊な実験だけを述べてきましたが、私たちの他の実験からも、ここで概説した包括的なプロセスとこの種の社会革命の可能性は、文化や人口密度、財政や経済成長率にはほとんど関係がないということが言えます。

私たちは次のように確信しています。このプロセスは、わずかな変更さえ加えれば、人口密度の高低にかかわらず中密度の場合と同じように有効に働いて、本質を失うことはありません。このプロセスは、メキシコと同じようにノルウェー、中国、カリフォルニア、インドにおいても有効です。[*15] また、煉瓦造の住宅でも、コンクリート、土、木造の住宅でも、施工の工法とはほとんど関係なく有効です。プロセスをいくらか変えれば、職人の手になる住宅や工業化住宅にとってさえ、(工業化を進める人々がここで詳述した要点に従ってプロセスを始めようとするなら、いつでも)家族が自分の手で住宅を建てる場合と同じように有効です。このプロセスは、五年から一〇年をかけてゆっくりと住宅を建てる場合でも、三カ月か四カ月で素早く一団地を建ててしまう場合にも対応できます。

要するに、ここで定義したプロセスは、[多少の変更の枠内で]ほぼ完璧に一般化できるのです。この七つの原則を伴う社会革命は、どんなに大きな規模でも、どんな場所でも、いかなる文化の状況下でも起こり得るのです。

*15 実際にアレグザンダーはこれらの国々でプロジェクトを受け持ったことがある。

第四部　パラダイムの転換

理論の上では、この新しい生産プロセスが一つの都市全体、あるいは一つの大きな地域での住宅生産にも十分に対応できることが明らかになりました。また、原則的には、社会全体の住宅供給に有効なことも明らかです。厳密な数字として、つまり規模や戸数や収支といった経済的な観点から見ても、生産体制の変換は十分に可能です。

*

しかし、この変化は決して容易ではありません。現在の住宅生産の状況を知っている者なら誰でも、直感的に、私たちの述べていることが実際の大きな規模では非常に難しいことを知っています。そこでこの最後の章では、この直感的な知識の根拠を見極め、それが突き付ける問題をどのように克服できるかを考えます。

まず言えることは、このような新しい生産を実行不能だとする直感が、実はある特定の問題に由来しているということです。例えば、建築法規に伴う困難、社会の金融流通に伴う困難、資金源や銀行ローンなどに伴う困難、あるいは手続きの難しさや政治的な困難などが想像されます。

本章の初期の原稿では、私たちは「現実世界」のこれらの問題すべてを逐一分析し、今日の社会において、大きな規模の中でどうしたらそれを解決できるのかを一つずつ示すつもりでした。

しかし、この章がどのように書かれたとしても、結局それは薄っぺらなものにしか見えないでしょう。なぜなら、私たちの提案した解決はあまりにも具体的で特殊であり、しかも、同時にあまりにも曖昧で漠然としたものに見えるからです。とにかく、起こり得るすべての点について実際に一つ一つ回答を与えたとしても、決して納得できるものではないでしょう。

多くの議論の末、この章をどうしても的確に書けない理由が全く別のところにあることがわかりました。それは、このような社会構造の根源的な転換が生み出す漠然とした不安感なのです。この不安感は特定の機能的問題によって引き起こされるものではありません。それは、単に私たちの提案している生産システム全体が人々に馴染みがないからというだけではありません。私たちの一番深層の構造的なレベルで、近代的思考の文脈によってはほとんど「予想もできない」[*1]変換を提案し、要求しているからなのです。この不安感は、プロセスの持っている予想不可能という性質や、近代的認識のカテゴリーに対する攻撃性、あるいは、単に型にはまった考え方が受ける不快感といったことからも生まれてくるでしょう。そして、これこそがプロセスの実現を困難にしている根本原因です。

これが、本論の最後にこの深淵な問題を議題として選んだ理由です。

*

冒頭の第一部で私たちが示したことは、住宅生産の現在の形態が無意識に前提にされた慣習や制度、法律などによって支配されているということであり、しかも、住宅生産の方法に何よりも影響を及ぼすのがこういう表面には現われない深層の構造だということでした。

明らかに、ここで述べてきた生産の形態は、「もう一つの」[*2]異なった前提や制度や法律を要求します。それは新しい深層構造を示しています。古びた構造とは共存できません。ですから、もしそれが大きな規模でも適応できるものなら、古びた構造に取って代わるべきでしょう。

もちろん、この転換の過程は苦痛以外の何ものでもありません。この過程に苦痛が伴うのは、政治理論家がよく言うような権力や資本や支配の再配分が必要だからではありません。

*1 unimaginable

*2 another

人々の慣れ親しんだカテゴリーすべてが脅かされ、攻撃され、取って代わられるのを認めることがとても苦しいのです。

ある認識の構造やパラダイム[*3]が他のものに置き換わろうとする時には、とりわけ感情的なレベルや知的レベル、社会的なレベルで苦痛が生じるものです。この闘いを賢明に乗り切るためには、何よりもこの事実を認めなければなりません。

このことを明確にするために、もう一度メキシカリの実験に戻りましょう。今回は以前とは違った視点で見ていきます。というのも、まだ述べていない事実の中に私たちの体験した困難の重要性が窺い知れるからです。それは日常的な闘いの中にありました。私たちのやってきたことが人々の慣れ親しんだ考え方の枠組に合わなくて、素直に見ればごく普通で楽しいことなのに、異質で恐ろしいことだと思われてしまったことから生じた日々の苦闘の過程です。

プロジェクトを開始した時点では、私たちは一年間に三〇軒の住宅を建てるつもりでした。しかし実際には、与えられた期間内に五軒が完成しただけでした。その後、これから述べる様々な理由によって政府が援助を中止したため、残り二五軒の住宅は全く手つかずのままです。また、私たちが設立し、後に訓練の終わった実習生が引き継ぐはずだったビルダーズヤードは、このプロジェクトを維持しつつ、周りの敷地にも同じような住宅を着実に増やしていくための着実な起点になるはずでしたが、これもうまくいきませんでした。結局、このプロジェクトはバハ・カリフォルニア州政府からの継続的な援助を受けることができませんでした。

援助が断たれた理由はいくつかあります。第一の、おそらく最も重要な理由は、建てられた住宅が外見上は全く「伝統的」だったことです。それを見て政府当局者たちは驚き、落胆してしまったのです。彼らは迅速に組み立て可能な規格化された建物が出来ることを期待していたらしく、しかもどういうわけか、私たちがそういう見事なモデュール法による建設の世界的な

＊3 paradigm:「パラダイム」という概念はもともとが、科学の思想史の中である時期の科学的視点（その分野の問いの立て方など）を規定した科学的業績のことをT・クーンがそう呼び始めたものだが、純粋な科学の世界を超えて様々な分野に使われるようになった。明確な定義のないままに流布したことは多くの否定的な議論も生んでいるが、新しい理論を提唱するものに大きな影響を与えている。『科学革命の構造』トマス・クーン著、中山茂訳、みすず書房、一九七一年

専門家であるという印象を持っていたようです。しかし、住宅のほとんど素朴であどけない、未成熟な外見的特徴を見て極度に混乱したのです。(家族たちはその住宅を愛していると何度も証言していたことを思い出してください。)

第二に、施工システムに対する私たちの実験[*4]も彼らを落胆させました。施工方法は開発の段階にあるということを繰り返し説明し、ビルダーズヤードの建設中にそうした実験をおこない、ある実験が失敗した場合でも、(例えば、壁にひびが入った時に補強のために椰子の葉を使ったことなどの)貴重な教訓を与えてくれるだろうと初めから言ってきたにもかかわらず、彼らは他の科学的な実験に比べればこの実験は取るに足らないと見なして、逆に、プロセスがうまくいっていない証拠としたのです。

第三に、当初から私たちは安定したソイルセメント製ブロックを生産するという野心的な試みをプロジェクトの中で実現するつもりでした。私たちは初期の段階から、セメントの割合の少ない日干しブロックでも十分に強い圧力で製造されたならば、標準のコンクリートブロックの二倍の圧縮強度を持ち得ることを確かめていました。けれども、このブロックを製造するにはビルダーズヤードで購入したブロック製造機を何度も改造しなければなりません。そして結局、ソイルセメントを十分に固めるための高圧力を生み出すことができませんでした。最終的には、施工の遅れがひどくならないように、土の含有量を大きく引き下げ、ソイルがいくらか含まれている程度(約二〇パーセントのソイルセメント)のコンクリートブロックで建物を建ち上げなければなりませんでした。これは私たちが最初に望んだものとはかけ離れています。しかも、期待された土ブロックの製造に失敗したことで政府の信頼をさらに失うことになったのです。

さらに、私たちから見てもいくつかの失敗がありました。例えば、住宅はたいへん素晴らし

*4 施工システムの開発は常に地の利を生かした、その土地の力を利用した施工法を開発している。例えば、一九七〇年の国連「ペルー低所得者住宅コンペ」では竹を使ったコンクリート型枠やブロックに硫黄を吹き付ける工法、盈進学園プロジェクトでは黒しっくい、色しっくいの新しい工法や型枠ブロック工法、大谷石の新しい使用方法など。

く、それぞれの家族の要求をきちんと反映できていて良かったのですが、それでもまだ、私たちの目指すべき伝統的な住宅にある明快な簡潔さには達していません。屋根はまだ少しぎこちなく、平面も十分とは言えません。住宅は室内空間としてはとてもうまく出来たけれど、屋外空間は想像したほどに気持ち良く、簡素でしかも深みを持つまでには至っていません。例えば、共有地はかなり入り組んだ形をしており、いくつかの庭は必ずしも適切な場所にあるとは言えません。パタンランゲージに本来具わっている自由度も、特に建物を簡潔に建てる根本的な方法を十分に理解していない実習生の手に掛かると、ある種の混乱を生み出すことがありました。理解したことと実際にやることがくい違ってしまうのです。

さらに、私たちをとても悲しい思いにさせたのは、建設後三年にして、今やビルダーズヤードが完全に見捨てられたという事実です。私たちはメキシコの政府がこのプロセスに援助を続けてくれると信じていたので、ビルダーズヤードをたいへん苦労してつくり上げました。しかし、ビルダーズヤードの建物自体にはっきりとした機能がなかったことと、その土地の開発を決めた際の特別ないきさつから法的に他の用途への転用ができなかったことから、彼らの援助が停止した今では、私たちの建てた最も美しい建物が無用の長物となっています。けれども、この建物は私たちが最初に建設し、自らのパタンランゲージへの理解を深めていったところで、このプロジェクトの中で最も素晴らしい成果です。こんなに悲しいことはありません。

客観的に見れば、「もしも政府が、現在の生産システムと同じようにスムーズに働いて失敗しない、完全に計算されたプロセスを期待していたとすれば、」彼らの信頼が失われていったとしても、おそらくきわめて当然のことと言えるでしょう。

「しかしもちろん、実際には、このような期待こそが全く不当なものなのです。」

私たちの定義した生産プロセスは今日の生産プロセスとは根本的に違います。このように全く違うプロセスへの転換には、ほとんど必然的に、実行上の深刻で重大な問題がともなってきます。序論の中で説明したように、現存の生産システム、さらには社会に存在するあらゆる生産システムはその社会に深く組み込まれていて、数多くの日常的な関係や慣習、［当たり前の］行為や何も考えずに従っている物事の道理の中に、暗黙のうちに存在しているのです。つまりそれは、あまりにも明白で誰も疑わないほどに深く、暗黙のうちにあって、無意識のまま完全に日常生活の一部を成しているのです。

［だからこそ、新しいプロセスが現われると、それに出会った人のほとんどすべてが様々な小さな事柄を通して不安に陥るのです。］それは、新しいプロセスがまだ不完全にしか働かないということに加えて、この新しいプロセスが無数に小さな事柄を通じて現在のプロセスを存続させている無意識の確信に触れるために、人々はいらいらし、この新しいプロセスを無神経で役に立たない「異質な[*5]」ものだと見なしてしまうからです。

実際に私たち自身も、この無意識からの違和感や対立、私たちの目指す新しいプロセスと人々の身体にしみついた古いプロセスとの間の不快な「摩擦」からの影響をいやと言うほど経験してきました。それは政府当局の感じた不信やいら立ちよりもはるかに大きいものでした。とにかく、そうしたことは作業を通じて、私たちのチームや実習生の間にさえ、無意識のうちに現われてきたのです。

人々の小さな亀裂が蓄積して、信じられないくらいに仕事の進行が難しくなったこともありました。ちょっとした噂話や言葉の綾、仕事上の行き詰まりや意見のくい違いなどが亀裂を生みます。すべては、今受け入れられている既存のプロセスと私たちのやろうとする新しいプロセスとの間のずれが生み出したのです。

例えば、この現場には施工の各段階ごとに完成度を視察に来る銀行の監査官がいました。彼

＊5 different

は若い建築家でしたが建築学校を落第してしまって専門的な修業は積んでいません。彼にとってもこの建物は「異質な」ものでした。彼はこの施工システムに不慣れなこともあって、不用意にもそれが危険であると家族に進言してしまったのです。当然、家族たちは警戒心を大きく持ち、とうとう最後には、この施工システムを許可した公共事業省の技師に来てもらって、システムの信頼性を一人一人に話して歩くはめになりました。すべては単にヴォールトというシステムが今日の施工ではあまり一般的でないということから生じたにすぎません。

同様のくい違い、例えば、少ない図面、家族たちの労働参加、敷地の測量や区画割りの方法の違い、お金の扱い方や積算方法の違い、新しい建設技術の使用、私たち自身の姿や服装(「Arquitecto(建築家)」が立派な服装をした役人に与えられる尊称であるような社会の中で、私たちは当然、作業服を着ていたのです)、共有の道具の使用、道具の紛失や不注意な使い方による事故、建設システムこそが重要だと思い込んでより深い社会改善を理解できない学生の態度など、これらの問題の一つ一つが噂や意見のくい違いを生んで大きく広がりながら、人々の神経を徐々にすり減らしてしまい、いざ大きな障害に直面した時に心の平静を維持することが困難になっていたのです。

こんなことになってしまうのは、私たちの出会ったほとんどの人が決まって今日一般化した住宅生産の視点を持っていて、それとくい違う点に出会うたびに精神的な方向性を見失っていたからでした。プロジェクトのどの部分も前後関係から切り離して古い文脈の中に入れると「間違い」のように見え、すべての局面をつなぎ合わせてプロセスの全貌を見通す人などほとんどいなかったため、多くの人々が私たちのやってきたことを現存のシステムに照らして、「間違っている」という一言で片付けてしまったのです。そして、この感覚が家族や実習に来ていた学生あるいはチームのメンバーに伝わり、重たくうっ積した敵対心を抑えることができなくなって、全員が緊張感の高まりを経験したのです。

このような困難に直面した中でバランスを維持するには、大きな決断力が必要でした。

［しかし、このような認識や知覚の上でのくい違いは必ずと言ってよいほど存在します。なぜなら、真に新しい生産のプロセスは、基本的に現存するものとは相容れない新しいパラダイム、新しいリアリティ感の始まりだからです。］

一夜にして古いリアリティ、古いパラダイム、古い認識のカテゴリーを新しいものに置き換えることはできません。新しい生産プロセスの基礎となる新しいカテゴリーや新しい認識の構造がそれと入れ換わるまでは、苦痛の時は避けられないのです。

最後にどうしても確認しておかなければならないことは、私たちの述べてきた生産のシステムが、実際に全く新しいタイプのリアリティを表わしているという事実です。それは本質的に新しい社会システムにおける新しい「何か」を表わしていて、住宅を構想する新しい方法、人と住宅との関係を考える新しい方法、ビルダーと建物との関係を考える新しい方法を表わしています。

ここで述べた困難は非常に厳しいものに見えるかもしれませんが、その奥にはとても大きな可能性を秘めています。というのは、私たちが最初に考えた困難、つまり建築条例や財源、抵当権、組合、建設管理等の実務的な困難は、すべて最終的には解決できるものだからです。ただし、この困難を解決しようとする人は、すでに内的な世界観において十分な転換を終えていて、この本に描かれたパラダイムに満足できる人でなければなりません。

それはパラダイムの転換であり、世界観の転換であって、たいへん難しいことです。私たちの知るところでも、世界観の転換には何年も、何十年も、何世代さえも必要とします。例えば、量子力学の発見から五〇年たった今日でさえ、多くの人々にとっては、光は粒子か波かではなくその両方であるということを理解するのに困難が伴います。

しかし、世界観の転換、世界の見方に新たな方法を求める根本的なカテゴリーの変化は、遅かれ早かれやって来ます。一つの世代では自ら育ってきた世界観を捨てることができないかもしれません。次の世代にとっても、彼らが親から古い価値観を受け継いでいるならば、同じ視点を捨てることは難しいでしょう。しかし、前の世代が消えていくにつれて、遠からず、古びて合わなくなった世界観は新しいカテゴリーから成る世界観へと少しずつ置き換えられていくでしょう。

どれほど根本的な変化が必要だとしても、この本で述べてきた見解はやがては完全に自然で普通に見えるようになるでしょう。その時、その段階になれば、今日途方もなく巨大に見えている実際的な困難も容易に忘れられているでしょう。

色についての追記

＊

建物に色をつけていく方法[＊1]は、作業としては小さくても、この建設プロセス全体を最終的にまとめていく上で大切です。

最初の建物群（ビルダーズヤード）が建ち上がり、仕上げの塗装をする段階になった時です。現場にいた学生の多くは、単純に木部は生地のままにして建物を白く塗るという、まさに建築的な方法を望んでいました。しかし、私には何となく建物を淡い青色にするというビジョン[＊2]がありました。ほんの微妙にです。そこにいた多くの学生には、これはとても不自然に思えたようです。結局、私とハワードだけがこの素晴らしい可能性に気づいたのでしたが、私はやってみることを主張しました。

そこで、私たちは最適な色合いを見つけるための実験を始めました。実験は実物大の模型[＊3]に次から次へと微妙に変えた色を塗っていき、これ以外にないというものが見つかるまで、ほとんど二週間続けられました。

実験のために壁の上に軒蛇腹をかたどった板を釘づけして、何回もその上に色を塗ってみました。まず青色から始めました。青は大空の青、天上の青を思わせます。しかし、適当な明度の青色を見つけるには随分時間がかかりました。

突破口が開けたのは、青の上に細いラインが必要だとわかった時でした。最初、私たちはこのラインを金色の細いラインだと考えました。しかし、ハワードがこの色をつくっていくうち、この金色のラインの感じが生まれるのは、黄ではなく緑であることがわかってきました。そこで、青色の上に緑のラインを置いてみました。しかし、この緑には多量の黄が入っています。私は知らなかったのですが、そんなにたくさんの黄色の顔料を混ぜても決して黄にはならずに、金色系緑（ゴールデングリーン）だったのです。最終的には、この色は青みがかった金色系の黄緑になり、軒蛇腹の青を際立たせ

＊1　色と色、幾何学と色の関係はセンタリングプロセスにとって重要である。アレグザンダーは色の特徴と幾何学的性質とがほぼ正確に対応すると考えている。特に幾何学的性質の「境界」は、色では「輪郭」となって現われてくるという。現在「色」の問題は幾何学的性質の問題と同じようにアレグザンダーの重要なテーマとなっている。『クリストファー・アレグザンダー、建築の新しいパラダイムを求めて』参照。

＊2　vision;「ヴィジョン」は、メキシカリの実験ではまだそれほどの重要度が与えられていないが、『まちづくりの新しい理論』では七つのルールの一つに取り上げられている。

＊3　mock-up

ています。

さらに、軒蛇腹の青をよりしっくりさせるために、青色自体にかすかに緑を入れました。もっとも緑はほんのわずかなので、全くの青に見えます。青緑色とまではいかないけれど、微妙に違っています。

最後に、壁の白色そのものを変える必要性が出てきました。青色の軒蛇腹の下は白石灰の壁になるはずでしたが、その光沢を抑えて柔和にするには、白石灰にもわずかに緑を入れるべきだということになりました。結局、この壁は淡いライムグリーンになりました。とても淡い緑なので白に見えますが、その上の青や金色系の緑とはずっとやさしく、調和するようになりました。

何日もかけてこうした発見をした後でも、必ずそれを建物のかなり大きな部分で検討しなくてはなりません。私たちはある建物の壁一面、約一二フィートの長さに何回か塗ってみました。最終的な判断に必要な大きさの面を全体的に見た上でようやく満足し、建物群全体を塗り始めました。

混ぜて塗って、また別の調合をつくって塗り、それを眺める、という作業は全く大変なものでした。来る日も来る日も、ほとんど二週間続きました。多くの場合、周囲の人々の理解不足がますますそれを大変なものにしたのです。彼らは全部を白にすべきだと考えたり、あるいは、単に何に気持ちを集中し、どこに注意すべきかがわからなかったのです。大切なことは、適切な色を手に入れるために何度も何度も試行錯誤を続けることです。

ある時には、緑色への愛着が強くなってきたハワードが、全体を青から緑に変えたいと言い出したこともありました。私たちは試しに中庭の軒蛇腹をライムグリーンに塗ってみました。しかし、それは他の建物に施した独特の青い軒蛇腹ほど美しくありませんでした。どういうわけか、青色のラインがまさに申し分なく大空を受け止め、建物を完璧と言えるものにしていたのです。

ともかく、ある一つのことをこれで良しとするまでにどれほどの仕事がなされたかをここに記録し、書き留めておくだけでも大切なことでしょう。

謝辞

大変多くの困難を伴ったメキシカリ・プロジェクトでしたが、私たちと活動を共にしてくれた方々に、ご挨拶を申し上げたいと思います。そして、私たちの方法を信じて、私たちと一体となって健闘して下さった方々と、現在の住宅生産方式に信頼を置き、私たちに対して半信半疑ながらも私たちのために健闘して下さった方々のそれぞれに、この場を借りてお礼を申し上げます。

私たちの建設プロセスが成功を収めるように手助けして下さった、メキシカリ市のバハ・カリフォルニア州立大学の方々、建築学科のルーベン・カストロ理事、そしてカルロス・ガルシア教授、マニュエル・エスパルザ氏、ポロ・カリロ氏、中でも特に、問題が生じた時に友好的に助けていただき、プロジェクトの進行中にいろいろ手伝っていただいたジョージ・ヌネ州知事に、感謝いたします。彼の熱意と影響力なくしては、政府や様々な機関からの援助はあり得なかったでしょう。

そして、州政府側の方々の中では特に、プロジェクトの初期の頃から支持と激励をいただいた、公共事業の指導者であるミルトン・カステラノス氏に感謝いたします。彼の情熱があったからこそ、役人や政府機関からの多くの援助を得ることができたのです。それから、同じく州政府の役人では、公共事業の指導者であるサンチェス・ヘルナンデス氏、技術指導者であるロゲリオ・ブランコ氏、B・Rの指導者であるロドルフォ・エスカミロ・ソト氏、そしてISSSTECALI（住宅金融公庫）の理事のブリンド・ヘレラ氏に感謝いたします。

私たちの仲間の中では、ご主人のドン・コーナー氏と共にプロジェクトを終始手伝ってくれたジェニー・ヤング氏と、オレゴン大学プロジェクト（『オレゴン大学の実験』を参照）の実現という偉業を成し遂げた後にメキシカリへやって来て、数カ月間プロジェクトの初期の段階に参加していただいたハリー・バン・オーデナレン氏に感謝いたします。そして、カリフォルニア州立大学に在学中にメキシカリでの活動に参加してくれたピーター・ボッセルマン氏（一七頁のアイソメは彼が描いてくれました)、ピーター・リー、トーマス・サンチェス、マイケル・ワシン、マーティン・ジャスト、アントニオ・リシアント、ドリット・フロムの各氏、さらに、このプロジェクトが計画の段階にあった時にその原稿を読んで批判をいただいた仲間の方々、構造計算をしていただいたジム・アクスレイ氏、そして、サラ・イシカワ、ソロモン・エンジェル、ロスリン・リンドハイム、ハリム・アドベルハリム、デビッド・ダーカス、デビッド・ウイーク、クリス・アーナルドの各氏に感謝いたします。

最後になりましたが、見習いとして働いてくれたバハ・カリフォルニア州立大学の八人の学生にも深く感謝します。彼らは大変な労働を続け、このプロジェクトに身も心も捧げてくれたのです。そして、終始一貫して大幅な遅れや多くの困難に最後まで耐え抜きました。彼らがいなかったらこのプロジェクトは完成しなかったでしょう。この作品は、私たちのものであると同時に、彼らのものでもあるのです。

訳者あとがき

一九八五年春、埼玉県入間市に盈進学園東野高等学校が完成しました。このキャンパスは、本書の著者のクリストファー・アレグザンダーが主宰する環境構造センターによる「設計」で、本書の主題の「パタンランゲージ」を基に、その後の研究成果である「幾何学的性質」「センタリングプロセス」[*1]を取り込んで実現させた、彼の最初の大規模なプロジェクトです。そして今、彼と彼の仲間は名古屋市で低層集合住宅のプロジェクトに取り組んでいます。

かつて、彼は一九七〇年の大阪万博で「人間都市」を発表していますが、その後は理論の知名度に比べて実践的な面で私たちに関わることはほとんどありませんでした。しかし、時代が単一的な価値だけではすまなくなった今、新たに、著者と日本とが同時代的に関わり始めています。

著者のクリストファー・アレグザンダーは一九三六年ウィーン生まれで、すでに六〇年代初めから次々と論文を発表し、現在にいたるまで常に建築理論、特にその方法論の最先端を歩んできました。その膨大な仕事と多様な変遷は、時に見る人をしてあまりにも変化が激しく、その姿を見失わせることがあったのも事実です。例えば、『形の合成に関するノート』ではコンピュータを駆使して分析的な要素還元—総合の手法を用いてた彼が、『都市はツリーではない』を境にして、『パタン・ランゲージ』というイベントとスペースのより因果論的な関係をセットにした記号論的手法を用いるようになったこと、さらに、『パタンランゲージ』を「質料因」とすると、それをまとめる「形相因」としての『幾何学的性質』から「作用因」としての『センタリングプロセス』へと次々とその手法を追求していったことは、私たちに彼を見る視線の中心を失わせてしまいます。しかし、その理論の成長過程をていねいに追っていけば、常に一貫した姿勢、つまり徹底した機能主義とシステム理論によって建築の方法を再構築していこうとする姿が見えてくると思います。[*2]

そうした中で、本書はパタンランゲージの可能性と限界を見極めた際のドキュメントということが

*1 何か美しいものを創りだす上でのそのプロセスの解明と、それを支配するルールの発見が、C・アレグザンダーにとって『パタン・ランゲージ』執筆中からの課題であった。現在、その解答として、アレグザンダーは次の仮説を提出する。自然そのもの、または人工のものでも永く存在し続けているものには共通して、生命といえるものがその核（センター）にある。それを、発見し、育てながらも、新しい「全体性」を発展させ、かつ調和を壊さないようにするとき、その形（結果）は、あるレベルを超えた質をもち、生命を持ち得る。このプロセスをセンタリングプロセスと呼ぶ。

*2 『まちづくりの新しい理論』の訳者あとがき参照。

できます。

もう少し詳しく見てみます。

［パタンランゲージによる住宅の建設*］

本書は第一巻『タイムレスウェイ・オブ・ビルディング』、第二巻『パタン・ランゲージ』の二巻と対になるもので、パタンランゲージを実際にどのように使うかを示す実践編に当たります。一九七六年のメキシカリ・プロジェクトを舞台に、七つの具体的な原則を軸にして話は進みます。『パタン・ランゲージ』では建築の広い意味での機能をパタンという見方で分析、構築していますが、ここでは、現実社会の建設という場面で建物全体の構成を具体的に分析、構築しています。「パタン（二〇五）：生活空間にしたがう構造」を実行するための現実的システムの開発の記録とも言えます。

第二部第四章には、パタンランゲージを利用することによって、自然に住民自身が一連のアイディアをつくり出していく姿が描かれています。そして、これが単なる住民参加を超えているのは、そのアイディアが一人の人間の恣意的な限られた能力から発せられたものではない点です。当然のことながら、一つ一つのアイディアがパタンランゲージのもつ価値観を備えているということです。このようにして体系化されたアイディアは一人の人間の力を超えた無限の広がりを建物全体に持たせる可能性があります。この意味で、本書に示されたプロセスの提案が、一つの観念的な方法論であったパタンランゲージを体得する「装置」として新たに付け加わったのです。

建物に無限の広がりを持たせ得るこの可能性は、ユーザーに密接に関係するのと同時に、建設方法や建設を通じての社会システムにも関係してきます。本書にあるアーキテクトビルダー、共有地の共同設計、一歩一歩の建設、コストコントロールという原則は、設計者とユーザーと施工者、住民同士、施工者とモノ、モノと社会、それぞれの関係の中に潜む可能性を建物全体に反映させる装置として働きます。

この本書を著わした時点はまだ装置の試行段階でした。これ以後のアレグザンダーの装置の提案は、具体的な事物に関わる以上に、人の意識、無意識に関わる抽象的な関係性を扱うようになっていきます。例えば、一九七六年実験の本書にある七つの原則と、一九七八年実験の『まちづくりの新し

* 日本語版初版時のタイトル

い理論』にある七つのルールとを比較してみます。

『パタンランゲージによる住宅の建設』

1 アーキテクトビルダー The Architect Builder
2 ビルダーズヤード The Builder's Yard
3 共有地の共同設計 The Collective Design of Common Land
4 個々の住宅のレイアウト The Layout of Individual Houses
5 一歩一歩の施工 Step by Step Construction
6 コストコントロール Cost Control
7 プロセスの人間的なリズム The Human Rhythm of the Process

『まちづくりの新しい理論』

1 漸進的成長 Piecemeal growth
2 大きな全体の成長 The growth of larger wholes
3 ヴィジョン Visions
4 ポジティブな都市空間 Positive urban space
5 大きな建物の内部プラン Layout of larger buildings
6 施工 Construction
7 中心の形成 Formation of centers

この短い期間の間にも、アレグザンダーの思想が、具体的な事物に関わる方法論から人の認識レベルに焦点を合わせた、より抽象的な関係性に注目してきたことがわかります。特に、「漸進的成長」「大きな全体の成長」「中心の形成」などは現代の科学思想の発展と平行しており、建築だけの世界では捉えられなくなっています。

しかし試行段階だからこそ、彼の物事に対する取り組み方が最も直接に表わされているとも言えるでしょう。人と環境との関係をいかに主体的に、しかもダイナミックに建築に反映させるかという課題をどこまでも追求する姿勢こそ、私たちの学ぶべきところだと思います。

［形而上学で建築はできない］

これがアレグザンダーに対する最も一般的な批判です。

確かに、建築だけでなくあらゆる物をつくっていくには、意識下において物事を研ぎ澄ますだけでなく、無意識の層にある力をも解き放つことが必要です。そのためには個人の情念や恣意の力に頼ることも大切だということは、建築や芸術の長い歴史が示しています。

その出発点からして高度な数学的処理を用いてきた彼の理論は、パタンランゲージにおいてもすべての人に共有される「質」を前提にするところで形而上学から離れるものではありません。まして、その後の幾何学的性質やセンタリングプロセスといった人の認識レベルに関わる方法は、無意識の層にある共有の感覚をいかにして意識化するかを形式として表わそうとするもので、どこをみても個人の才能や作家性に関わるものではありません。そうしたものを否定するところに成り立っています。

ここに、形而上学では建築はできないという批判が生まれてきます。

この問題に対して、今の私たちにはとても答えられるものではありません。何か問題に直面するたびに引き裂かれます。

しかし、そうした中で私たちがアレグザンダーから学んだことは、どんなにあいまいな感情も徹底的に言語化して建築の方法にのせようとする態度であり、そのための具体的な手続きを私たちに示してくれたことです。

それはアレグザンダーというよりも、西洋哲学が言語による形式化を推し進めた先に見出したヴィットゲンシュタイン的態度であり、民主主義に対する態度でもあります。

先日、彼と日本人数名によるディスカッションが東京で催されました。その席で民主主義に対する態度の取り方が話題になりました。アレグザンダーはあらゆる問題を明確にし、自らの位置づけを明確にすることが民主主義であり、それは〝闘い〟だとしました。日本側のパネラーはあらゆる可能性を抑えることなく、それが自由に浮遊する状態を守っていくことが民主的態度だとしました。しかし、このどちらにも、行き過ぎれば自らの民主性を失ってしまうという共通点があります。もしかしたら、ここでの問題はその対立の図式ではなく、どちらの態度をとるにしても、それを形式主義や全体主義に陥れないための手続きをどこまで提案しているか、なのかもしれません。

同様に考えると、「形而上学で建築はできない」という批判に答えるには、沈黙の洗練を自らの身に課すのではなく、あらゆる可能性をなんらかの形で明確にしていくこと、そのための手続きを提案し続けていくことが大切だと思います。

そして、この手続きの有力な一つがパタンランゲージだと思います。パタンランゲージが示唆しているイベントとスペースの関係は、かつての単一の価値観で縛られた「機能」とは違って、様々な価値観を受け止めたその原語どおりの意味でのファンクション＝関係性としての機能を創造する助けとなります。つまり、あらゆる可能性を「機能」という形で明確にしていく手続きとして提案されたものがパタンランゲージであると考えることもできるでしょう。

アレグザンダーは社会制度の変更までを視野に入れたシステムの転換を主張しています。しかし今の私たちにとっては、もう一度、今必要とされる機能主義を確認していくことが、建築という制度の変革につながると思います。

[テクノロジーに対して]

アレグザンダーの仕事を今の私たちの問題として見ていく時に避けて通れないことがあります。それはテクノロジーの問題です。

『形の合成に関するノート』でコンピュータによる情報処理技術を建築計画へ応用し、多くの読者に刺激的に受け止められた後、彼は具体的なテクノロジーの応用から離れて、あらゆる人が無意識の中にもっている「元型」を汲み上げる方法論に集中してきました。テクノロジー（科学技術）のうちの「科学」に対しては積極的にその思想を遡行していますが、「技術」の発達には否定的な眼を向けています。

私たちの生きている現在は、かつて「モダニズム」を支えた視点、つまりテクノロジーが社会を変え、建築を変えるという楽観的な視点が無効になり、テクノロジーの具体的な姿が見えなくなってきたと言われています。さらに、テクノロジーの無批判な流用が表層的なモダニズム批判に結びついたことも確かです。しかし、テクノロジーは確実に発達しているし、建築を支える社会システム、人の認識、さらに目に見えぬ制度までを変えつつあります。建築におけるテクノロジーがわずかな差異を表現するだけの道具でいることはできません。人の知覚レベル（空間、形式、経験など）の変化を通じて、今までとは違う建築の構成原理をつくっていくことが、テクノロジーを獲得することになるはずです。

ここでいう構成原理には建築を建築として存在させる原理と、建築をつくるという行為を成り立たせる原理があると思います。第一の原理に関わるテクノロジーには、建築の存在をシステムとして捉えてシステムをつくり上げるテクノロジーという形態が考えられます。第二の原理に対応するものとしてはプロセスをつくり上げるテクノロジーが考えられます。

このように考えると、アレグザンダーとテクノロジーの接点が見えてきます。システムをつくるテクノロジーの一つにパタンランゲージが位置づけられるのではないかと思うからです。

パタンランゲージは、建築が「機械的、客観的事実」ではなくて、本質的に主観的で生物的な、現実の社会的関係をも自分自身の内的な構成物として取り込む開放系のシステムを有するということを、モノだけでなく、精神的、心理的な面も含めた関係性によって教えてくれます。

もし、興味をもってパタンランゲージに取り組むならば、それは住宅（建築）を成り立たせているシステムを解明するための理論的に整理された比喩となるでしょう。そしてその比喩を駆使して具体的な建築とするには、建築を成立させるあらゆる要因の相互関係をできる限り明確にしてそれを積極的に再構築すること、つまり徹底した機能主義が大切な手続きになると思います。それによって、システムの問題を以前よりずっと明確なかたちで提出できるのではないでしょうか。

ここに、システムテクノロジーとしてのパタンランゲージの可能性があると思います。プロセステクノロジーとしての可能性は、アレグザンダーが提出している「センタリングプロセス」という概念にあるかもしれません。しかし、これについてはまだ十分に明確になっていません。現在執筆中の『*Nature of Order*』に期待したいと思います。

このように考えると、具体的な技術とは一線を画したパタンランゲージやセンタリングプロセスが、従来の設計論、技術論では扱えない知覚レベルの変化を受け止めて、建設の新しい構成原理を生み出す可能性、つまり身体の延長としての技術ではなく、身体を取り込んだシステムテクノロジー、プロセステクノロジーとして建築に働きかけるもうひとつのテクノロジーと考えることができるかもしれません。

テクノロジーを思考の形式の転換装置として捉え、その転換を実現するために、モノと人、空間と人、形と人の関係を無意識の中にまで入って検討する新しい思考の形式としての「機能」を発見していくこと、これも建築を学ぶ若い私たちにとって大切な課題だと思います。

例えば機能について、またテクノロジーについて、自分たちのよって立つ思想を再検討しようとする時、私たちはアレグザンダーの提示した問題と常に交差します。

翻訳は訳者一人一人が下訳から訳注までの全工程に関わるようにして進めました。翻訳も住宅建設と同じひとつのプロセスと考えて、作業分担による標準化は避けようとしたためです。また、原文はその内容（第七章　プロセスのリズム）を遡行するかのように「繰り返し」が多く、ややもすると冗長になってしまいます。しかし、最新の情報理論が高度なシステムを成立させるために高い冗長度（リダンダンシー）を必要とするように、ひとつの思想を理解するためには繰り返しのリズムも意味があるかもしれません。その中で訳文が平板にならず、生き生きと情感あるものになったかどうか……ご批判をお願いいたします。本書の出版は監訳者でもある中埜博氏の発案で、鹿島出版会にご協力をいただきました。アレグザンダー門下生で日本環境構造センターの責任者である中埜氏には、アレグザンダーの思想から人となりまで多岐にわたってご教授いただきました。また、鹿島出版会の矢島直彦氏には遅々として進まぬ翻訳にしんぼう強く付き合っていただきました。深く感謝いたします。加えて私たちを喜ばせてくれたのは、アレグザンダー自身からの本翻訳への序文とメッセージが届いたことでした。皆様のご協力に心から感謝いたします。

訳者グループ一同

一九九一年九月

監訳者のことば

私はこの本の原稿を一〇年前に三日間で読み上げました。大変触発され、ぜひ日本語訳をつくろうと鹿島出版会にもちこみました。約六カ月もあればできるであろうと、手軽に返事をしてから……もう四年も経ってしまいました。

いざ、翻訳に取り掛かってみますと、予想以上の膨大な作業量のため、私の個人の力では不可能だと気づいたのです。そこへ、建築家難波和彦氏（『まちづくりの新しい理論』の監訳者）のもとで「パタンランゲージ」のゼミを行なっていた仲間と、私の事務所の若い人が協力を申し出てくれたのです。三日間で読み上げられる一冊の本がこうした無数の人々の努力と四年の時間が必要であることは全くの驚きでした。これだけのエネルギーと努力を促した力は一体何だったのでしょう？ それは、著者の代表であるアレグザンダー自身がこの本を通して発しているエネルギーであると思います。

ご存知の方もいらっしゃると思いますが、アレグザンダーの文章は大変難しい内容も平易な言葉で表現し、熱意の籠った言葉の裏には彼独特の冷静な眼が隠されています。そのために、彼の文章は雑多な論理を超えて説得してくる客観的な力を秘めることになります。また、この主観性と客観性を融合したリアルな文章こそ、この本の生命と思われます。もちろん、反論もあるでしょう。例えば、私個人の体験から見ても、アレグザンダーの知的枠組み（パタンランゲージやセンタリング）だけでは、この近代日本の現実的設計や施工に直接的に寄与できるものは大変少ないからです。

ユーザー自身が理解し納得する学習プロセスの存在、請負の新しい契約方式、CM、直営方式、コスト管理の方法、新職人群の組織化など無数の現実の問題に対して答えてこそ、彼の提起する七つの原則は生きてくると言っても過言ではないでしょう。

しかし、それでもなおこの本には十分エネルギーがあります。それは、この七つの原理の書き方がすべて、「ねばならぬ」という形で書かれているために、この一つ一つの原理が、具体的に、自分の今日の仕事に対してどう生かされねばならないかを問うてくるからです。私自身もそう問われて、日本の現実の施工と結び付けるアーキテクト・ビルダーの日本型の応用編に取組み、私自身のすまいづくりの記録として『パタン・ランゲージによるすまいづくり』（井上書院）を著わすチャレンジに成功しました。

読者の皆さんも、彼の提起する原理を教条的に捉えるのではなく、考え方の型（型＝パタンと考えて下さい）としてつかみ、自分自身の現実の生き方にどう橋渡しできるかと捉え直して欲しいのです。それが読者自身の生き方に影響を与えるとき、我々の四年の労力が一体何のためであったかの解答となるでしょう。

一九九一年七月

中埜　博

SD選書化にあたって

本書がこの時期にSD選書として再版されることは大変時機を得ており意義あることです。なぜなら二〇一一年、日本は東日本大震災という未曾有の災害のなかで、この本の一番の主張であった自分たちの、失われたすまいとふるさとを自分たちの手で、早急に復旧する道を多くの人々が望む状況が東北にあるからです。大震災は本当に悲劇的なことでしたが、これを、逆のばねとして、ふるさとの再生の新しい選択肢（パラダイム）を、勇気をもって選ぶ時期に来たのだと思います。新しい日本の自力建設の道です。

本書の第一の主張である住宅生産のシステムづくり——地域に根ざしその地域を再生する中間支援組織づくり「ビルダーズヤードとその管理者であるアーキテクトビルダー」これはそのまま、今の東北復興に必要とされる組織です。そして、この本は、新しいふるさとの自力建設（セルフビルド）の可能性を教えてくれているのです。しかも、既存の生産方式を若い人々の手に移すことでこそ可能だと言い切っています。

本書の「自力建設」の意味は、単純に、自分の手で建築をつくることと誤解してはいけません。本書のなかでも、そんなことは言っていません。アレグザンダーとその仲間の主張は、スピーディかつ適切なコストで自分たちの納得のいく、住宅や環境を生み出すシステムづくりこそが、「自力建設」の意味なのだと言っているのです。ちょうど、お産婆さんに助けられながら、赤ちゃんを生む妊婦と同じです。その地域の人々が、すまいやふるさとの心を生み出すことを手助けする産婆さん的住宅生産システムの構築なのです。それこそが、本書『住宅の生産』のエッセンスです。

こうした「自力建設システム」の芽は、少しずつですが、今の日本にも、生まれつつあります。例えば、高知県高知市で話題の沢田マンションです（通称「沢マン」）。ご存知ですか？　三〇年かけて、沢田夫妻が、手作りで、増築に増築を重ね建築した地下一階、一部六階建ての六〇—七〇世帯の住人の住むコンクリートマンションです。このマンションのユニークさに惚れて、多くのマンションメーカーが見学に訪れるそうですが、そのユニークさはとても既存のメーカーのシステムにのらないと断念せざるを得ないそうです。そのユニークさは、まずは、自動車で五階の門口までなら乗り付けることができること。各階が人工地盤で、独立住宅が建っているようなものなのです。各戸のベランダも、広く昔の縁側のようにつながっています（くわしくは、是非、インターネットであたってみて下さい）。

このマンションがどうして、既存の住宅メーカーの参考にならないのでしょうか？　それは、オーナーである沢田夫妻が大家さん兼管理人で、共有面積を大きく取った賃貸マンションという形態であり、未完の建築物として、どこかで今も、工事が進んでいることは大きな理由の一つでしょう。つまりこの沢マンの作り方自体が、結果と深く関わっているのです。このマンションの建築プロセスは、本質的には、『住宅の生産』のプロセスそのものです。

本書第四部のパラダイムの転換の章に、この生産方式が、既存の生産方式のパラダイムとことごとく異なることが、この住宅づくりのあらゆる問題の源であったと述べられています。沢マンにもまさしく、その生産方式に全く新しいパラダイムが隠されているのです。このパラダイムのちがいとその闘争については、日本における盈進学園の建設の記録としてアレグザンダーの近著、*The Battle for the life and beauty of the Earth*（地球の生命と美を守るための闘い）のなかで、詳細かつ明確に定義しています。本書で述べているパラダイムが何であるかと合わせ、お読みください。

今、日本は、あの大震災という悲惨な体験から、新しい住宅の生産パラダイムに目を向けなければならない時代になったと思います。パラダイムの変革は大変困難なことです。しかし、新しいパラダイムのほうが実用的で、実は美しく、しかも安価で、人々の「こころ」を持った環境を生み出すことができるのです。この本がまず理論的にそれを、証明しているといっていいでしょう。次は、人々がその実践にとりくむ勇気をもつことです。それこそが、この時代の「近代精神」であると思えるのです。

本書の再版の決定をして下さり、また、内容により相応しいようにタイトル変更を考慮いただだいた鹿島出版会に感謝いたします。

二〇一三年九月

中埜博

［著者］

クリストファー・アレグザンダー　Christopher Alexander

一九三六年ウィーン生まれ。大工であり、職人であり、工務店経営者であり、建築家であり、絵描きであり、そして教師。一九六三—二〇〇二年までカリフォニア大学バークレー校建築学科教授として勤務。現在、同校名誉教授。

主な著書にNotes on the Synthesis of Form, 1964（稲葉武司訳『形の合成に関するノート』鹿島出版会、一九七八年）、The Oregon Experiment, 1975（宮本雅明訳『オレゴン大学の実験』鹿島出版会ＳＤ選書128、一九七七年）、A Pattern Language, 1977（平田翰那訳『パタン・ランゲージ　環境設計の手引』鹿島出版会、一九八四年）、The Timeless Way of Building, 1979（平田翰那訳『時を超えた建設の道』鹿島出版会、一九九三年）、A New Theory of Urban Design, 1984（難波和彦監訳『まちづくりの新しい理論』（鹿島出版会ＳＤ選書210、一九九三年）、The Nature of Order, 2002-2005（全四巻。うち中埜博監訳『ザ・ネイチャー・オブ・オーダー　建築の美学と世界の本質　生命の現象』が邦訳済み、鹿島出版会、二〇一三年）など。

［監訳者］

中埜 博（なかの・ひろし）

一九七三年早稲田大学理工学部建築学科卒業。一九七八年カリフォルニア大学バークレー校環境設計学部大学院卒業。現在、東京環境構造センター（合）代表。おもに建築、まちづくり施設企画、設計、実施に携わる。一九八二—一九八五年、埼玉県入間市盈進学園東野高校建設工事、一九九三—二〇〇五年、早稲田大学芸術専門学校講師、一九九五年—現在、タウンマネージャー（中心市街地商業活性化アドバイザー）を歴任（担当：草加市、北九州市、長野市その他）。中小企業大学校講師、国土交通大学校講師。二〇一一年—岩手県大船渡市災害復興専門委員として復興支援に従事。

主な著訳書に『パタン・ランゲージによる住まいづくり』（井上書院、一九八八年）、『シリーズ／都市再生　3定常型都市への模索　地方都市の苦闘』（共著、日本経済評論社、二〇〇五年）、『ザ・ネイチャー・オブ・オーダー　建築の美学と世界の本質　生命の現象』（監訳、鹿島出版会、二〇一三年）

［共訳者］
来馬輝順（くるば・てるのぶ）
建築工房匠屋主宰、町田ひろ子アカデミー非常勤講師
大崎 元（おおさき・はじめ）
建築工房匠屋共同主宰
武山智子（たけやま・ともこ）
辰野武山建築設計事務所共同主宰
西岡浩是（にしおか・ひろゆき）
竹中工務店
遠藤政樹（えんどう・まさき）
EDH遠藤設計室主宰、千葉工業大学教授
岡松利彦（おかまつ・としひこ）
岡松利彦建築設計事務所代表
御船杏里（みふね・きょうり）
大林組
樋口千恵（ひぐち・ちえ）
アルファコート常務取締役

本書は、一九九一年に小社のSDライブラリーとして刊行した『パタンランゲージによる住宅の建設』の題名を改めて新装版としたものです。

SD選書 261

パタン・ランゲージによる住宅《じゅうたく》の生産《せいさん》

二〇一三年九月三〇日　第一刷発行

監訳者　中埜《なかの》 博《ひろし》
発行者　坪内文生
発行所　鹿島出版会
〒一〇四―〇〇二八　東京都中央区八重洲二―五―一四
電話〇三（六二〇二）五二〇〇
振替〇〇一六〇―二―一八〇八八三

印刷・製本　三美印刷

ISBN 978-4-306-05261-1 C1352

本書の内容に関するご意見・ご感想は左記までお寄せください。
URL: http://www.kajima-publishing.co.jp　e-mail: info@kajima-publishing.co.jp

SD選書目録

四六判（＊＝品切）

001 現代デザイン入門 勝見勝著
002* 現代建築12章 L・カーン他著 山本学治訳編
003* 都市とデザイン 栗田勇著
004* 江戸と江戸城 内藤昌著
005 日本デザイン論 伊藤ていじ著
006* ギリシア神話と壺絵 沢柳大五郎著
007 フランク・ロイド・ライト 谷川正己著
008 きもの文化史 河鰭実英著
009 素材と造形の歴史 山本学治著
010* 今日の装飾芸術 ル・コルビュジエ著 前川国男訳
011 コミュニティとプライバシイ C・アレグザンダー著 岡田新一訳
012* 新桂離宮論 内藤昌著
013* 日本の工匠 伊藤ていじ著
014 現代絵画の解剖 木村重信著
015 ユルバニスム ル・コルビュジエ著 樋口清訳
016* デザインと心理学 穐山貞登著
017 私と日本建築 A・レーモンド著 三沢浩訳
018* 現代建築を創る人々 神代雄一郎編
019 芸術空間の系譜 高階秀爾著
020 日本美の特質 吉村貞司著
021 建築をめざして ル・コルビュジエ著 吉阪隆正訳
022* メガロポリス J・ゴットマン著 木内信蔵訳
023 日本の庭園 田中正大著
024* 明日の演劇空間 尾崎宏次著
025 都市形成の歴史 A・コーン著 星野芳久訳
026* 近代絵画 A・オザンファン他著 吉川逸治訳
027 イタリアの美術 A・ブラント著 中森義宗訳
028 明日の田園都市 E・ハワード著 長素連訳
029* 移動空間論 川添登著
030* 日本の近世住宅 平井聖著
031* 新しい都市交通 B・リチャーズ著 曽根幸一他訳
032* 人間環境の未来像 W・R・イーウォルド編 磯村英一他訳
033 輝く都市 ル・コルビュジエ著 坂倉準三訳
034 アルヴァ・アアルト 武藤章著
035* 幻想の建築 坂崎乙郎著
036 カテドラルを建てた人びと J・ジャンペル著 飯田喜四郎訳
037 日本建築の空間 井上充夫著
038* 環境開発論 浅田孝著
039* 都市と娯楽 加藤秀俊著
040* 郊外都市論 H・カーヴァー著 志水英樹訳
041* 都市文明の源流と系譜 藤岡謙二郎著
042* 道具考 榮久庵憲司著
043 ヨーロッパの造園 岡崎文彬著
044* 未来の交通 H・ヘルマン著 岡寿麿訳
045* 古代技術 H・ディールス著 平田寛訳
046* キュビスムへの道 D・H・カーンワイラー著 千足伸行訳
047* 近代建築再考 藤井正一郎著
048* 古代科学 J・L・ハイベルク著 平田寛訳
049 住宅論 篠原一男著
050* ヨーロッパの住宅建築 S・カンタクシーノ著 山下和正訳
051* 都市の魅力 清水馨八郎、服部銈二郎著
052* 東照宮 大河直躬著
053* 茶匠と建築 中村昌生著
054* 住居空間の人類学 石毛直道著
055 空間の生命 人間と建築 坂崎乙郎著
056* 環境とデザイン G・エクボ著 久保貞訳
057* 日本美の意匠 水尾比呂志著
058* 新しい都市の人間像 R・イールズ他編 木内信蔵監訳
059* 京の町家 島村昇他編
060* 都市問題とは何か R・パーノン著 片桐達夫訳
061 住まいの原型Ⅰ 泉靖一編
062* コミュニティ計画の系譜 佐々木宏著
063* 近代建築 V・スカーリー著 長尾重武訳
064* SD海外建築情報Ⅰ 岡田新一編
065* SD海外建築情報Ⅱ 岡田新一編
066 天上の館 J・サマーソン著 鈴木博之訳
067 木の文化 小原二郎著
068* SD海外建築情報Ⅲ 岡田新一編
069* 地域・環境・計画 水谷穎介著
070* 都市虚構論 池田亮二著
071 現代建築事典 W・ペーント編 浜口隆一他日本語版監修
072* ヴィラール・ド・オヌクールの画帖 藤本康雄著
073* タウンスケープ T・シャープ著 長素連他訳
074* 現代建築の源流と動向 L・ヒルベルザイマー著 渡辺明次訳
075* 部族社会の芸術家 M・W・スミス編 木村重信他訳
076 キモノ・マインド B・ルドフスキー著 新庄哲夫訳
077* 住まいの原型Ⅱ 吉阪隆正他著
078 実存・空間・建築 C・ノルベルグ＝シュルツ著 加藤邦男訳
079* SD海外建築情報Ⅳ 岡田新一編
080* 都市の開発と保存 上田篤、鳴海邦碩編
081* 爆発するメトロポリス W・H・ホワイトJr.他著 小島将志訳
082* アメリカの建築とアーバニズム(上) V・スカーリー著 香山壽夫訳
083* アメリカの建築とアーバニズム(下) V・スカーリー著 香山壽夫訳
084* 海上都市 菊竹清訓著
085* アーバン・ゲーム M・ケンツレン著 北原理雄訳

086* 建築2000　C・ジェンクス著　工藤国雄訳
087* 日本の公園　田中正大著
088* 現代芸術の冒険　O・ビハリメリン著　坂崎乙郎他訳
089* 江戸建築と本途帳　西和夫著
090* 大きな都市小さな部屋　渡辺武信著
091* イギリス建築の新傾向　R・ランダウ著　鈴木博之訳
092* SD海外建築情報Ⅴ　岡田新一編
093* IDの世界　豊口協著
094* 交通圏の発見　有末武夫著
095 建築とは何か　B・タウト著　篠田英雄訳
096* 続住宅論　篠原一男著
097* 建築の現在　長谷川堯著
098* 都市の景観　G・カレン著　北原理雄訳
099* SD海外建築情報Ⅵ　岡田新一編
100* 都市空間と建築　U・コンラーツ著　伊藤哲夫訳
101* 環境ゲーム　T・クロスビイ著　松平誠訳
102* アテネ憲章　ル・コルビュジエ著　吉阪隆正訳
103* プライド・オブ・プレイス　シヴィック・トラスト著　井手久登他訳
104* 構造と空間の感覚　F・ウイルソン著　山本学治他訳
105* 現代民家と住環境体　大野勝彦著
106 光の死　H・ゼーデルマイヤ著　森洋子訳
107* アメリカ建築の新方向　R・スターン著　鈴木一訳
108* 近代都市計画の起源　L・ベネヴォロ著　横山正訳
109* 中国の住宅　劉敦楨著　田中淡他訳
110* 現代のコートハウス　D・マッキントッシュ著　北原理雄訳
111 モデュロールⅠ　ル・コルビュジエ著　吉阪隆正訳
112 モデュロールⅡ　ル・コルビュジエ著　吉阪隆正訳
113* 建築の史的原型を探る　B・ゼーヴィ著　鈴木美治訳
114 西欧の芸術1 ロマネスク上　H・フォシヨン著　神沢栄三他訳
115 西欧の芸術1 ロマネスク下　H・フォシヨン著　神沢栄三他訳
116 西欧の芸術2 ゴシック上　H・フォシヨン著　神沢栄三他訳
117 西欧の芸術2 ゴシック下　H・フォシヨン著　神沢栄三他訳
118* アメリカ大都市の死と生　J・ジェイコブス著　黒川紀章訳
119* 遊び場の計画　R・ダットナー著　神谷五男他訳
120 人間の家　ル・コルビュジエ他著　西沢信弥訳
121* 街路の意味　竹山実著
122* パルテノンの建築家たち　R・カーペンター著　松島道也訳
123 ライトと日本　谷川正己著
124 空間としての建築(上)　B・ゼーヴィ著　栗田勇訳
125 空間としての建築(下)　B・ゼーヴィ著　栗田勇訳
126* かいわい[日本の都市空間]　材野博司著
127* 歩行者革命　S・プライネス他著　岡並木監訳
128 オレゴン大学の実験　C・アレグザンダー著　宮本雅明訳
129* 都市はふるさとか　F・レンツローマイス著　武基雄他訳
130* 建築空間[尺度について]　P・ブドン著　中村貴志訳
131* アメリカ住宅論　V・スカーリーJr.著　長尾重武訳
132* タリアセンへの道　谷川正己著
133* 建築VS.ハウジング　M・ポウリー著　山下和正訳
134* 思想としての建築　栗田勇著
135* 人間のための都市　P・ペータース著　河合正一訳
136* 都市憲章　磯村英一著
137* 巨匠たちの時代　R・バンハム著　山下泉訳
138 三つの人間機構　ル・コルビュジエ著　山口知之訳
139 インターナショナル・スタイル　H・R・ヒッチコック他著　武沢秀一訳
140* 北欧の建築　S・E・ラスムッセン著　吉田鉄郎訳
141* 続建築とは何か　B・タウト著　篠田英雄訳
142* 四つの交通路　ル・コルビュジエ著　井田安弘訳
143 ラスベガス　R・ヴェンチューリ他著　石井和紘他訳
144 ル・コルビュジエ　C・ジェンクス著　佐々木宏訳
145 デザインの認識　R・ソマー著　加藤常雄訳
146* 鏡[虚構の空間]　由水常雄著
147* イタリア都市再生の論理　陣内秀信著
148 東方への旅　ル・コルビュジエ著　石井勉他訳
149 建築鑑賞入門　W・W・コーディル他著　六鹿正治訳
150* 近代建築の失敗　P・ブレイク著　星野郁美訳
151* 文化財と建築史　関野克著
152* 日本の近代建築(上)その成立過程　稲垣栄三著
153* 日本の近代建築(下)その成立過程　稲垣栄三著
154 住宅と宮殿　ル・コルビュジエ著　井田安弘訳
155* イタリアの現代建築　V・グレゴッティ著　松井宏方訳
156 バウハウス[その建築造形理念]　杉本俊多著
157 エスプリ・ヌーヴォー[近代建築名鑑]　ル・コルビュジエ著　山口知之訳
158* 建築について(上)　F・L・ライト著　谷川睦子他訳
159 建築について(下)　F・L・ライト著　谷川睦子他訳
160* 建築形態のダイナミクス(上)　R・アルンハイム著　乾正雄訳
161 建築形態のダイナミクス(下)　R・アルンハイム著　乾正雄訳
162 見えがくれする都市　槇文彦他著
163* 街の景観　G・バーク著　長素連他訳
164 環境計画論　田村明著
165* アドルフ・ロース　伊藤哲夫著
166* 空間と情緒　箱崎総一著
167 水空間の演出　鈴木信宏著
168* モラリティと建築　D・ワトキン著　榎本弘之訳
169* ペルシア建築　A・U・ポープ著　石井昭訳
170* ブルネッレスキ ルネサンス建築の開花　G・C・アルガン著　浅井朋子訳
171 装置としての都市　月尾嘉男著
172 建築家の発想　石井和紘著
173 日本の空間構造　吉村貞司著
174 建築の多様性と対立性　R・ヴェンチューリ著　伊藤公文訳
175 広場の造形　C・ジッテ著　大石敏雄訳
176 西洋建築様式史(上)　F・バウムガルト著　杉本俊多訳
177 西洋建築様式史(下)　F・バウムガルト著　杉本俊多訳
178 木のこころ 木匠回想記　G・ナカシマ著　神代雄一郎他訳

179* 風土に生きる建築 若山滋著
180* 金沢の町家 島村昇著
181* ジュゼッペ・テッラーニ B・ゼーヴィ編 鵜沢隆訳
182* 水のデザイン D・ベーミングハウス著 鈴木信宏訳
183* ゴシック建築の構造 R・マーク著 飯田喜四郎訳
184 建築家なしの建築 B・ルドフスキー著 渡辺武信訳
185* プレシジョン(上) ル・コルビュジエ著 井田安弘他訳
186 プレシジョン(下) ル・コルビュジエ著 井田安弘他訳
187* オットー・ワーグナー H・ゲレツェッガー他著 伊藤哲夫他訳
188 環境照明のデザイン 石井幹子著
189 ルイス・マンフォード 木原武一著
190 「いえ」と「まち」 鈴木成文他著
191 アルド・ロッシ自伝 A・ロッシ著 三宅理一訳
192 屋外彫刻 M・A・ロビネット著 千葉成夫訳
193 「作庭記」からみた造園 飛田範夫著
194 トーネット曲木家具 K・マンク著 宿輪吉之典訳
195 劇場の構図 清水裕之著
196* オーギュスト・ペレ 吉田鋼市著
197 アントニオ・ガウディ 鳥居徳敏著
198 インテリアデザインとは何か 三輪正弘著
199* 都市住居の空間構成 東孝光著
200 ヴェネツィア 陣内秀信著
201 自然な構造体 F・オットー著 岩村和夫訳
202 椅子のデザイン小史 大廣保行著
203 都市の道具 GK研究所、榮久庵祥二著
204 ミース・ファン・デル・ローエ D・スペース著 平野哲行訳
205 表現主義の建築(上) W・ペーント著 長谷川章訳
206* 表現主義の建築(下) W・ペーント著 長谷川章訳
207 カルロ・スカルパ A・F・マルチャノ著 浜口オサミ訳
208* 都市の街割 材野博司著
209 日本の伝統工具 土田一郎著 秋山実写真

210 まちづくりの新しい理論 C・アレグザンダー他著 難波和彦監訳
211* 建築環境論 岩村和夫著
212 建築計画の展開 W・M・ペニヤ著 本田邦夫訳
213 スペイン建築の特質 F・チュエッカ著 鳥居徳敏訳
214 アメリカ建築の巨匠たち P・ブレイク他著 小林克弘他訳
215* 行動・文化とデザイン 清水忠男著
216 環境デザインの思想 三輪正弘著
217 ボッロミーニ G・C・アルガン著 長谷川正允訳
218 ヴィオレ・ル・デュク 羽生修二著
219 トニー・ガルニエ 吉田鋼市著
220 住環境の都市形態 P・パヌレ他著 佐藤方俊訳
221 古典建築の失われた意味 G・ハーシー著 白井秀和訳
222 パラディオへの招待 長尾重武著
223* ディスプレイデザイン 魚成祥一郎監修 清家清序文
224 芸術としての建築 S・アバークロンビー著 白井秀和訳
225 フラクタル造形 三井秀樹著
226 ウイリアム・モリス 藤田治彦著
227 エーロ・サーリネン 穂積信夫著
228 都市デザインの系譜 相田武文、土屋和男著
229 サウンドスケープ 鳥越けい子著
230 風景のコスモロジー 吉村元男著
231 庭園から都市へ 材野博司著
232 都市・住宅論 東孝光著
233 ふれあい空間のデザイン 清水忠男著
234 さあ横になって食べよう B・ルドフスキー著 多田道太郎監修
235 間(ま)——日本建築の意匠 神代雄一郎著
236 都市デザイン J・バーネット著 兼田敏之訳
237 建築家・吉田鉄郎の『日本の住宅』 吉田鉄郎著
238 建築家・吉田鉄郎の『日本の建築』 吉田鉄郎著
239 建築家・吉田鉄郎の『日本の庭園』 吉田鉄郎著
240 建築史の基礎概念 P・フランクル著 香山壽夫監訳

241 アーツ・アンド・クラフツの建築 片木篤著
242 ミース再考 K・フランプトン他著 澤村明+EAT訳
243 歴史と風土の中で 山本学治建築論集①
244 造型と構造と 山本学治建築論集②
245 創造するこころ 山本学治建築論集③
246 アントニン・レーモンドの建築 三沢浩著
247 神殿か獄舎か 長谷川堯著
248 ルイス・カーン建築論集 ルイス・カーン著 前田忠直編訳
249 映画に見る近代建築 D・アルブレヒト著 萩正勝訳
250 様式の上にあれ 村野藤吾著作選
251 コラージュ・シティ C・ロウ、F・コッター著 渡辺真理著
252 記憶に残る場所 D・リンドン、C・W・ムーア著 有岡孝訳
253 エスノ・アーキテクチュア 太田邦夫著
254 時間の中の都市 K・リンチ著 東京大学大谷幸夫研究室訳
255 建築十字軍 ル・コルビュジエ著 井田安弘訳
256 機能主義理論の系譜 E・R・デ・ザーコ著 山本学治他訳
257 都市の原理 J・ジェイコブズ著 中江利忠他訳
258 建物のあいだのアクティビティ J・ゲール著 北原理雄訳
259 人間主義の建築 G・スコット著 邉見浩久、坂牛卓監訳
260 環境としての建築 R・バンハム著 堀江悟郎訳
261 パタン・ランゲージによる住宅の生産 C・アレグザンダー他著 中埜博監訳